KARL VALENTIN
Semmelnknödeln

Von Ralf
für euch
Weihnachten 1996

Karl VALENTIN
Semmelnknödeln

Piper
München Zürich

Die Texte entsprechen den Fassungen in:
Karl Valentin, Sämtliche Werke in acht Bänden.
Herausgegeben von Helmut Bachmaier und Manfred Faust.
Piper Verlag, München 1991 ff.

ISBN 3-492-03896-4
© R. Piper GmbH & Co. KG, München 1996
Einband: Federico Luci
Motiv: Karl Valentin in dem Film »Der Sonderling«
Original im Münchner Stadtmuseum
Satz: Kösel, Kempten
Druck und Bindung: Clausen & Bosse, Leck
Printed in Germany

Inhalt

MONOLOGE

COUPLETS

Monologe

Das Aquarium

Eine botanozoologische Viecherei von Karl Valentin.

Weil wir gerade von einem Aquarium reden: ich hab' nämlich früher in der Sendlingerstraße gewohnt. Das heißt, nicht *in* der Sendlingerstraße, das wäre ja lächersam – in der Sendlingerstraße könnte man ja gar nicht wohnen, weil immer die Straßenbahn durchfährt. Also, in den Häusern der Sendlingerstraße habe ich gewohnt. Nicht in allen, nur in einem davon. In dem, das zwischen den anderen so drinsteckt, ich weiß nicht, ob Sie das Haus kennen. Und da wohne ich. Aber nicht im ganzen Haus, sondern nur im ersten Stock. Der ist unterm zweiten Stock und da geht in den zweiten Stock eine Treppe hinauf. Das heißt – sie geht schon auch wieder herunter, vielmehr wir, nicht die Treppe, gehen hinauf, man sagt ja nur so.

Und da habe ich in dem Wohnzimmer, wo ich schlafe (ich habe extra ein Wohnzimmer, in dem ich schlafe, und im Schlafzimmer wohne ich), also da habe ich zu meinem Privatvergnügen ein Aquarium. Das steht so in der Ecke drin. Ich hätte ja so ein rundes Aquarium auch haben können, dann wäre aber die Ecke nicht ausgefüllt.

Das Aquarium hat ringsherum vier Glaswände, und unten hat es einen Boden, der das Wasser hält. Wenn Sie nämlich oben Wasser hineinschütten würden, und der Boden wäre nicht da, da könnten Sie ja oben zehn, zwanzig oder sogar dreißig Liter hineinschütten – das würde alles wieder unten hinauslaufen. Bei einem Vogelkäfig sind die Wände auch so ähnlich wie bei einem Aquarium, aber da ist alles ganz anders. Da sind die Wände nicht aus Glas, sondern aus Draht. Es wäre ja auch ein Riesenunsinn, wenn's beim Aquarium ebenso wäre, weil das Aquarium das Wasser nicht halten könnte. Da liefe ja das Wasser immer neben dem Draht heraus. Drum ist eben alles von der Natur so wunderbar eingerichtet.

Ja, und ich habe eben in meinem Aquarium Goldfische, und in meinem Vogelkäfig hab' ich einen Vogel. Jetzt hat mich neulich mal die Dummheit geplagt, da hab' ich die Goldfische ins Vogelhaus getan und den Kanarienvogel ins Aquarium! Natürlich sind die Goldfische im Käfig immer wieder von der Sitzstange runtergerutscht, und der Kanarienvogel wäre mir im Aquarium bald ersoffen. Dann hab' ich die Sache wieder richtiggestellt, und nun sind die Fische wieder lustig im Aquarium geschwommen, erst links, dann rechts, dann hinunter, dann wieder hinauf – die schwimmen fast jeden Tag anders.

Vorgestern ist mir ein Malheur passiert. Die Fische brauchten Wasser, und ich hab' einen Wassereimer voll nachgefüllt. Und nun ist das Wasser zwei Zentimeter hoch übers Aquarium hinausgestanden. Das hab' ich aber erst am andern Tag gemerkt, und ein Goldfisch ist über den Rand geschwommen und auf den Fußboden hinuntergefallen, weil wir in dem Zimmer, wo das Aquarium steht, einen Fußboden haben. Nun hat aber der Fisch am Boden kein Wasser gehabt, weil wir so, außer im Aquarium, kein Wasser im Zimmer haben. Da hab' ich den Fisch aufheben und wieder ins Aquarium zurücktun wollen, aber der Fisch war so glatt und ist mir immer wieder aus der Hand geglitscht. Ja, wenn er aus Eisen wäre, dann hätte ich einen Magnet genommen, und die Sache wäre erledigt gewesen. Aber es ist ja wieder von der Natur so schön eingerichtet, daß die Fische nicht aus Eisen sind, sonst könnten sie ja erstens nicht schwimmen, und zweitens könnte man sie ja dann nicht essen.

Also, den Fisch, der da am Boden lag, den hätte ich nie gegessen! Erstens würde ich von einem Fisch nicht satt werden, und wenn ich die anderen auch alle essen täte, dann wäre ja das Aquarium leer! Ess' ich die Fische wirklich und verkaufe das leere Aquarium – hat der andere das Aquarium, und ich hab' die Fische.

Verkaufe ich die Fische – hat der andere die Fische und

ich das leere Aquarium. Verkauf' ich das Aquarium mit den Fischen – so wird das ein Transport, der einen zur Verzweiflung bringt. Denn geht man schnell mit dem fischgefüllten Aquarium, dann schwabbelt immer das Wasser raus und die Fische werden seekrank. Geht man langsam, macht man drei Stundenkilometer! Trägt man die Fische extra und das Aquarium auch extra – werden die Fische kaputt.

Kauft mir der andere nur das Aquarium ab, dann kann er zwar das Aquarium schnell heimtragen, aber er hat keine Fische dazu. Kauft er mir das Aquarium nicht ab und die Fische auch nicht – hat er gar nichts. Und das ist das einzig Richtige. Denn lieber gar nichts, als ein Aquarium, aus dem ein Fisch herausgestürzt ist, und der dann am Boden liegt, und den man nicht aufheben kann. Nicht, weil er so schwer, nein, weil er so glatt ist, wie ein Fisch!

Natürlich wäre der Fisch auf dem Fußboden bald hingewesen. Ich wollte ihn mit einem Browning erschießen, aber die Schießerei war mir zu unsicher, ich nahm den Fisch und warf ihn in die Isar, und er ertrank.

Gott sei Dank!

Ich bin ein armer, magerer Mann

> Ach, es ist doch schrecklich g'wiß,
> Wenn der Mensch recht mager ist;
> Ich bin mager, welche Pein,
> Mager wie ein Suppenbein.

Was muß denn ich verbrochen haben, daß mich die Natur gar so grauslich zamg'richt hat. – Ich versteh' das nicht, in unserer Familie kann das unmöglich liegen, denn mein Vater wiegt über drei Zentner, meine Mutter über zwei Zentner und meine Schwester hat einen Bahnexpeditor geheiratet, und gerade ich muß so mager sein. – Ja, jetzt tut's es ja noch, aber früher soll'n S' mich g'seh'n hab'n, gleich nach der Geburt, da hab ich ausg'schaut wie a Salami. – Darum hab' ich auch als klein's Kind keine Wiege gebraucht, mich hat meine Mutter ganz einfach in einen Lampenzylinder neing'steckt und hat mich am Tisch umhergewalkerlt, so mager war ich.

Und trotzdem is mein Vater stolz auf mich, der mag die fetten Kinder selber nicht und grad deshalb, weil ich so mager bin, drum »mag er« mich so gern. Er sagt »Vetter« kann ich immer noch werd'n, wenn amal mei Schwester heirat'. Einmal bin ich in einem Kaffeehaus an einem Billard dort gelehnt und weil ich so mager bin wie ein Stock und weil ich am Billard dortg'lehnt bin, jetzt hat einer g'laubt, ich bin der Billardstock. – –

Aber die größte Gaudi war das, wie ich zur Musterung gehen hab' müssen, also hab'n die da drob'n a Gaudi g'habt, wie s' mich g'sehn haben. – Net, und ich hab' doch, wenn ich ausgezogen bin, so Rippen da 'rüber, quer rüber – mich hat halt früher meine Mutter immer zum Meerrettichreiben hergenommen. – Kurz und gut, wie die mich g'sehn hab'n, hab'n s' g'sagt: Ja Kerl, Sie kommen ja daher wie a Bahnwärterhäusl aus Wellblech. – Aber trotzdem, daß ich so gebaut war, hab'n s' mich nicht genommen zu den Soldaten, nicht amal zum Militär hab'n s' mich brauchen können.

Natürlich bin ich auch furchtbar leicht; wenn ich z. B. in einem Restaurant sitz und da Wirt reibt an Ventilator auf, da muß ich mich immer am Tisch anbinden, daß's mich net in's Röhrl neizieht. – – Dann hat amal einer zu mir g'sagt: Sie sind schon wirklich a gräuslicher Kerl, Sie können Ihnen jetzt schon in der Anatomie verkaufen; dann bin ich auch hingegangen zu dem Anatomieprofessor und hab mich offeriert, nun hat er g'sagt: Was verlangen S' denn für Ihnen? – Ja, sag' ich, unter 80 Mark kann ich mich nicht hergeb'n, weil auf 50 Mark komm' ich mich ja selbst. – Ja, sagt der

Herr Professor, wie können Sie das behaupten, daß Sie 50 Mark wert sind? – Ja, sag i, ich hab mich kürzlich ausgezogen und hab meine Knochen so abgegriffen und da hab' ich 'rausgefunden, daß ich 50 Knochen hab' und weil ich in jedem Knochen »a Mark« hab', bin ich 50 Mark wert. –

Dann hab ich amal was gelesen von einem Leichenverbrennungsverein, denk' ich mir, da gehst auch hin und laßt dich amal verbrennen, wennst gestorben bist; dann bin ich auch hingegangen und hab den Leichenverbrennungsvorstand g'fragt, ob das überhaupt geht bei mir, dann hat er mich ang'schaut und hat g'sagt: Ja, Sie sind schon arg dürr, bei Ihnen kostet es mehr. – Ja, sag ich, warum denn grad bei mir? – Ja, sagt er, weil ma bei Ihnen im Verbrennungsofen drin an neuen Rost brauchen, weil Sie durch den jetzigen unbedingt durchrutschen würden. – –

Und trotzdem ist die Magerkeit mein Lebensretter, denn wie ich einmal in Afrika war bei den Kannibalen, da hab'n mich die Menschenfresser erwischt und hab'n mich braten wollen, dann hab'n s' a Feuer g'macht und hab'n mich ausgezogen – wie mich die ausgezogen g'sehn hab'n, sind s' alle davongelaufen weil's denen g'raust hat vor mir und mein Leben war gerettet.

Im Gärtner-Theater
Von Karl Valentin.

Ich weiß nicht mehr genau, war das gestern, oder war's im vierten Stock oben, da bin ich mit meiner Mutter ins Gärtnertheater gegangen. Wir haben zwei Billetten gehabt, und mit diesen *zwei* Billetten sind wir zu *einer* Vorstellung gegangen. – Wir hätten uns zuerst bald nicht 'nein getraut, weil wir geglaubt haben, ins Gärtnertheater dürfen nur die

Gärtner hinein, wir haben aber vorsichtshalber in einem Auskunftsbureau telephonisch ang'fragt, und da hat's dann g'heißen »Ja«, dann waren wir wenigstens sicher, daß wir uns nicht umsonst angezogen haben – weil wir angezogen ins Theater 'nein gegangen wären. – Kaum sind wir d'rinn gesessen, is no lang net angegangen, ja ham wir uns gedacht, jetzt wart'n wir schon bis es angeht, wenn wir schon positiv das Theaterstück sehen wollen, denn wegen dem Theaterstück sind wir hauptsächlich hineingegangen. No, wie wir so a halbe Stund d'rinnsitzen, auf einmal – gehts noch nicht an; ja, ham wir uns gedacht, wir zahl'n doch nicht für's »no net angehn«. Auf einmal sind die Musiker 'rein gekommen, die ham sich gleich vorn an die Bühne hing'setzt, daß ja alles recht gut sehn und hörn, die andern Leut, wo zahl'n und 's Jahr vielleicht einmal ins Theater 'nein kommen, die dürfen sich hint' hinsetzen. – Endlich is dann 's Theaterstück selbst angegangen, jetzt das hat uns eigentlich weniger int'ressiert, weil's uns da Vater zu Haus schon erzählt hat, gehn hab'n wir auch nicht gleich woll'n, wenn wir schon extra deswegen hergegangen sind. – Nach dem ersten Akt ist eine Pause gekommen, während der Pause ham's überhaupt nicht g'spielt, da is da Vorhang runter gangen, dann ham wir nicht mehr g'sehn, wie's droben weiter spiel'n. Jetzt hab'n uns ich und mei' Mutter gedacht, jetzt könnten wir eigentlich in' Erfrischungsraum 'naufgehn, weil's uns so heiß war; no wir sind 'naufgegangen, da hab'n wir uns gar nicht auskennt droben, da hat's Flaschenbier geben, Schokoladebonbons, belegte Brötchen und lauter so Zeugs, und ich und mei' Mutter, wir haben uns den Erfrischungsraum so wie a Brausebad vorgestellt. – No dann sind wir wieder 'nuntergegangen auf unsere Plätz, ins Parkett, da is' uns beim nächsten Akt was Dumm's passiert, da hab'n wir sehn woll'n, ob auf der Bühne ein Teppich liegt, drum sind wir aufgestanden von unsere Sitz, derweil schrei'ns hinter uns »setzen«; wie wir uns niedersetzen woll'n, haben wir keine Sessel mehr, hab'ns uns in diesem

Moment d'Sessel g'stohlen. Jetzt hab'n uns ich und mei' Mutter, bis der Akt aus war, in der Kniebeuge so hinbuck'ln müssen, wissens wie uns d'Haxn weh getan haben; erst wie da Akt gar gewesen ist und wie das Theater heller wurde, sind wir auch heller wor'n, da sind wir d'rauf gekommen, daß die Sitz bloß so 'naufgeschnappt sind. – Nach dem vierten Akt war's dann beim Schluß gar, jetzt hat's uns erst int'ressiert, wie das Theaterstück heißt, wo wir grad g'sehen hab'n. Wir hab'n schon an Theaterzettel dabei g'habt, aber einen alten, vom Hoftheater, aus Lohengrün, den hab'n wir uns nur mitgenommen, daß wir uns im Gärtnertheater nicht extra einen kaufen müssen, d'rum hat nix g'stimmt d'rauf, weil das Stück wo wir grad g'sehen haben, hat der Herr neben uns g'sagt, heißt »Bruder Straubinger«. – – Drum ist auch kein Schwan daher gekommen, anstatt dem Schwan is' eben dann der Bruder komma, da Straubinger. – Wir wär'n dann schon noch sitzen geblieben, aber die andern Leut sind schon alle drauß' gewesen, haben wir uns denkt, geh'n wir auch, und weil wir so müd war'n, wär'n wir gleich gefahren, weil grad wie wir zum Theater 'naus sind, is a Auto drauß' g'standen – drauß' gestanden sind ja mehr, jetzt wir wär'n bloß mit einem gefahr'n weil wir nicht mehr Geld dabei gehabt haben. – Wie wir an das Auto hinkommen, fragt der Chauffeur, wo wir hinfahren woll'n – da sind wir nicht gefahren, grad weil er so neugierig gewesen ist, und zweitens hätt' sich's Fahren bei uns so nicht recht rentiert, weil wir vis-à-vis vom Theater wohnen. – Dann sind wir heim und ins Bett gegangen, d. h. nicht gegangen, sondern neingestiegen, weil wir vom Zimmer bis zum Bett haben wir nicht gar so weit zum gehen. – Wir haben die ganze Nacht geschlafen, wie wir in der Früh aufwachen, hat uns die ganze Nacht vom Theaterstück geträumt, ham wir das ganze Theaterstück im Bett geseh'n, wissens wie uns das Geld gereut hat für die zwei Billetten, wir haben uns aber verschworen, daß wir nie mehr ins Gärtnertheater gehen, außer wir sind am Tag vorher im Bett gelegen.

Ein komischer Liebesbrief

Von Karl Valentin

LIEBER . . . . !

(Hier nennt der Vortragende s e i n e n Vornamen.)

Mit weinenden Händen nehme ich den Federhalter in meine Hände und schreibe Dir. – Warum hast Du so lange nicht geschrieben? – wo Du doch neulich geschrieben hast, daß Du mir schreibst, wenn ich Dir nicht schreibe!! – – Mein Vater hat mir gestern auch geschrieben; er schreibt, daß er Dir geschrieben hätte. Du hast mir aber kein Wort davon geschrieben, daß Dir mein Vater geschrieben hat. – Hättest Du mir geschrieben, daß Dir mein Vater geschrieben hat, so hätte ich meinem Vater geschrieben, daß Du ihm schon schreiben hättest wollen, hättest aber leider keine Zeit gehabt zum Schreiben, sonst hättest Du ihm schon geschrieben.

Mit unserer Schreiberei ist es sehr traurig, weil Du mir auf kein einziges Schreiben, welches ich Dir geschrieben habe, geschrieben hast. – Wenn Du nicht schreiben könntest, wär es was anderes, dann tät ich Dir überhaupt nicht schreiben, weil dann die Schreiberei keinen Wert hätte, – *so kannst Du aber schreiben* und schreibst doch nicht, wenn ich Dir schreibe!

Ich schließe mein Schreiben und hoffe, daß Du mir nun endlich schreibst, sonst ist das mein letztes Schreiben, welches ich Dir geschrieben habe. – – Solltest Du aber wieder nicht schreiben, so sage wenigstens dem Ueberbringer dieses Schreibens, wann und wo wir uns heute noch treffen. *(Vortragender übergibt den Brief wieder dem Ueberbringer mit den Worten:)* Sag'ns eine schöne Empfehlung von mir und ich wart ihr heut Nacht um 2 Uhr – Ecke Dachauerstraß' und Isartorplatz.

(Vortragender bläst oder singt hierauf den letzten Ton seines Liedes und geht dann ab.)

Die Uhr von Löwe

Gestatten Sie, daß ich Ihnen ein schönes Lied vortrage, und zwar die Ballade »die Uhr« von Löwe. Setze voraus, daß ich mich bei diesem Vortrage selbst begleite, weil ich mich, Gott sei Dank, selbst begleiten kann. Erst kurz habe ich mich selbst nach Hause begleitet, das hat zwar sehr dumm ausgesehen, wie ich so allein neben mir hergegangen bin, aber die Hauptsache ist, daß ich mich selbst begleiten kann. Da bin ich heute meinem Vater noch dankbar, daß er mich so streng musikalisch erzogen hat. Sie, der hat mich streng musikalisch erzogen! Als Kind habe ich nur mit der Stimmgabel essen dürfen, geschlagen hat mich mein Vater nach Noten. Die Uhr von Löwe. Sehen Sie, wie mir mein Vater das Gitarrespielen hat lernen lassen, hat er mir bei einem Tändler eine ganz alte Gitarre gekauft, auf der Gitarre war keine einzige Saite mehr drauf, also nicht einmal eine – aber mein Vater hat gesagt, zum Lernen ist die gut genug. Die Uhr von Löwe. Schicke voraus, daß dieser Löwe kein Uhrmacher war, sondern Komponist. Die Uhr von Löwe. Sehen Sie, weil wir gerade von einer Uhr reden, mein Uhrgroßvater lebt nämlich noch, und dem wurde vor kurzer Zeit seine Uhr gestohlen. Seit dieser Zeit ist er jetzt jünger, denn jetzt ist er nur noch »Großvater«. Die Uhr von Löwe. Ich hab auch einmal einen Verdruß gehabt mit einem Uhrmacher. Da hab ich mir bei einem Uhrmacher so eine moderne Taschenuhr gekauft. Mit dieser Uhr bin ich acht Tage herumgelaufen und hab nie gewußt, wieviel Uhr es ist, weil keine Zeiger und kein Zifferblatt auf der Uhr waren und das ist doch eigentlich die Hauptsache von einer Uhr. Und weil ich mich nicht ausgekannt habe mit dieser Uhr, habe ich die Uhr an die Wand hingeworfen, weil ich geglaubt habe, daß vielleicht eine Wanduhr daraus werden könnte, aber sie ist in tausend Scherben zerbrochen und unter diesen Scherben habe ich herausgefunden, daß ein

Zifferblatt und ein Zeiger doch dabei waren, aber die müssen innen gewesen sein. Dann bin ich aber zu dem Uhrmacher gegangen und hab es ihm gesagt. Ja, sagt er, das glaub ich schon, da hätten sie bloß den Sprungdeckel aufmachen sollen. Die Uhr von Löwe. Auf diesen Uhrmacher habe ich heute noch einen Zorn, weil er mir das nicht gesagt hat von dem Sprungdeckel. Dann hab ich mir aus Rache eine wirkliche Wanduhr gekauft, so eine alte, mit langen Ketten zum Aufziehen. Das war so eine Arbeit, wie ich mit der Uhr das erstemal spazieren ging, da sind mir immer die Gewichte zwischen die Füße gekommen und der Nagel hat mir weh getan.

Die Uhr von Löwe. Ich trage wo ich gehe stets eine Uhr bei mir, wie viel es ge – – –

Sehen Sie, wenn man es eigentlich richtig nimmt, paßt dieses Lied gar nicht für Gitarre weil es heißt: ich trage wo ich gehe usw.; ich gehe aber jetzt nicht, ich stehe (oder sitze) jetzt, weil ich unterm Gitarrespielen nicht gehen kann, und dann hab ich keine Uhr, die hab ich versetzt.

Sehr geehrtes Auditorium, nachdem ich unterm Gitarrespielen nicht gehen kann und außerdem meine Uhr versetzt habe, ist es mir leider nicht möglich, Ihnen die Uhr von Löwe zum Vortrag zu bringen.

Der verlorne Brillantring

Kom. Prosa=Vortrag von Karl Valentin.

(Diese Nummer erfordert eine eigene Vortragsweise um zur Wirkung zu kommen.)

Trotzdem dass ich 2 Jahre beim Militär gedient habe, habe ich vor 8 Tag meinen Brillantring verloren.

Den Ring kann ich halt gar nicht vergessen, denn jedesmal wenn ich daher schau, wo ich immer hing'schaut hab, muss ich gleich wegschaun.

Also der Ring war einzig, – – erstens schon aus dem Grund, weil ich blos den einzigen g'habt hab. – – – Ein Feuer hat der Ring g'habt, – – – wegen dem Ring ist schon a paar mal d' Feuerwehr ausgerückt.

Blitzt hat der Ring, wie der Blitz, dem Ring hat bloß mehr das Donnern gefehlt, dann wärs direkt ein Donnerwetterring gewesen – – – Einer hat so einmal zu mir g'sagt »Donnerwetter hab'n Sie an schönen Ring«.

Wie das gegangen ist, dass ich den Ring verloren hab, ist mir heut noch ein Rätsel, – – denn 8 Tag vorher hab ich ihn doch noch g'habt, – also hat der Ring 8 Tag gebraucht, bis er verloren gegangen ist.

Mir liegt ja weniger an dem Ring, aber was tu ich jetzt mit dem blausammt'nem Etwie, da hat der Ring so schön neipaßt, wer weiss ob ich wieder so einen Ring krieg, der wo so schön da nein paßt, wie der.

Aber mei, jetzt ist er schon fort, jetzt kann man's nicht mehr ändern, das heisst, einmal hab ich'n schon ändern lassen, beim Goldarbeiter, da hab ich den Ring weiter machen lassen, weil er mir immer so vom Finger runterg'fallen is, der Goldarbeiter hat'n aber gleich wieder so weit g'macht, dass'n mei Frau als Armreif trag'n hat können. Durch das ist er dann verloren gegangen.

Wissen Sie, ich hätt den Ring schon wieder bekommen, wenn ich gleich eine Annonce aufgegeben hätt' in der Zeitung, aber jetzt is's auch schon wieder 8 Tag her, jetzt weiss ich nicht mehr genau, wie der Ring ausg'schaut hat, ich weiss bloß noch, dass er in der Mitt a Loch g'habt hat, wo man den Finger durchsteckt, und dass er 50 Mark kost hat, aber mein Gott solche Ring gibt's halt mehr auf der Welt. Eigentlich bin ich ja froh, dass ich den Ring verloren hab, wie leicht hätt's sein können, dass er mir einmal g'stohln worden wär.

Ja, der Ring liegt mir heut noch am Herzen, nicht in

Wirklichkeit, sondern man sagt eben so, denn wenn er mir in Wirklichkeit am Herzen liegen tät, dann wüsst ich ja wo er wär, dann ging ich in d'Klinik hinaus, und liess mich operieren, dann hätt man gleich wieder, aber schliesslich kost die Operation 200 Mark, dann zahl ich 150 Mark drauf, um das Geld krieg ich schon wieder 3 neue Ring und brauch die Schmerzen nicht aushalten.

Aber ich lass'n doch noch ausschreib'n in der Zeitung, vielleicht hilft's doch, – – ja, ob aber der grad die Zeitung liest, der wo den Ring g'funden hat, das ist die Frage, – – und dem extra schreiben, er soll so freundlich sein und soll die Zeitung lesen, wo das drinn steht, das kann ich nicht, weil ich nicht weiss wo er wohnt, der wo'n g'funden hat.

Vielleicht wohnt er im Ringhotel.

Fußball-Länderkampf

Ich bin erst kurz beim Fußballkampf gewesen,
dort war es schön und int'ressant,
den Platz hab ich schon irgendwo gesehen.
die Fußball-Mannschaft hab ich nicht gekannt
und als sie Abschied nahmen von den Toren,
das Spiel war aus, sie reichten sich die Hand,
ich hab mein Herz in Heidelberg verloren,
mein Herz das wohnt am Isarstrand.

Große Tagesplakate kündigten einen großen Fußballkampf an. Ich hab noch nie einen solchen gesehen. Flugs eilte ich an eine Autowartestelle und frug den Führer, ob er gewillt wäre, mich zu dem heutigen Fußball-Rennen zu bringen. Nachdem mich der Autoführer aufgeklärt hatte, daß heute kein Fußball-Rennen, sondern ein Fußballkampf stattfindet, stieg ich in das Auto und fuhr los. Sowas von Menschen habe ich noch nie gesehen, eine direkte Völkerwanderung von der Stadt bis zum Fußballplatz. Ich zählte mindestens 5000 Autos. Wenn man bedenkt wegen einem Fußball 5000 Autos, das ist kolossal. Am Sportplatz selbst eine Menschenmasse von 50000 Menschen, dazu 5000 Auto gerechnet, also zusammen 55000. Am Fußballplatz angelangt, frug ich sofort einen Platzanweiser: Wo ist die Drehbühne? Drehbühne? sagt er, gibt es hier nicht. Was, sag ich –? 50000 Menschen und keine Drehbühne? Sind Sie verrückt? Ich habe doch im Kartenvorverkauf eine Drehbühnenkarte gekauft! Ich wies meine Karte vor, der Irrtum wurde mir klar – es war keine Drehbühnen-, sondern eine Tribühnenkarte. Ich wälzte mich also zur Tribühne hinauf. Schlängelte mich amphibisch zu Platz Nr. 4376 hinauf. Ich saß. Ich saß kaum – wer stand vor mir? Ein Mann mit einem heißen Blechkessel. »Wollen Sie heiße Würstchen« sprach er. – »Nein«, sagte ich, »das Gegenteil – ich will das Fußballwettspiel sehen.« Ich zog meine Uhr aus der Tasche und sah – 4 Uhr 10. Beginn 4 Uhr.

Wann geht es endlich an? – Ich wurde ungeduldig und schrie aus Leibeskräften!! – Schon wieder war einer da – »Wer wünscht hier ein Los? Ziehung unwiderruflich Freitag, den 1. April.« Nun begann die Musikkapelle drei Musikpiecen zu spielen. Vom Fußballspiel war noch keine einzige Spur zu sehen. Die Musikkapelle spielte hierauf ein Dacapo. Währenddessen nahte ein Flieger samt Flugapparat surrend zum Flugplatz heran. – Der Flieger war hoch oben, der Platz tief unten, das Publikum ebenfalls. Es war ein ergreifendes Schauspiel. Besser hätte man es in einem Schauspielhaus auch nicht gesehen. Ich habe schon in meinem Leben viel Flieger gesehen, aber diesmal nur einen, oder besser gesagt, damals nur diesen. Als das Flugzeug sich dieses Fußballs entledigt hatte, flog es hurtig von dannen. Nachdem uns die Musik wiederum etwas geblasen hatte und das Fußballspiel noch immer nicht begann, rief ich zum zweitenmal aus Leibeskräften: »Los!!!« Wer kam wieder daher? Der Mann mit den Losen! »Ziehung unwiderruflich am Freitag, den 1. April.« – Nun wurde es mir fast zu dumm, wir wollten gehen... Sie staunen, weil ich *wir* sagte – wir waren zu zweit, ich und mein Regenschirm. Um wieder auf den Fußball zu kommen, ich vergesse nie den Anblick, wie auf dem riesigen Festplatz dieser kleine Fußball lag – einsam und verlassen. Hätte ich Tränen dabei gehabt, ich hätte dieselben geweint. Auf einmal – wir konnten es kaum erwarten – fing es endlich an ... zu regnen. Von diesem Augenblick an war ich überzeugt, daß die Menschen vom Affen abstammen. Denn wie bekannt, machen doch die Affen alles nach. Beim ersten Regentropfen öffnete ich meinen Regenschirm und siehe da – – – alle 45 000 Menschen machten mir es nach. – – Was sagen Sie dazu?

Hätte ich vielleicht meinen Regenschirm nicht aufgespannt, hättens alle anderen auch nicht getan. Und alle 45 000 Menschen wären naß geworden bis auf die Haut, die sich ja bei jedem Menschen unter den Kleidern befindet. Plötzlich ein Fahnenschwenken, die Musikkapelle spielte dazu und das erste Fußballbataillon marschierte mit klingendem Spiel auf das Spielfeld. Ich sprach zu meinem neben uns stehenden Freund: »Nun geht's los.« Wer stand wieder da? Der Mann mit dem Los: »Ziehung unwiderruflich Freitag, den 1. April.« ... Es war zum Kotzen. Ich werde dieses Datum nie mehr vergessen. – Und nun begann der Anfang. Es erschienen nun die Fußballieblinge, die vom Publikum vergötterten Fußballisten. Da begannen die 45 000 Menschen ein 90 000 händiges Applaudieren. Der Torwärter stand schon vor den Toren, und die Musik spielte dazu »Am Brunnen vor dem Tore.« Alles stand kampfbereit, aber der Fußball stand noch immer allein und einsam in der Mitte. Es war bereits 4 Uhr 30 alte und 16 einhalb Uhr neue Zeit zugleich. Da ging wie ein Lauffeuer ein unleises Raunen durch die Menschenmassen... Die Photographen kommen. Mindestens ein halbes Dutzend Photographen ohne Ateliers bevölkerten jetzt das Spielfeld. Das Spiel begann nun – – immer noch nicht und die Kapelle spielte dazu das alte Volkslied »Es kann doch nicht immer so bleiben.« Das war denn auch meine Meinung und nach einigen kürzeren Minuten erschienen endlich drei Kinooperateure. Nun trat eine Pause ein, nach deren Ende plötzlich die Sanitätsmannschaft auf dem Platze Platz nahm. Anschließend daran kam der Herr Amtsrichter – Verzeihung – Schiedsrichter, um seines Amtes zu walten. Er ging in die Mitte, pfiff und das Spiel begann. Enden tat das Spiel mit dem Sieg der einen Partei – die andere Partei hatte den Sieg verloren. Es war vorauszusehen, daß es so kam.

Auf dem Flugfeld

Komische Soloszene von Karl Valentin, München

(Vortragender erscheint mit einem kindischen Aeroplan auf der Bühne.)

AUFTRITT: *(Melodie: Behüt Dich Gott usw.)*

Es ist im Leben herrlich eingerichtet,
Daß man jetzt wie ein Vogel fliegen kann.
Und wenn sich auch noch mancher dabei s'Gnick bricht,
Das hat er für die Wissenschaft getan;
Ich fliege auch und habe hier erfunden
'nen Aeroplan so winzig und so klein
Und fliegt er nicht, denk ich wie mancher andere:
Mit'm Fliegn ist's nix – es hat nicht sollen sein.

PROSA:

Das war heut eine Hetz auf dem Flugplatz drauß'. Zum Fliegen bin i ganga, wär viel gscheiter g'wes'n, ich wär zum Fliegen fangen gangen, dann hätt ich wenigstens für meinen

Laubfrosch Futter heimgebracht, so hab ich gar nix gehabt als Schand und Spott. Also die Leut habn gelacht, den ganzen Nachmittag bin ich versuchsweise mit meiner Flugmaschine auf der Wiese rumgerennt. Meinen Sie, ich wär in d'Höh naufkommen, keinen Millimeter. Ich bin ja froh, *daß* es nicht geht, aber die Blamage. 3 Jahr arbeit ich jetzt an der Erfindung hin und jetzt gehts nicht. Gehn brauchts eigentlich gar nicht, wenns nur wenigstens fliegen tät. Ich trau mir gar nicht mehr heim, ich schäm mich so viel, z'Haus hab ich heut schon feierlich Abschied gnommen von Frau und Kind, von den ganzen Hausinwohnern; mei Frau hat gsagt zu mir, wennst Dich nur einmal dafalln tätst, mit Deiner dummen Fliegerei. Ja, hab ich gsagt, da muß ich schon erst hinaufkommen, herunten werd ich mich nicht gut dafalln könna. Sehr viel Leut warn heut auf dem Flugfeld, der Aviatiker, wenn Sie sich noch erinnern könna, der sich vor 10 Jahren in Paris erstürzt hat, war heut auch drauß und hat sich meinen Flugapparat besichtigt, er hat zu mir gsagt, mein lieber Herr ...., mit dem kleinen Ding werden Sie niemals fliegen können. Ja, hab ich gsagt, ich bin ja froh, wenn ich net fliegen kann, meinen Sie, ich mag auch schon so jung sterben, wie Sie. – – Talent ghört halt dazu zum Fliegn. Mein Freund fliegt alle Woche ein paarmal, der braucht aber keinen Aeroplan dazu – mein Freund ist nämlich Reisender, der fliegt nur in Stiegenhäusern herum. Wissen Sie, s'Fliegen ist nicht gefährlich, seh'n Sie, ich setz den Fall, ich könnt mit dem Apparat wirklich flieg'n, mir passiert nie was, weil ich da viel zu vorsichtig bin (Sehns das Kissen hier). Wär ich da wirklich so 3–6000 Meter hoch in den Lüften oben und ich hätt gemerkt, daß ich stürz, hätt ich doch sofort das Kissen runter auf die Erde geworfen und wär dann draufg'falln; so hart fällt man doch nicht, wie am blanken Boden, außerdem, man fällt neben das Kiss', dann ist man auch selbst schuld, da muß eben alles gelernt sein. Das Sicherste wäre es freilich, wenn man das Kiss' schon vorher dahin legen tät, wo man später runterfällt, aber das

weiß man eben nicht. – Mein erster Plan, wenn ich fliegen
hätt können, wäre nach H. . . . gewesen zu meinem Onkel.
Dem habe ich geschrieben, daß ich am Sonntag nachmittag
um 2 Minuten über 5 Uhr oder um 5 Minuten über 2 Uhr
bei ihm mit der Flugmaschine eintreffe; der hat schon die
größte Freud ghabt, sein Haus hat er mit Fahnen und
Girlanden dekorieren lassen und aufs Hausdach hat er ein
großes Plakat aufmachn lassen mit den sinnreichen Worten:
»Willkommen«. Freilich hätt ich kommen wolln, wenn ich
gekonnt hätte. Dies hier ist schon mein zweiter Apparat,
den ich erfunden habe. Mein erster Apparat ist noch weniger geflogen als der, wo der schon nicht fliegt; jetzt könnens
Ihna vorstellen, daß mein erster Apparat überhaupt nicht
geflogen ist. Einen Fernflug hab ich auch einmal mitgemacht, d. h., eigentlich ich hätt einen mitmachen können,
der 1. Preis 50000 Mk., aber ich hab nicht mögen, denn bei
einem Fernflug muß man doch unbedingt schon in der Früh
um 4 Uhr wegfliegn, und ich steh doch wegen 50000 Mark
nicht schon in der Früh um 4 Uhr auf. Ich will Sie jetzt
nicht mehr länger stören mit der vielen Rederei, sondern
will Ihnen nun zeigen, daß, wenn ich auch nicht fliegen
kann, wenigstens die Courage besitze zum Fliegen. Ich
werde mir jetzt erlauben, einen kleinen Rundflug zu
machen durch den Saal. Aus diesem Grunde ersuche ich die
werten Damen, die Hüte abzunehmen. Also los:

So, nun werd ich mich verduften jetzt mit meinem
Aeroplan,
Stell die Steuer nach dem Winde, der Motor läuft
langsam an,
Immer schneller der Propeller, wird wohl nicht
explodiern,
Ja, mir steht vor lauter Angst der Todesschweiß schon
auf der Stirn.
So, nun gehts los das Fliegen, das ist dust, hoch oben in
der Luft,

Wenn der Motor so pufft, sowie ich flieg, da ist doch
nichts dabei,
Da brichst Dirs Gnick auf keinen Fall

»Ein Hoch der Fliegerei!«

Riesenblödsinn

Original – Vortrag von Karl Valentin.

(Vortragender ist komisch gekleidet, hält eine Gitarre in der Hand)

Gestatte mir, Ihnen ein Lied mit Gesang zum Vortrag zu
bringen, ich hab' nämlich a wunderbare Stimm', ich hab'
das Singen gelernt auf einer Maschine, auf einer Singer-
maschine, ich hab bis 19 Jahre einen wunderbaren Tenor
gehabt, mit 20 Jahren hab' ich an Bass bekommen, einen
Reisepass.

Also, ein Lied mit Gesang! *(Vorspiel)* Jetzt fällt mir der
Anfang nicht ein von dem Lied, dddddddd, das ist mir aber
peinlich, daheim hab' ich's grossartig können, aber ich kann
doch jetzt nicht extra heimgehen, an Schluss weiss ich
schon, aber wenn ich mit'n Schluss anfang werd' ich zu früh
fertig – – fällt mir nicht ein – – dann erzähl ich Ihnen derweil was, bis mir das Lied einfällt. – –

Sehn's, die Gitarr' da, das ist noch ein Andenken von meinem Grossvater, denn diese Gitarre hab' ich mir vor 14
Tagen gekauft, aber nicht auf einmal, sondern so stückweise,
zuerst hab' ich mir das billige Zeug dazu gekauft *(zeigend)*
das Loch hier!! – Da hab ich eine Mordslauferei gehabt bis
ich das Loch bekommen hab', ich bin zu einem Instrumen-
tenmacher gegangen und hab' g'sagt: Bitte, hab'n Sie ein
Loch? Ja, sagt er, zu was brauchen Sie denn ein Loch? – sag
ich: für meine Gitarre. – Nein, sagt er, ein solches hab' ich

leider nicht! – Dann hab ich mir ein Ofenrohr gekauft, hab' das Blech von dem Ofenrohr weggerissen und ich hab dadurch ein Loch bekommen – dann hab' ich um das Loch Bretter machen lassen, dazu einen Saitenhals, hab Sait'n draufg'spannt und die Gitarre war fertig. Zum Aufzieh'n der 6 Saiten hab ich zwei Tag' gebraucht, denn ich hab die Saiten in die Schraubwirbel 'nei'gsteckt – hab's drehen angefangen, aber ich hab' vergessen, dass ich die Saiten unten *(zeigend)* ang'hängt hab'! – Durch dieses unten nicht ang'hängt sein, haben sich die Saiten immer auf den – – – – na – – – das verstehen Sie ja doch nicht, wenn Sie noch nie im Leben eine Gitarre gesehen haben; für die Gitarre hab' ich einen Sack machen lassen aus Wachsleinwand – der Sack is immer grösser und grösser wor'n, weil er aus Wachslein-wand war. – – – Also – ein Lied!

In einem kühlen Grunde, da geht ein Mühlenrad
Mein Liebchen ist verschwunden, das dort gewohnet hat! –

Sehn Sie, das ist ein schönes altes Lied, aber ich find das furchtbar blöd. – Dös müssen's Ihnen einmal genau überle-gen – dös kommt doch in dem Lied grad 'raus, als wenn das Liebchen – also mir is ja ganz wurscht wo de g'wohnt hat – von mir aus kann ja das Liebchen wohnen wo's mag – aber dem Lied nach hat de unbedingt in dem Mühlrad g'wohnt, wia g'sagt, von mir aus kann de wohnen wo's mag, aber wenn das Liebchen wirklich in dem Mühlrad g'wohnt hat, dann hat das Mädel noch koa ruhige Stund' g'habt! – Es gibt ja noch so Lieder: Da hab ich amal einen singen hören, der is auf der Bühne g'standen und hat g'sungen: Ob Du mich liebst, hab ich den Wind gefragt! – An Wind muass er frag'n, er soll's doch glei' selber frag'n, der Gletzenkopf, der kann sich's do denken, dass er da a windige Antwort kriagt! – Einen noch grösseren Blödsinn hab ich in einem Theater singen hören bei der Operette – ich weiss nicht mehr wie's heisst. Da kommt das schöne Lied vor: »Und der Himmel hängt voller Geigen« – also das tät ich mir noch g'fall'n lass'n, dass der Himmel voller Geigen hängt – aber den möcht ich kennen, der wo die vielen Nägel in Himmel 'nei'g'schlag'n hat, wo die Geigen alle dran hängen! – – –

Na, da seh'n Sie doch ganz deutlich,
Hochverehrtes Puplikum,
Nichts als Blödsinn, Blödsinn, Blödsinn,
Nehmens mir die Sach' nicht krumm!

All Heil!

(Vortragender erscheint auf der Bühne mit einem alten Fahrrad im Rennfahrerkostüm.)

»All Heil!«
Wenn man es eigentlich richtig betrachtet, ist das Radfahren eine große Dummheit, ich zum Beispiel fahrat ja überhaupt nicht, aber mir hat es der Doktor angeordnet, der hat gsagt, ich muß Bewegung haben, sonst wer ich zu fett. Fett bin ich eigentlich gar nicht, ich bin nur leichtsinnig, wie oft bin ich schon auf d'Nacht ohne Glocke ausgfahrn, nicht amal a Licht hab ich dabei ghabt und auf d'Nacht fahr ich nämlich nie ohne Licht aus, bei Tag weniger, außerdem es wird recht früh Nacht, wie im Winter z. B. und im Winter fahr ich überhaupt nicht.

Was hab ich schon Malheur gehabt mit der Radlerei, erst kürzlich bin ich wieder mit samt mein Radl unter a Automobil nein kommen, hab aber ein Glück dabei ghabt, wie mich nämlich der Chauffeur unterm Wagen rauszieht, sieht er, daß ich a guter Spezi zu ihm bin, natürlich hat er dann sofort bremst, sonst wär ich sicher kaput gewesen.

Darum sag ich, ich gib die ganze Radlerei noch auf, aber bevor ich mein Rad an einen andern verkauf, fahr ich doch lieber selber – – und mir tut das Radfahren gut, a jeder kanns net vertragen, da muß ma guat beinand sei, vor allem gsund auf der Brust *(husten)*, jetzt ich halt auch was auf meine Gesundheit, ich leb auch darnach. Bei mir heißts in der Früh um 11 Uhr raus ausn Bett, a paar gute Zigaretten graucht, z'Mittag a Paar Regensburger in Essig und Oel, recht sauer, das macht Blut. – Nachmittags a kleine Radtour nach Holzkirchen, aber gemütlich 70 km, wenn man dann so erhitzt am Ziel angelangt ist, net glei in a warms Lokal neisetzn, nein! zuerst im Hausgang a bisserl stehn bleibn, wos recht zieht, damit der Schweiß am Körper trocknet, wenns einem dann s'frieren anfangt, net glei a warme Limonad trinken, nein! a frische Maß Bier schnell nunterstürzen und a Stück Brot danach essen, dann kann einem nix passieren – – nur auf diese Weise bekommt man ein kräftiges, blühendes Aussehen, schauns mich an, ich treib das schon wochenlang, a paar Freunde von mir habn diesen Rat auch befolgt, dene fehlt jetzt nix mehr.

Wissen sie, jetzt fahr ich nur mehr zum Vergnügen, früher wars ja mein Beruf, ich war nämlich früher roter Radler, weil ich aber amal als roter Radler am »Gründonnerstag« »blau« gmacht hab, hat mir mein Prinzipal »weiß« gmacht, daß dös net sei darf und hat mir kündigt.

Verunglückt bin ich auch schon, bei meinem letzten Rennen hab ich einen Nabelbruch erlitten, – Gabelbruch, seit dieser Zeit hab ich die Rennerei satt. In meinem Leben mach ich kein Radrennen mehr mit, ich muß zu meiner Schande gestehen, daß ich bei jedem Rennen der letzte war, da war aber nicht ich schuld, da warn die andern schuld, weil die immer vorgfahrn sind. Sehn sie, der wo den ersten Preis gmacht hat, der Mann ist krank, der leidet an Verfolgungswahn, der bildet sich bei jedem Rennen ein, der zweite fahrt ihm immer nach und das war auch beim letzten Rennen der Fall – natürlich fährt doch der wahnsinnig dahin, der muß doch der erste werden, das ist aber doch nicht gerecht, da soll man doch nur gesunde Leute dazu nehmen, wie ich. Wenn auch nicht jeder der erste wird, das soll auch bei einem richtigen Rennen nicht vorkommen, das hätte auch gar keinen Sinn.

Ein paar Mal hab ich ein Schrittmacher gmacht, aber da hams mich net brauchen können, weil ich zu wenig Luft verdrängt hab.

Zum Schluß erzähl ich ihnen noch was Interessantes, ich bin nämlich Vorstand des Radlerklub »d'Windhund« und da habn wir von der Fabrik eine neue Standarte kriegt und in die Standarte war mit goldenen Buchstaben der schöne Spruch hineingestickt »Der Mensch denkt und Gott lenkt«, – wie ich das gelesen hab, hab i mei Radl packt, bin auf d'Straß naus, hab mi nauf gsetzt und bin dahin gefahren, ohne zu lenken – – dabei wirfts mich glei so an a Hauseck hin, daß ich drei Stund blödsinnig war – na, hab i mir denkt, mi drahts es nimma o mit euchere Sprüchwörter und seit dieser Zeit lenk ich wieder selber. –

All Heil!

Der Feuerwehrtrompeter (Signalist)

Soloszene von Karl Valentin

Kreuz Sakra, könnt' ich da nervös werd'n mit der saudummen Fragerei! So oft wir Feuerwehrleut' in Uniform auf der Straß'n gehn, fragt jeder Mensch: »Wo brennt's denn?« Das ist doch zu dumm, dann müßte man doch einen Polizisten auch fragen: »Wer hat denn da was g'stohl'n, Herr Polizist?« Ueberhaupt, was für dumme Leut' es gibt, das ist nicht zu glauben. – Es gibt tatsächlich Leut', die können keinen Trompeter von einem Feuerwehrmann unterscheiden. Ich bin doch ein Trompeter, – das heißt, – ich bin schon ein Feuerwehrmann, aber ich bin eigentlich kein direkter Feuerwehrmann, der wo es direkt mit dem Feuer zu tun hat, ich muß natürlich schon dabei sein beim Feuer, – nur brauch' ich nicht spritzen, sondern ich muß blasen, damit der andere spritzen kann; denn wenn ich nicht blas', dann kann der andere nicht spritzen, das heißt, können tut er ja schon, aber dürfen tut er nicht – ich darf ja auch nicht blasen, wenn ich will, ich häng' wieder vom Kommandanten ab; der schafft mir an, wenn ich blasen muß; schafft mir der Kommandant nix an, dann darf ich auch nicht blasen und wenn ich nicht blas', darf der andere nicht spritzen, und wenn der nicht spritzt, verbrennt das Haus.

Drum ist die Hauptsache von der ganzen Feuerwehr der Kommandant, und ich bin der Trompeter, und darum ärgert mich das so furchtbar, wenn mich die Leut' immer für einen Feuerwehrmann anschau'n. Bei dem letzten Brand bin ich auch wieder verwechselt worden. Wir stehn vor dem brennenden Haus am Brandplatz, auf einmal kommt eine Frau aus dem brennenden Haus herausgestürzt und rennt ausgerechnet auf mich zu und sagt: »Bitt' schön, Herr Feuerwehrmann, holen Sie mir mein kleines Kind herunter vom 5. Stock, das liegt in der Wieg'n drinnen und muß sonst verbrennen.« »Liebe Frau«, hab' ich gesagt, »das geht mich nichts an, das müssen Sie dem Feuerwehrmann sagen, ich bin der Trompeter; aber daß Sie sehen, daß ich auch tue, was in meinen Kräften steht: blasen tu' ich Ihrem Kind schon, daß es runterkommen soll.«

Ja, ja, die Sach' ist nicht so einfach, wie Sie sich die Blaserei vorstellen, die vielen Signale, wo ich im Kopf haben muß! Viel' Signale haben wir eigentlich nicht, nur zwei, aber von diesen zwei Signalen hängt alles ab. Sehn Sie, Sie werden das ja nicht begreifen, weil Sie ja selbst keine Feuerwehr sind. Das erste Signal, Nr. 1, heißt: »Zum Angriff!« Signal Nr. 2 heißt: »Gefahr vorüber, – abrücken!« Stellen S' Ihnen vor, was das für eine Sauerei gibt, wenn ich die zwei Signale verwechsle und statt »Zum Angriff!« – »Gefahr vorüber!« blas!

Ja, das ist nicht so einfach, das muß alles gelernt sein. Mein Gott, wenn ich an meine Lehrzeit denk', wie ich die Feuerwehrerei g'lernt hab', da graust's mir heut' noch. Wissen Sie, ich hab' auch, offen gestanden, nichts lernen können, weil's g'rad ausgerechnet die drei Jahr', wo ich in die Lehr' 'gangen bin, nirgends brennt hat, und selber haben wir nichts anzünden woll'n, wegen dem Verdruß von den Leuten.

, Ich wär' überhaupt kein Feuerwehrmann geworden, aber das war so: Mein Vater, der war 30 Jahr' dabei, dann war die Uniform da, dann hab' ich mir denkt, wirst halt auch einer. Passen tut mir alles bis auf den Helm-Riemen, der ist mir zu weit, weil mein Vater so einen großen Kropf g'habt hat. – Ich könnt' ihn schon kürzer machen lassen, aber schließlich krieg' ich auch einmal einen Kropf, dann hört die Abänderei nicht auf – lieber wart' ich, bis ich auch einen Kropf krieg'. Ja, mein Vater war bei der Berufsfeuerwehr, der hat immer die Leiter betreiben müssen, die wo so 'naufgeht, der war Betriebsleiter.

Wissen Sie, wir haben zweierlei Feuerwehr; es gibt eine freiwillige Feuerwehr und eine Berufsfeuerwehr – Jetzt, wir in unserem Dorf wir haben nur eine freiwillige Feuerwehr, zehn Mann und die Spritze. Den größten Brand, wo ich mitgemacht hab', das war damals, wie unser Dorf abbrennt ist. Heut' sind es g'rad sechs Jahr', das war groß! 50 Meter breit und 60 m hoch, 62 m darf man sagen, ganz genau hab'n wir's nicht abmess'n können, weil's immer so hinaufg'schwänz'lt ist. –

Ja, das Feuer wär' nicht so groß geworden, wenn wir es gleich bemerkt hätten, aber erstens ist es bei der Nacht auskommen und unser Dorf ist so schlecht beleuchtet g'wesen, daß wir nicht einmal das Feuer g'seh'n hab'n. Zweitens hat der Turmwächter g'rad in dieser Nacht Ausgang g'habt. Am dritten Tag haben wir es erst gemerkt, daß das halbe Dorf lichterloh gebrannt hat.

Dann sind wir erst ausg'rückt. Wie wir an das Spritzenhaus hinkommen, sehen wir zum größten Unglück, daß das Spritzenhaus selber schon abgebrannt ist; jetzt hat der Kommandant sofort zum Baumeister hinüber'schickt, er soll so schnell wie möglich ein neues Spritzenhaus bauen, daß wir wenigstens die Spritz'n rausfahr'n können. – Zu uns hat er g'sagt, wir sollen einstweilen löschen, so gut als es geht. »Ja, mit was denn?« haben wir gesagt. Im »Winter, wo das ganze Wasser eing'froren ist!« Jetzt haben wir schnell ein paar Zentner Wasser gekocht, daß wir Wasser bekommen haben zum Löschen. Das gekochte Wasser war aber so heiß, daß wir uns die Finger verbrannt haben beim Spritzen. Nach 10 Minuten ist Wassernot eingetreten, da hat der Herr Apotheker in liebenswürdiger Weise 10 Flaschen Mineralwasser gespendet, das war natürlich gleich verspritzt. – Die Wassernot war so groß, daß zwei Feuerwehrmänner mit einer Kinderbadewanne zum Dorfschuster hinunter'gangen sind, der wo schon sechs Jahre die Wassersucht hat; den haben s' ersucht, ob er nicht mit ein paar Maß Wasser aushelfen könnt', sonst ist das ganze Dorf beim Teufel. –

Auf einmal ist doch ein anderer Wind kommen und das Feuer hat aufg'hört am Abend und seit dieser Zeit haben wir zur Erinnerung an das große Feuer alle Abend – Feierabend.

Unpolitische Rede

Hochgeehrte Versammlung!

Es freut mich ungemein, daß Sie, wie Sie, wenn Ihnen das sozusagen irgend jemand beispielsweise, oder daß Sie gewußt hätten, widrigenfalls ohne direkt, oder besser gesagt inwiefern, nachdem naturgemäß es ganz gleichwertig erscheint, ob so oder so, im Falle es könnte oder es ist, wie erklärlicher Weise in Anbetracht oder vielmehr warum es so gekommen sein kann oder muß, so ist kurz gesagt kein Beweis vorhanden, daß es selbstverständlich erscheint, ohne jedoch darauf zurückzukommen, in welcher zur Zeit ein oder mehrere in unabsehbarer Weise sich selbst ab und zu zur Erleichterung beitragen werden, ohnedem es wie ja unmöglich erscheint in bis jetzt noch nie, in dieser Art wiederzugebender Weise, ein einigermaßen in sich selbst, angrenzend der Verhältnisse, die Sie wie Sie, ob Sie gegen sie oder für sie nutzbringend in sich selbst von vorne als gänzlich ausgeschlossen erachtet werden wird, und daß ohnehin einer ferngehaltenen Verschlimmerung ein, oder ein in irgend einen einigermaßen einzig verschwiegen ist.

Dennoch treten eine insgesamt wie sich zeigende, weniger oder einschließlich von unabsehbarer Weite sich kreuzende Meinungsverschiedenheiten die in unbestimmt einschneidende Zirkulationshemmungen auftretenden Gesichtspunkte auf. Gegebenenfalls erscheinen also nie wiederkehrende Emanzipationen, welche einer dringenden Abhilfe, insofern gegenüber zu stehen erscheinen wenn beiderseits die interessenlose Resignation widerspenstiger Auftritte seitens der Gedankenhalluzination beiderlei Geschlechtes sich in mehrheitigen Gesinnungsvibrationen durch Kontrapunkte in nichts verwandeln, und eine parteilose, hochprozentige Stimmungsmehrheit vorläufig zu Tage treten wird.

Gerade die machtlose Erscheinungsmöglichkeit ob und wie, jetzt oder später, ist die Grundessenz der lageveränderten Zeitpunkte, welche keinerlei maßgebende eventuelle Aktualitäten in sich bringt und der zeitweiligen Vernichtung von Privatexistenzen zugrunde liegt, obwohl Europa nie Anteil daran genommen hat.

Ich beschließe die heutige Versammlung und heiße Sie zum Schluße herzlich willkommen und begrüße Sie
    Hochachtungsvollst
        im Namen sämtlicher Zuhörer,
          habe die Ehre!
          Karl Valentin

Unsere Haustiere

Ein Vortrag gehalten von Prof. Karl Valentin,
Ordinarius der Viecherei in München.

Sehr geehrter Zuschauerraum, es freut mich hundsgemein, nein! ungemein, daß Sie sich heute zu meinem wissenschaftlichen Vortrag über den Nutzen und Schaden der Haustiere hier eingefunden haben. Wenn man von Haustieren spricht, so ist jeder darüber im Zweifel, handelt es sich hier um die Haustiere am Haus oder im Haus. – Mein heutiger Vortrag behandelt die Haustiere im Haus. Unter einer Haustüre und einem Haustier ist ein himmelweiter Unterschied, denn erstere ist aus Holz, letzteres aus Fleisch und Blut.

Eines unserer bekanntesten Haustiere ist der populäre schwarzbläuliche Küchenschwabe. Er wird in vielen Fällen über 6 bis 4 Wochen alt und findet meist einen unnatürlichen, jedoch schnellen Tod durch die menschliche Schuhsohle. Der bekannte Knall beim Zertreten eines Küchenschwaben wird durch Eindrücken des Brustkorbes hervorgerufen. Der Küchenschwabe läuft sehr schnell, was darauf schließen läßt, daß es ihm die meiste Zeit pressiert. Sind mehrere Schwaben beisammen, so nennt man das einen Schwabenschwarm, sind es ausgerechnet 7 Stück, so sind das 7 Schwaben, welche aber mit den 7 Schwaben nicht identisch sind. Erstere haben ihre Heimat in der Küche, letztere in Ulm.

In meiner nächsten Abteilung stehe ich im Zeichen der Wanze. – Liebe Zuhörer und Zuhörerinnen! Von der Wanze glaube ich Ihnen nicht viel sagen zu brauchen, denn Sie alle kennen ja das Leben und Treiben dieses scheußlichen Blutsaugers von der Schule her, wo Ihnen das Tier schon näher erklärt worden ist.

Ich komme nun zum dritten Haustier, zum Floh. Hier ist es mir möglich gewesen, eine photographische Abbildung zu gewinnen. Eine geradezu wahnsinnige Arbeit war es, dieses flinke Tierchen zu photographieren. Über dreitausendmal hüpfte es dem Photographen aus der Stellung, und nur durch gutes Zureden ist es ihm gelungen, das Tier zu einer Momentaufnahme zu bewegen. – Der Floh nährt sich vom Blut des Menschen, oder, besser ausgedrückt, vom menschlichen Blut, nach eigener Erfahrung und Ansicht ist ein Floh trotz seiner winzigen Körpereigenschaft imstande, 60 Liter Menschenblut in sich aufzunehmen.

Wir kommen nun zu der Laus. – Die Laus bewohnt den Haarboden des menschlichen Kopfes. Nicht jeder Mensch ist mit Läusen geplagt. Am meisten werden davon die Buben heimgesucht. Ist ein Bube mit Läusen bedacht, so entsteht daraus der sogenannte Lausbub. Bei älteren Personen, Glatzköpfe oder Plattenberger genannt, finden diese Liliputschildkröten keine Wohnstätten. Die zweite Abart sind die Gewandläuse, welche sich im Gewand der Menschen aufhalten. Adam und Eva im Paradies kannten diese Sorte Läuse nicht, da dieselben kein Gewand besaßen, sondern nur Blätter. Es gibt auch Blattläuse, welche aber nicht zu den Haustieren gehören. Eine vierte Art von Läusen ist mir noch bekannt, die sich aber nur in Bierfilzeln und Filzschuhen aufhalten. – Eine Laus tritt nur einen Tag auf, ist von den Kindern gefürchtet und heißt Nikolaus. – Auch die Bühnenkünstler, Sänger, Schauspieler und Komiker haben die Läuse gern, jedoch nicht Kopfläuse, sondern Appläuse.

Nach Erklärung der kleineren Haustiere folgen nun die Haustiere größerer Körpereigenschaften. Da steht in erster Linie die Maushaus, nein! Hausmaus. Die Maus besteht nach zoologischer Feststellung aus Mau und Ringl-s und ist mit einem mausgrauen Fell überzogen. Die Maus läuft auf vier Füßen oder in die Mausfalle. Sind zwei Mäuse beisammen, so vermehren sie sich sehr schnell. Die jungen Mäuse dagegen sind um ein großes Stück kleiner als die älteren. Die Maus verwandelt sich oft sehr schnell. Fällt eine Maus in einen Honigtopf, so entsteht daraus eine zuckersüße Maus. Am wohlsten fühlt sich die Maus im Loch, im Mausloch, auch ich ... bin der Überzeugung. Die nächsten Verwandten der Maus sind die Ratten, im Volksmund der Ratz genannt. Die Ratzen sind häßliche Tiere und man nennt einen Ratzen im allgemeinen »schialige Ratz«.

Sechstes Tier: Die Fliege. Die Fliege gehört zum Geflügel. Die Fliege ist eines der reinlichsten Haustiere. Es ist festgestellt, daß die Fliegen sehr oft heiße Bäder nehmen. Zum Ärgernis der Hausfrau nehmen sie diese Bäder im Suppenhafen. Die Fliege dient auch als Nahrungsmittel, jedoch nicht für den Menschen, aber für den Laubfrosch. Die Fliege wird von den Menschen sehr lästig befunden, weshalb man ihr todbringende Fallen stellt, in Form von Fliegenhüten. Ein Fliegenhut ist ein Apparat aus Packpapier, welcher im 75. Gradwinkel zu einem komischen, nein! konischen Zylinderkegel geformt und mit einem zähen Leim, sogenannten Fliegenleim bestrichen ist. Stellt man die auf lateinisch mit Papp bestrichene »Stranitze« auf eine flache Ebene, Küchentisch usw. und die Fliege bemerkt diesen Vorgang, nähert sich die Fliege diesem Apparat, umkreist ihn summend, bei der Fliege treten sodann indirekt Halluzinationen ein, sie ist der sicheren Meinung, der auf dem Papierkegel befindliche Leim ist kein Leim, fliegt auf den Leim, und siehe da, sie paapt, nein! pappt.

Der lächelnde Blick der Fliege verschwimmt, in ihren Gesichtskreis tritt ein leichtes Erröten ein, die Flügel werden schlapp, weil sie voll Papp, und mit stierem Blick erwartet sie das langsame Sterben. Mit Aufgebot aller Kräfte entreißt sie einen Flügel aus der klebrigen Masse, um mit demselben Schwingungen zu erzeugen, der durch Vibrationen summende Schallwellen hervorruft. Durch dieses Gesumm werden die anderen Fliegen auf die traurige Situation ihrer Kollegin aufmerksam, fliegen hilfebringend herbei und auch sie pappen. (Sakra, jetzt papp i aa.)

Zum Schluß das letzte Haustier, die Kuh. Leider ist es mir wegen Mangel an Platz unmöglich, ein lebendes Exemplar einer Kuh mitzubringen. Ich finde es auch nicht durchaus nötig, denn ich setze voraus und bin überzeugt, daß die meisten der Anwesenden schon eine Kuh gesehen haben. Ich bediene mich deshalb einer Kripperlfigur zur näheren Erklärung. Der Hauptbestandteil der Kuh ist die Milli, kurz gesagt die Milch. Die Milch ist das flüssigste Nahrungsmittel außer dem Wasser. Die Milch ist an ihrer weißen Farbe erkenntlich. Die Milch kann in Tassen, Flaschen, Büchsen, Gläsern, oder anderen hohlen Gefäßen aufbewahrt werden. Ist zum Beispiel ein Kübel voll Milch, so nennt man sie Vollmilch. Die Milch gewinnen wir Menschen von den Bauern oder von der Ziege; die bekannteste Milch ist jedoch die Kuhmilch, es gibt auch Lilienmilch, nur werden die Lilien nicht gemolken, sondern gepflückt. Wir haben auch Milchstraßen, eine am Himmel, eine in Haidhausen. Diese kommen aber zur Milchlieferung nicht in Betracht. Wird zum Beispiel die Kuhmilch auf dem Feuer gesotten, so entsteht daraus die sogenannte heiße Milch, welche zum Kochen verwendet werden kann. Die Milch ist am leichtesten zu verdauen, da sie weder gebissen, noch trichinenfrei ist. Die Milch kann getrunken, gefahren oder getragen werden. Viel Frauen können die Milch trinken, aber nicht tragen, da dieselben keine haben. Schüttet man in die Milch Kaffee, entsteht daraus Melange, schüttet man in die Milch Wasser, so ist es eine Gemeinheit, welche mit Gefängnis bestraft wird, und der Milchfrau wird die Milch entzogen, oder besser gesagt die Konfession. Die neueste Entdeckung aus Milli Soldaten herzustellen, steht wohl einzig in der Welt. Der berühmte Komiker Rzpleckp hat diese Erfindung einem eigentlichen Zufall zu verdanken; das Rezept ist folgendes: man nimmt einen großen Kübel Teer, gießt in diesen Teer Milli, vermengt die Milli mit dem Teer und es entsteht daraus Militär. –

Ich beschließe nun meinen wissenschaftlichen Vortrag und fordere Sie auf, sich von den Sitzen zu erheben und mit mir in den Ruf einzustimmen: unsere sämtlichen Haustiere, sie leben, vivat hoch! hoch! hoch!

1. Narrenrede

von Karl Valentin

Das war so! – Wie der moderne Maler malt, so kann der moderne Schriftsteller schreiben.

In Magdeburg am Rhein wohnte eine Verwandte, nämlich meiner Mutter ihre Braut, die gegenwärtig von Mexiko vorübergehend nach Rom reiste.

Dadurch ist das Privatvermögen der Sauerkrautverleihanstalt »Eldorado« in Konkurs geraten, weil die Pläne zur Grundsteinlegung des neuen Kreisrealschul-Projektes durch Prolongation des Innern nicht genehmigt worden sind.

Ich finde es übertrieben, deshalb meine Zimmer tapezieren zu lassen, denn in kurzer Zeit kommt die Sache ans Tageslicht, und wenn sich drei Schwestern heiraten, kann von einem Quartett keine Rede sein.

Mir ist die Sache furchtbar peinlich, denn wenn ich die Gummischuhe einmal getragen habe, faßt der Kanzleisekretär die Sache falsch auf, und statt daß ich für das Segelflugzeug zweihundert Mark Einsatz bekomme, muß ich von Frankfurt bis Köln zu Fuß heimfahren.

Mein Rechtsanwalt gab sich alle Mühe, in 3000 Meter Höhe ein Zündholz aufzutreiben, aber deshalb ist nicht gesagt, ob das Filmdrama einem Lustspiel gleichkommt, denn mit einem bloßen Händedruck kann man heutzutage kein Stiegengeländer lackieren, – und warum? – Weil das Zutrauen fehlt! Obwohl kein Zeuge beweisen kann, daß man mit einem Freibillet eine Telephonstörung vermeiden kann. Die Hauptsache ist schließlich doch, daß der Schönschreibunterricht in den Volksschulen nicht mit dem Walchenseekraftwerk in Fühlung kommt, denn der städtische Knabenhort hat alle Hebel in Bewegung gesetzt, daß eine abermalige Erweiterung des Potsdamerplatzes nur dann zustande kommen darf, wenn sämtliche Kinos in Berlin in Freudenhäuser verwandelt werden. Was natürlich mit einer Verlängerung der Polizeistunde vor Mitternacht nichts zu tun hat. Im gegebenen Falle würde natürlich hygienischen Rücksichten entsprechend ein öffentliches Hausieren mit elektrischen Klavieren nur dann in Betracht kommen, wenn die Lederindustrie zur Erzeugung von Tabakprodukten die Grenze zwischen Ostern und Pfingsten nicht überschreitet. –

Hinsichtlich Paragraph Nummer Null könnte also die Erlaubnis, auf dem Plötzensee ein Trabrennen abzuhalten, nicht erteilt werden, was durch das Entgegenkommen der Kleinwohnungsgenossenschaft sehr in Frage gestellt ist. –

Ob die vier Könige unter den Tarockkarten dieses Jahr noch abdanken, ist ebenfalls fraglich, denn zehn Pfennig für eine Straßenbahnfahrt ohne Speisewagenbenützung ist eher zu teuer als notwendig.

Infolge dieser Preistreiberei können also Hypotheken auf Star- und Maikäferhäuser vor dem o.ten Dezember 1702 nicht gekündigt werden, ebenso wird Zusendung von Neujahrsenthebungskarten an den beiden Osterfeiertagen gerichtlich verfolgt. Halbamtlich, eigentlich viertelamtlich, sei noch mitgeteilt, daß farbiges Konfetti in den verehrlichen Apotheken nicht mehr als Kopfwehpulver verkauft werden darf, und deshalb rufe ich unter Tränen aus:

Nieder mit dem Aschermittwoch – nieder mit dem Karneval – Es lebe der erste April!!!

Volkus plumentus – ex!? – –

Der Weltuntergang

(Sehr schnell zu sprechen.)

Gestern nachmittags um 9 Uhr sitz ich im Restaurant »zur verfaulten Blutorange« und weil ich am Tag vorher meine goldene Uhr zum Konditor trag'n hab', zum reparieren, hab' ich einen solchen Heißhunger kriegt, daß ich mir zwei Portionen Senftgefrorenes und an g'sott'nen Radi als Abendessen zum Frühstück bestellt hab'. Nachdem ich aber Hausbesitzer bin und in jeder Wohnung eine wanzenreiche Familie hab', hab' ich trotz meines 87jährigen Halsleidens mit den Kindern von mei'm Nachbarn »Fürchtet ihr den weißen Mann« gespielt. Im selben Moment haute der Photograph im Rückgebäude 's Fenster ein. I laß in der Angst an Zitherlehrer komma, und der gemeine Kerl von einer Kellnerin behaupt't, sie hätt' im Eiskasten scho' Feuer g'macht; währenddem mein jüngster Sohn sich mit dem Magneteisen d'Hühneraugen aus'm Ellbogen herauszieht, hab'ns in der Volksküche a Staudn Nißlsalat mit dem neuen Trambahntarif verwechselt, der Bürgermeister will im hintern Anhängewagen vom Telephonautomat einsteig'n, kann aber leider nicht schwimmen und stößt mit seiner Battikkrawatte a Loch in a neugebackene Schlagrahmtorte. In der Verwirrung führt der Turmwächter von St. Emeram einen Bismarckhäring in's Hundebad, der Nürnberger Schnellzug is in's Nymphenburger Trambahngeleis neig'fahrn; sämtliche Droschkenkutscher von München sind zum Beichten ganga und wenn nicht zufälligerweis' auf dem Wendelstein drob'n ein Schutzmann seinen Wecker ablaufen läßt, verlangt die Obsthausiererin für zwei Pfund Kinderhemden einen Freundschaftskuß. Trotz allen Bemühungen, auf der rechten Kuppel des Frauenkirchturmes ein Männerfreibad für Damen zu errichten, bleibt die Kanzlei vom Brunnenbuaberl vorläufig geschlossen, und auf allgemeinen Wunsch wird unter Kindern mit zehn Jahren die Zuchthausstrafe auf lebenslänglich abgeschafft. Sollten dagegen die Münchner Schlittschuhläufer wegen dem eingetretenen Weißbrotmangel vor Ablauf vorigen Jahres ihre Schlittschuhe nicht doppeln lassen, so sind auf Kosten des Fremdenverkehrs starke, gewitterartige Niederschläge zu erwarten. Leider aber hat sich der Bürgermeister im Finstern verlaufen, weil am Zeppelin-Luftschiff keine Hausnummer dort war; er läßt unglücklicherweise die Türe auf und im Zeitraum von fünf Minuten sind ihm schon 40 Mitesser auskemma. Er läuft ihnen nach, stolpert mit die Gummischuh' über der Frau ihre Giselafransen und schreit: »Wer will unter die Soldaten?« Alles war vergeben und vergessen, sei' Frau hat ihre Krampfadern als Ringelnattern verkauft, die Köchin hat sich verlobt mit'm Papagei, der Hausherr hat sich mit de Hypotheken gurgelt und in der Maikäferschachtel is die Maul- und Klauenseuche ausbrocha. »Wehe, wehe«, sprach der Oberlehrer von der Gasanstalt: »Richtet nicht, sonst werdet Ihr gerichtet«. Da öffneten sich die Wolken und mit blinzelnden Augen treten 18 Packträger hervor und verkündeten das Ende der Welt. Links und rechts stehen je vier goldene Jungfrauen mit Semmelbrösel bepappt und hielten ein vernickeltes Butterbrot in der Hand. Die Luft zitterte wie Schweinssulz, die Erde wühlte sich auf, die Vesuve speiten Honig und Sauerkraut. Nacht- und Tageulen, Junikäfer und Lämmergeier schwirrten gespensterhaft auf dem Fußboden umher, panikartig zerplatzte ein alter Leberkäs und am Ende des Vortrags trat plötzlich der Schluß ein.

Brief aus Bad Aibling

Hochwohlgeborne Anni,
liebe Ehefrau und Zuckerschneckerl!
Liebe Frau, teile Dir mit, daß ich in Bad Aibling gut angekommen bin. Bei Ankunft stiegte ich aus demselben Zug aus, in dem ich am Bahnhof zu München einstug. Ich wollte absichtlich nicht weiterfahren, da mein Billet nur bis Aibling giltig war und hätte eine Weiterfahrt keinen Wert gehabt, da ich sonst über Bad Aibling hinausgefahren wäre. Die Eisenbahnfahrt ging sehr schnell, da es ein Schnellzug war; wäre es

ein Güterzug gewesen, wäre die Fahrt natürlich nur Güter gewesen. Während der Fahrt aßte ich mein Butterbrot und trankte meinen roten Wein. Vis a vis von meinem Schnellzug sauste auf einmal ein anderer Schnellzug vorbei, und zwar so schnell, daß man die Leute, die in dem anderen Schnellzug saßten, kaum grüßen konnte, obwohl vielleicht ein guter Bekannter hätte drin' sitzen können, der dann am andern Tag zu mir gesagt hätte: Gestern waren Sie aber protzig, weil Sie mich nicht einmal gegrüßt haben. Die Fahrt ging dann weiter; auf einmal wurde es mir not, die Notkabine war aber besetzt; deshalb zogte ich die Notbremse und der Zug stund. Der Eisenbahnbesitzer stiegte zu mir in das Kouplet und schrub mich auf wegen Notzug. Die Gesellschaft im Eisenbahnwagen war sehr gemischt; es waren fast lauter Reisende, nur der eine Herr, der in München den Zug versäumte, fuhr nicht mit, da er wahrscheinlich mit dem nächsten Zug hinter uns nachkommt, in welchem wir auch gefahren wären, wenn wir den Zug auch versäumt hätten. – In Aibling selbst ist es sehr schön, obwohl es, glaube ich, sehr wenig Weinkneipen dort gibt. Gestern hat mich der Kurarzt untersucht, er meint, ich müßte nicht im Bett liegen bleiben, nur bei Nacht müsse ich im Bett bleiben, was ich ja so wie so getan hätte. Sonst geht es mir gut; ich habe mein eigenes Zimmer, in welchem sechs Betten stehen, wovon aber nur vier besetzt sind von vier Patientinnen. – Ich schließe nun meinen Brief und hoffe, daß Du mir in München treu bleibst, wenigstens halbe treu, zum mindesten viertel über zwei. Meine Uhr habe ich vergessen, wir haben auch in unserem Schlafsaal keine Uhr.

Wen Du mir wieder schreibst, schreibe bitte in den Brief hinein, wieviel Uhr es ist. Ich weiß gar nicht, wie ich an der Zeit bin.

Es grüßt und küßt Dich
hochachtungsvollst
ergebenst
Nepermuk *Semmelmeier,* Patient,
z. Zt. Bad Aibling.

Hochwasser

Heute nachmittag 3.30 Uhr sind genau 800 Jahre verflossen seit Bestehen unserer Isar. Das Isarbett selbst wurde erbaut von Herzog Jakob dem Wäßrigen. Seine Gemahlin, die spätere Kronprinzessin Cenzi von Harlaching, der frühere Kurprinz Maximilian der Wamperte, Großherzog von Kleinhesselohe, waren bei der Isarenthüllung zugegen. Es war ein feierlicher Akt, ein historisches Jubiläum, als die ganze Münchener Bürgerschaft, der Stadtmagistrat samt den Stadtvätern auf der Fraunhoferbrücke standen und jeden Moment auf die ersten Isarwellen warteten. – Auf der damaligen Praterinsel standen schon Böller salutbereit, die kleinen Häuser und Herbergen waren schon den ganzen Tag illuminiert in den Münchener Stadtfarben und Tausende gelb und schwarze Flämmchen leuchteten in den sonnigen Tag hinein.

Punkt 4 Uhr sollte der grüne Fluß eintreffen, aber es wurde später und später, und kein Tropfen Isar war zu sehen. Es wurden sofort Extrablätter verteilt mit der Inschrift: »Isar noch nicht eingetroffen, eine Stunde Verspätung!«

Große Bestürzung unter der Bevölkerung, aber das Volksgemurmel wurde durch ein eigenartiges, unleises Rauschen unterbrochen – ein kurzes Horchen der Menge, und aus tausend Kehlen schallt es durch die Auen: die Isar kommt, die Isar kommt, die Isar ist schon da. Vom Frauenturm herab (der allerdings erst später erbaut wurde) hielt Bürgermeister A. Bcdef eine Ansprache, welche durch das damalige trübe Wetter für die Allgemeinheit sehr schwer verständlich war; nur der Turmwächter, welcher die Rede mitstenographierte, konnte dieselbe der Nachwelt überliefern. Die Ansprache lautete:

»Willkommen, edler Gebirgsfluß, willkommen in deiner Heimat, in der Haupt- und Residenzstadt München. Endlich haben deine Wogen unsere Stadt berührt, und wir alle freuen uns, des großen Nutzens und Schadens wegen, den wir durch dich bekommen. Du wirst in Zukunft unsere Windmühlen treiben, du gibst uns einen großartigen Aufenthaltsort für unsere armen Fische, wir können in dir baden. Geheimrat Pettenkofer wird dir etwas Gruseliges (nämlich die Fortschwemmung der Fäkalien) anvertrauen. – Liebe Mitbürger, wir können nicht umhin, uns selbst den herzlichsten Dank auszusprechen, denn gerade ich und wir waren es, welche uns am meisten ins Zeug gelegt hatten zur Errichtung einer Isar in der Stadt München. – Aber noch wer ist uns beigestanden bei unserer harten Arbeit: nämlich der da oben (deutet vom Frauenturm noch höher hinauf), er hatte uns das nasse Element, allerdings in etwas knapper Anzahl, zur Verfügung gestellt; alles in allem, ich ersuche sämtliche Anwesende möchten sich von ihren Sitzen erheben und möchten mit mir in den Ruf einstimmen: »Die schöne grüne Isar, sie lebe hoch!« *(Böller)* »Hoch!« *(Böller)* »Hoch!« *(Böller)*.

Aber Gott läßt seiner nicht spotten, nach dem letzten »Hoch!« stieg der Pegel auf 1 – 2 – 3 – 4 – 5 – und gar 6 Meter, die gutmütige grüne Isar schäumte gelb vor Wut, die haushohen Wellen waren mindestens 1–2 Meter hoch, die am Ufer stehenden Menschen flohen in die Stadt – ins Hofbräuhaus –, welches bald überfüllt war, der Rest zog traurig von dannen, – in die Kirche.

Mittlerweile wimmerte auf den Kirchtürmen der Stadt die Sturmglocke und verkündete Unheil – die Hunde heulten, der Wind ebenfalls, die furchtsamen Weiber auch ebenfalls, die Kinder gingen nicht in die Schule, der Bäcker backte, die Kinos wurden geschlossen und die Schweine grunzten, aber das Hochwasser stieg trotzdem immer tiefer. Eine allgemeine Angst überfiel jeden, die Stadtväter traten mit gerunzelter Stirn zusammen, um Sicherheitsmaßregeln auszudenken, aber bei ihnen war alles Denken umsonst. Man beschloß, 100 Silbertaler demjenigen als Belohnung zu geben, der das Hochwasser zum Sinken brächte. Verschiedene Vorschläge von Mitbürgern sind gemacht worden:

1. Sofortige Tiefergrabung des Flußbettes.
2. Der Vorschlag, eine Arche Noah zu bauen, wurde des alten Systems wegen verworfen.
3. Ein Bittgang zum hl. Nepomuk war zu spät, da das Hochwasser bereits zu groß geworden war.
4. Ein Spaßvogel meinte, das Überwasser abzuschöpfen, aber wohin? Aber dem einen Vorschlag: »abwarten«, bis das Hochwasser selbst aufhört, wurde allgemein zugestimmt, da das auch kostenlos wäre.

Und einige Tage später war aus dem Hochwasser ein Niederwasser geworden, es wurde noch öfters Hochwasser, 1899 wurde es gleich so hoch, trat wieder aus den Ufern heraus, riß alle modernen Eisenbetonbauten um, die unmodernen alten Holzbrücken blieben stehen. Da wurde es den technischen Wasserbaumenschen einmal zu dumm, und sie sprachen: »Entweder – oder!«

Sie bauten Kaimauern in München und zwar so hoch, daß die Isar niemals mehr über die Ufer fließen kann, und die Geschichte war für immer erledigt.

Und die Herren Ingenieure und Architekten machten sich lustig über Schillers Worte: »Denn die Elemente hassen das Gebild von Menschenhand!« und auch mit Recht, denn sie allein wissen es ja bestimmt, wie hoch die Isar in Zukunft werden kann!

NB. Nebenbemerkung der Münchener Bevölkerung:
»Wir wollen nichts vom Wasser wissen!
O flösse Bier im Isarbett!«
Punkt.

Zwangsvorstellungen

Woher die leeren Theater? Nur durch das Ausbleiben des Publikums. Schuld daran – nur der Staat. Warum wird kein Theaterzwang eingeführt? Wenn jeder Mensch in das Theater gehen *muß*, wird die Sache gleich anders. Warum ist der Schulzwang eingeführt? Kein Schüler würde die Schule besuchen, wenn er nicht müßte. Beim Theater, wenn es auch nicht leicht ist, würde sich das unschwer ebenfalls doch vielleicht auch einführen lassen. Der gute Wille und die Pflicht bringen alles zustande.

Ist das Theater nicht auch Schule, Fragezeichen!

Schon bei den Kindern könnte man beginnen mit dem Theaterzwang. Das Repertoire eines Kindertheaters wäre sicherlich nur auf Märchen aufgebaut, wie Hänsel und Gretel, der Wolf und die sieben Schneewittchen.

In der Großstadt sind 100 Schulen, jede Schule hat 1000 Kinder, das sind 100000 Kinder pro Tag. Diese 100000 Kinder jeden Tag vormittag in die Schule, jeden Nachmittag ins Theater – Eintritt pro Kinderperson 50 Pfennig, natürlich auf Staatskosten, das sind 100 Theater je 1000 Sitzplätze. Also per Theater 500 *RM* – sind 50000 *RM* bei 100 Theatern.

Wieviel Schauspielern wäre hier Arbeitsgelegenheit geboten? Der Theaterzwang bezirksweise eingeführt, würde das ganze Wirtschaftsleben neu beleben. Es ist absolut nicht einerlei, wenn ich sage: Soll ich heute ins Theater gehen, oder wenn es heißt: Ich muß heute ins Theater gehen. Durch diese Theaterpflicht läßt der betreffende Staatsbürger freiwillig alle anderen stupiden Abendunterhaltungen fahren, wie Kegelschieben, Tarocken, Biertischpolitik, Rendezvous, ferner die zeitraubenden blöden Gesellschaftsspiele: »Fürchtet ihr den schwarzen Mann«, »Schneider, leih mir deine Frau« usw.

Der Staatsbürger weiß, daß er ins Theater muß – er

braucht sich kein Stück mehr herauszusuchen, er hat keinen Zweifel darüber, soll ich mir heute Tristan und Isolde anschauen – nein, er muß sich's anschauen – denn es ist seine Pflicht.

Er ist gezwungen, 365mal im Jahre ins Theater zu gehen, ob es ihm nun vor dem Theater graust oder nicht. Einem Schüler graust es auch, in die Schule zu gehen, aber er geht gern hinein, weil er muß. – Zwang! – Nur durch Zwang ist heute unser Theaterpublikum zum Theaterbesuch zu zwingen. Mit guten Worten haben wir jetzt Jahrzehnte hindurch wenig Erfolg gehabt. Die verlockendsten Anpreisungen, wie: Geheizter Zuschauerraum – oder: Während der Pause Rauchen im Freien gestattet – oder: Studenten und Militär vom General abwärts halbe Preise; alle diese Begünstigungen haben die Theater nicht füllen können. – Die Reklame, die bei einem großen Theater jährlich Hunderte von Mark verschlingt, fällt bei dem Theaterzwang gänzlich weg. – Ebenfalls auch die Preise der Plätze; denn die Plätze werden nicht mehr nach Standesunterschieden, sondern nach den Schwächen und Gebrechen der Theaterbesucher eingeteilt.

1.–5. Parkettreihe: Die Schwerhörigen und Kurzsichtigen,

6.–10. Parkettreihe: Die Hypochonder und Neurastheniker,

10.–15. Parkettreihe: Die Haut- und Gemütskranken,

sämtliche Rang- und Galerieplätze stehen den Asthmatikern und Gichtleidenden zur Verfügung.

Auf eine Stadt wie Berlin kämen also – ausgenommen die Säuglinge und Kinder unter 8 Jahren, Bettlägerige und Greise – täglich rund 2 Millionen Theaterbesuchspflichtige, eine Zahl, die die jetzige Theaterbesucherzahl der Freiwilligen weit überschreitet.

Man hat ja mit der Freiwilligen Feuerwehr ebenfalls bittere Erfahrungen gemacht – und nach langer Zeit nun eingesehen, daß es heute ohne Pflichtfeuerwehr nicht geht.

Warum geht es also bei der Feuerwehr und nicht beim Theater?

Gerade Feuerwehr und Theater sind heute so innig miteinander verbunden – ich habe in meiner langjährigen Bühnenpraxis hinter den Kulissen noch nie ein Theaterstück ohne Feuerwehrmann gesehen.

Sollte die vorgeschlagene »Allgemeine Theaterbesuchspflicht«, genannt »ATBPF«, zur Einführung kommen und, wie oben erwähnt, täglich zwei Millionen Personen in das Theater zwingen, so müssen in einer Stadt wie Berlin 20 Theater mit je 100000 Plätzen zur Verfügung stehen. Oder 40 Theater mit je 50000 Plätzen – oder 160 Theater mit je 12500 Plätzen – oder 320 Theater mit je 6250 Plätzen – oder 640 Theater mit 3125 Plätzen – oder 2 Millionen Theater mit je 1 Platz.

Was aber dann für eine famose Stimmung in einem vollbesetzten Hause mit, sagen wir, 50000 Besuchern herrscht, weiß nur jeder Darsteller selbst. Nur durch solche eminente Machtmittel kann man den leeren Häusern auf die Füße helfen, nicht durch Freikarten – nein – nur durch Zwang – und zwingen kann den Staatsbürger nur der Staat!

Kreszenz Hiagelwimpft

von Karl Valentin, München.

Kreszenz Hiagelwimpft ist die Gattin eines hiesigen Grosskaufmanns, aus der goldenen Inflationszeit 1919 usw. Lassen wir sie selbst reden:

»Was moanas, wie schnell wir uns empor g'schwunga ham, – nix ham ma ghabt i und mei Mo, – nix – als wia a kloans Kind. Aber mit Kleinem fängt man an, und mit Grossem hört man auf. Und heut hätt ma so ziemlich alles, was unser Herz begehrt. Alles könn ma uns kaffa, beinand sann ma, dass 's zwischen der Burgoassi und uns, koan Unterschied gibt. –

Blos 's Mai wenn ma aufmacha, dann san ma verlorn, dann hauts uns naus aus der Rolln, zwega der Haidhauser Grammatik. Drum muass i jetzt von mein Mo aus Anstandskurse mitmacha, in der Anstandsanstalt beim Knigge. Voraussichtlich bleib ja i im ersten Kursus scho hocka, wie a erster Klassler, weils i halt gar net recht dapacka konn, mit der Bildung. – Wia gestern bei meiner Friseuse, bei der Frau Speer in der Sendlingerstrasse, hab i mi wieder in Gedanken vergessen, und hab mei Giesinger Abstammung öffentli bekannt geben, weil mir dö kletzerte Friseuse a so a gräussliche Mohnweckerlfrisur aufs Haupt aufidraht hat, dass mir mindestens fünfhundert Schulbuben nachglaufen warn, wenn i damit auf d'Strass ausse war. – ›Moanst, dass i mit dera Bollnfrisur aus dem zwölften Jahrhundert Spiessruaten laffa tua – an Bubikopf schneidst ma – aba schleunigst – mit sämtlichen Raffinessen der Gegenwart und Zukunft‹ – hab i zu der Ondolischuxn gsagt. ›Und verschneidn balstn tuast, na pack i di so lang beim Schlund bist an Geist aushauchst.‹ In dem feina Schuahladen beim   ists ma a so ganga. Hab i mi auch wieder vergessen. Da hab i mir feine Schuah kaffa wolln, feine Lack mit Pariser Goldbrokateinsätze. Zwoa volle Stund bin i strumpfsockert in dem Ladn drinn ghockt. Moanas i war dro kemma? Auf oanmal ists mir z'dumm worn. Jetzt bin i aufganga wia d'Morgensonne. ›Ja du windiger Ladenratz hab i zu dera Verkäuferin gsagt. Tua fei ja net launenhaft sei, und beicht amal wia oft dass d' jetzt bei mir no vorbei saust, wennst sigst, dass ma pressiert. Wiast mi net augenblickli prompt bedienst, dann fahr i dir strumpfsockert in d'Nasenlöcher nei, dass'd dastickst.‹ Aber da hats ihr auf einmal pressiert, und glei ists mit zwölf Schachteln Damenschläuch angruckt. ›Was willst denn da mit dera Schachtel? Inhalt Schuahnummer fünfunddreissig. Moanst i bin im Säuglingheim auskemma?‹ –

Mit drei Paar 42er hab ich das Schuhasyl verlassen, bin aus'n Laden zornig raustanzt, in mein Auto eingstiegn, und meinem Schauffeur befohlen: Alise reib auf, hoam gehts.

– – O mei, unser trautes Heim solln Sie amal dalurn, da kanntens Ihna amal a paar Stund lang an am Reichtum ergötzen. Eine zwölf Zimmerwohnung ham ma uns zuaglegt, ist ja nix a – an Rokokokoko Salon sollns sehn, mit de gschneckelten Säuln und de Persischen Fussabstreifer. Und das glänzerte Speisemahagoni-Zimmer aus der Zeit Lugge des Vierzehnten. De elektrische Trambahn kenna ja mir nur vom Sehngn. Mir ham in unseren Autostall an unhässlichen Mercedes und einen Maybach Achtsitzer je Hundert *SP – a PS*.

Dös Aufsehen erregende Getös sollns amal erleben, wenn wir mit unserm lila lackierten Töff Töff vorm Nationaltheater landen. Es ist halt so ziemlich dasselbe, als wia ehemals mit seine Majestät bis aufs Hochschrein.

Und im Theater drinn nacha, ersten Rang Vorderplatz, auf grünem Sammt, da geht dann das allgemeine Gegaff o, auf unsere Wenigkeit. Mei Alter mitn Opernherzarrer, und ich mitn goldnen Linseisen. Vor acht Tagen warn ma in Tristan und Isolde. – AAA – da schneidst o, mit dem G'schpui –. Der Tristan geht ja noch, aber d'Isolde de gschroamaulat Fee, mit dem chronischen Stimmbandgeknarz, des is Allerhand. Und unterhaltlich wars im Ganzen, so oft hab ich mein Alten gar net aufwecka könna, als er mir eingschlummert ist.. AAA – dö Opern, dass i net rutsch, da geh i scho tausendmal lieber in d'Auermühlbachlichtspiele. Aber mir könna doch heut mit unsern sichtbaren Pomp net in an Vorstadtkino auftaucha. Ja ja – Geld alloa macht auch nicht glücklich. Je mehr Geld, desto mehr Verdruß. Hast Geld, dann brauchst Dienstboten – hast Dienstboten, dann muasst di Tag und Nacht ärgern über Magd und Gesinde. Gegenwärtig such ich eine Herrschaftsköchin. Moanas ich treibert eine passende auf? Dö wo ma jetzt ham, dera gfallts nimmer bei uns, hamm Sie Worte? Tuat ma dem Trampe alles was ma ihr an dö Augn absicht. Mittags gibt ma ihr 's ganze Essen, des was mir nimmer mögn, hat ihr eignes Bett, d'Ortskrankenkasse lass ma ihr selber zahln, und da gfallts ihr nimmer bei uns. I moan wenn ma einem Menschen in jeder Weise entgegen kommt –

Und ein wüffes Frauenzimmer ist das – jetzt ist sie schon fünfunddreissig Jahre alt, moana Sie dö fürcht noch an Kaminkehrer? Ja, an Schafkas, im Gegenteil – nachlaufa tuts ihm noch. Aber da derf ma nix sagn, da wars aus bei mein Alten – bei mein Xade – über sei Fanny lasst er nichts kemma – dö wenn eahm viereckate Knödel am Tisch hinstellt, dann sanns a rund bei ihm. Alle vierzehn Tag hats Fräulein Fanny Ausgang von 2–8 Uhr. Sie kommt aber jedesmal erst an andern Tag in der Fruah mit graugreane Froschaugn! Schauns – auf Weihnachten hat man kein Geld angschaut, mei Xade hat ihr drei Ohrringeln kauft und ich hab ihr, dass a a Freud hat, vom Kaspar Ostermeier 's Magdzimmer desinfizieren lassen. Moanas ich hab an Dank ghabt? Ja an Dreck – ausgricht hats mi bei der ganzen Nachbarschaft dass so viel Wanzen ham. Aber heuer auf Weihnachten, wenns noch bei uns ist, soll sies selber fangen. –

Kinoschauspielerin möcht sie jetzt werden! Ham Sie Worte! Sie – mit dera broatgfozerten Bauernfünfalarva! – – Denkas liaber an eahna Kocherei hab i gsagt, dass amal lerna, auf was für a Seite man's Butterbrot schmiert, moana denn Sie mit eahnan gwarzerten Verdrußfaltengsicht und mit eahnan Baumhacklteint wern Sie a Schauspielerin? – A Schauspielerin? – A Abspülerin könnas macha in der Speisehalle, Sie Prachtdotschen. Ja, es ist unglaublich, eingebildet ist die Person – sie bildet sich immer ein, mein Gemahl ist in sie ganz verrückt – so was braucht sie sich doch net einbilden, de freche Nassl, wo es doch bittere Wahrheit ist. An ganzen Tag hats nur ihre Mannsbilder im Kopf, dumm ists auch, furchtbar zerstreut. – Was tuts nicht neulings? – Reibts net in unsern eleganten Speisesalon die schöne

Goldtapete mit Stahlspäne ab, dass d'Fetzen glei bis am Fussboden nunterghängt san. – An Parkettboden putzt sie regelmässig mit Sidol – an Kanarienvogel gibts manchmal vor lauter Zerstreutheit 's Hundsfressen – auf Weihnachten hats a mal Ostereier gfärbt – am heiligen Dreikönigstag hats Kirtanudeln bacha – auf Pfingsten hats auf unsern schöna schwarzpolierten Blüthner Flügel mit der weissen Oelfarb – Kaspar, Melchior und Balthasar naufgschriebn – und d'Goldfisch.............. reibts 's Rindvieh mitn Staublumpn ab. Punkt.«

Die Schlacht bei Ringelberg

Im Zeichen des Krieges stand ein Flammenschwert, gebildet aus schneeweißen Wolken, am Abendhimmel. Gegen sechs Uhr am Morgen rückte ein Kriegsheer, bestehend aus vier Mann und siebenhundert Pferden, bis an die Zähne bewaffnet gegen Ringelberg vor.

Und es sei denn, daß es so kam. Da befahl König Pharao seinem Chauffeur: »Gehe hin und streue Rotzglocken unter das Volk.« – Und er tat es. Kriegsgeheul und Krankheiten verpesteten die Luft – die Glocken läuteten und verkündeten die nahe Mittagsstunde, und das Unheil war nicht mehr aufzuhalten. War es die Wachsamkeit, oder die Liebe zum Vaterlande, oder war es nur stolze Eitelkeit, die Ringelberger sahen die Zeit gekommen, denn sie sprachen gemeinsam: »Entweder – Oder.«

Die Andern behaupteten Frankfurt an der Oder. – Kurzum in drei darauffolgenden Nächten stiftete man überall Brand, Ringelberg war nicht mehr die verhaßte Fremdenstadt, sondern ein Flammenmeer – Frauen und Fräuleins, Schwestern, Mädchen und Eltern flüchteten ins Unendliche und brachten den Hilfesuchenden Bier und Zigaretten. –

Kanonen, Sportwagen, Fallschirme und dergleichen Kriegsgeräte rasselten Tag und Nacht durch die Straßen Ringelbergs, und ehe man sich umsah, war die Stadtmauer umstellt. Aber leider waren die Stadttore mit einem Fixierschloß versperrt und guter Rat war nicht billig. –

Die Wut des bösen Feindes wuchs ins Aschlochgraue und zugleich stand durch die Belagerung ein zweiter böser Feind vor Ringelberg – das Hungergespenst. Ganz Ringelberg sollte nun spätestens in einigen Stunden ausgehungert werden, samt Hab und Gut – die Ringelberger trotzten aber dem Hunger, waren froh und heiter und aßen und tranken mehr als zuvor.

Der Feind hatte hier wieder einmal die Rechnung ohne den Wirt gemacht – – –. Die Stadt war verraten – ein fünfundsechzigjähriger Bursche, namens Hopfenzupfer, von Beruf Huber, hatte sich nächtlicher Weile in einen Grammophontrichter versteckt, somit das ganze Gespräch des Feindes belauscht und demselben wieder alles verheimlicht und erzählt.

Als am andern Morgen der warme Westwind föhnartig über die Dächer der alten Residenzstadt wehte, verkündete ein Husarenbläser die Übergabe der Stadt und zwar in schwäbischem Dialekt. Stolz und voll Ingrimm liefen die Bürger wirr durcheinander und am Vormittag des 15. Maies veranstaltete man zugunsten des Überfalles eine polizeiliche Razzia, bei der nicht weniger als ein einhalb Gefangene (Vater und Sohn) in unsere Hände fielen –. Der Jubel wollte keinen Anfang nehmen als zehn Volksschulklassen (zusammen 50 Kinder) aus voller Kehle sangen: »Nun sei gedankt, mein lieber Schwan« – – – Als dieses Lied verklungen war, kam wieder Leben in die Bude, vielmehr in die Stadt. Viel hundert Jahre später hatte die lange Zeit die Kriegswunden zugeheilt, und kein Mensch in ganz Ringelberg spricht heute mehr von diesen Tagen jener Zeit. – – –

Auf dem Marienplatz

Der große Dichter Josef Ding (i. J. 1520) sagte einmal: » – Es geschieht nichts Neues unter der Sonne!« – Dieser Mann hatte nicht recht oder vielmehr, er hatte nicht Gelegenheit, heute über den Marienplatz in München zu gehen. Der Marienplatz vor hundert Jahren (siehe Maillingersammlung) – der Marienplatz von heute (siehe Marienplatz). –

Schutzleute zu Podium (früher zu Pferd) und Schutzleute zu Fuß tuen ihre Pflicht. Der Marienplatz ist voll von Menschen – Kindern – Automobilen – Radfahrern – Hunden – Tauben – Glockenspiel – Straßenbahnen – Pflaster – Inseln – Wasserpfützen – Bogenlampen – Zigarrenstumpeln – verfallenen Straßenbahnbilletten – Kontaktdrähten – Benzingestank usw. – Das sind die gegenwärtigen Requisiten des Marienplatzes.

Was treiben diese Requisiten? – Die Schutzleute dirigieren – die Menschen folgen nicht – die Gaffer gaffen – staunen, betrachten, grinsen, spotten, sind noch biedermeierisch veranlagt, wollen sich nicht an den Großstadtbetrieb gewöhnen. – Die Automobile hupen – die Radfahrer warten – die Hunde stören – die Tauben fliegen – das Glockenspiel klingt hell und »rein« – die Straßenbahnen kommen daher und fahren dahin – das Pflaster wird betreten, die Inseln ebenfalls – die Wasserpfützen auch ebenfalls – die Bogenlampen brennen (nachts) – die Zigarrenstumpel liegen – die weggeworfenen Straßenbahnfahrscheine flattern – die Kontaktdrähte schwingen wie Spinnennetze – der Benzingestank ist tagtäglich – und somit der ganze Zustand unerträglich. –

Die Verkehrspolizei will nur das Beste. – Aber wir Städter sind immer noch Dörfler. – Macht es der Schutzmann so – gehn wir so. – Macht es der Schutzmann aber so – gehen wir gewiß so. – Es soll klappen, aber es klappt nicht. Vielleicht in zehn Jahren, dann ist es aber zu spät, bis dahin fliegen wir alle. – Für die ganze Verkehrsordnung hätte ich eine neue Idee. Und jeder Irrsinnige wird mir voll und ganz beistimmen. Mein Prinzip wäre folgendes:

Am Montag dürfen in ganz München nur Radfahrer fahren, am Dienstag nur Automobile, am Mittwoch nur Droschken, am Donnerstag nur Lastautos, am Freitag nur Straßenbahnen, am Samstag nur Bierfuhrwerke. Die Sonn- und Feiertage sind nur für Fußgänger. Auf diese Weise könnte nie mehr ein Mensch überfahren werden.

Ein zweiter Vorschlag wäre auch dieser:

Von 6–7 Uhr morgens sind die Straßen Münchens nur für Radfahrer, von 7–8 Uhr für Automobile, von 8–9 Uhr für Droschken, von 9–10 Uhr für Lastautos, von 10–11 Uhr für elektrische Straßenbahnen, von 11–11$\frac{1}{4}$ Uhr für das Glockenspiel, von 11$\frac{1}{4}$–12 Uhr für Bierfuhrwerke bestimmt.

Der Regen

Eine wissenschaftliche Plauderei

Der Regen ist eine primöse Zersetzung luftähnlicher Mibrollen und Vibromen, deren Ursache bis heute noch nicht stixiert wurde. Schon in früheren Jahrhunderten wurden Versuche gemacht, Regenwasser durch Glydensäure zu zersetzen, um binocke Minilien zu erzeugen. Doch nur an der Nublition scheiterte der Versuch. Es ist interessant zu wissen, daß man noch nicht weiß, daß der große Regen- wasserforscher Rembremerdeng das nicht gewußt hat. Sie- dendes Regenwasser gehört zu den heißesten Flüssigkeiten der Gegenwart. Dem Regen am nächsten liegend ist der Regenwurm – er lebt vom Regen, genau wie der Regen- schirmfabrikant. Regenschirm und Sonnenschirm sind zwei gleiche Begriffe und doch würde ihre Verwechslung zu einer nicht vorausgeahnten Katastrophe führen, denn einen Regenschirm kann man im Notfalle als Sonnenschirm benützen, dagegen kann man einen Sonnenschirm im Notfalle kaum als Regenschirm benützen.

Die Regentropfen gleichen in der Form den Hoffmannstropfen, die, an der Medizinflasche hängend, eine ovale, frei in der Luft schwebend, eine runde – und auf einer Tischplatte liegend, eine platte Form besitzen. Regenwasser benützt man häufig zum Gießen von Wiesen, Gräsern, Blumen, Unkraut und Gärten. Kinder benötigen den bekannten Mairegen zum Wachstum, und es ist statistisch nachgewiesen, daß die Kinder wirklich wachsen, auch wenn sie nicht mit Mairegen begossen wurden. Der allerschönste Regen ist der Regenbogen – gar kein Vergleich mit dem Münchner Maffeibogen, jener ist ein Wunder des Himmels, letzterer ein Greuel der Stadt München. Nur an Farbenschönheit überragt ersterer den letzteren.

Das Regenwetter wird oft mit Sauwetter, Hundswetter betitelt. Die Theater-, Kino- und Kaffeehausbesitzer haben derlei Ausdrücke noch nie über ihre Lippen gebracht. Heftige Regengüsse nennt man Wolkenbrüche, damit ist gemeint, daß irgend eine Wolke so schwer mit Wasser gefüllt ist, daß sie bricht, welchen Vorgang man beim menschlichen Biermagen mit Katzenjammer bezeichnet. Gegenmaßnahmen zur Heilung von Wolkenbrüchen sind zur Zeit noch nicht gemacht worden, da Wolkenbruchbänder der großen Dimensionen halber noch nicht hergestellt werden können und zwar aus technischen Gründen.

Künstlicher Regen wird durch Gießkannen erzeugt. Unglaubliche Sitten und Bräuche werden aus dem Mittelalter erzählt. Ich zähle hier schon einige mehr an Aberglauben grenzende Tatsachen auf: Bei den alten Germanen wurden schnell alternde Kinder mit frisch gefallenen Regentropfen geimpft. Während dieser Injektion mußte der Urgroßvater des betreffenden Kindes einen vierstimmigen

Choral singen. Ein weiterer Aberglaube bestand darin, Ehesünder auf folgende Art zu entlarven: Bei strömendem Regen mußte der Ehemann 100 Meter weit laufen, unmittelbar nach seiner Ankunft am Ziel wurden die – auf seinen Körper gefallenen Regentropfen schnell gezählt, waren es über 1000 Tropfen, war er ein Ehesünder.

Weitere wissenschaftliche Fortschritte über Regenwasser sind bis heute noch nicht gemacht worden. – Die Feuchtigkeit des Regens soll auch im Mittelalter nicht so stark gewesen sein, wie heutzutage, was ja auch der jüngstvergangene langanhaltende Regen beweist. Denn die verflossene Feuchtigkeit konnte nicht mehr mit Bodenfeuchtigkeit, sondern mit Hochwasser angedeutet werden. Und was Hochwasser bedeutet, wissen wir alle noch von der Sündflut her, die vielen unvergeßlich bleiben wird. Aber dennoch denken wir dabei an die Worte des Dichters:

Sich regen – bringt Segen.

Neues vom Starnberger See

Fünf Meter von Starnberg abwärts liegt der Starnberger See. Am linken Ufer des Sees liegt eine »Leoni«, kurz genannt Leoni. Wie in Neuyork, so landen auch hier stündlich Dampfschiffe. Mit den Dampfschiffen nehmen alltäglich die Starnberger Dampfschiffseerundfahrten ihren werten Anfang. Die Rundreisebilletten auf den Dampfern sind aus Pappkarton, und wenn es regnet, ist meistens während der Fahrt die Aussicht auf das bayerische Gebirge wegen schlechter Aussicht nicht zu sehen. Der Starnberger See selbst ist melancholisch, was bei anderen Seen stets meistens auch immer hie und da sehr oft der Fall ist. Einer alten Sage nach aus dem Jahre 1925 sollen sich vom Undosabad aus vorigen Sommer aus unbekannten Ursachen Tausende von Menschen in den See gestürzt haben; dieselben konnten sich aber Dank ihrer guten Schwimmkenntnisse alle selbst aus den Wellen befreien. Im selben Jahre ereignete sich auch noch ein anderer bedauernswerter Unfall. Ein Mann stieß mit dem Ruderboot, ungefähr 50 Meter vom Ufer entfernt, an eine grüne Schlingpflanze, sogenannte Wasserrose, an, das Schiff kippte um und im Handumdrehen fiel der Mann in das in der Nähe befindliche Wasser. Breit und weit kein Mensch, der dem Ärmsten Hilfe bringen konnte, trotzdem er fortwährend um Hilfe schrie. Zufälligerweise kam ein Briefbote daher und bemerkte die Hilferufe des um Hilfe Schreienden. Statt nun wacker (nicht identisch mit Fußballklub Wacker) ans Rettungswerk zu schreiten, rief der hartherzige Briefträger dem Ertrinkenden die nicht minder harten Worte zu: »Ich kann Ihnen leider nicht helfen, da ich selbst nicht schwimmen kann, aber ich kann Ihnen die Adresse eines guten Schwimmlehrers mitteilen!«

Jeder Mensch ohne Ausnahme soll also in der heutigen Zeit schwimmen lernen, das finde ich unbedingt notwendig, damit er einen nicht Schwimmenkönnenden jederzeit aus dem Wasser retten kann. Aber eigentlich ist es auch wieder zwecklos, denn wenn jeder Mensch einmal schwimmen kann, braucht man ja keinen mehr retten. Also wäre es angebracht, daß jeder, der schwimmen kann, dasselbe sofort wieder verlernen soll. Ein weiterer Sport außer dem Ertrinken ist das sogenannte Fischen von lebenden Fischen. Daß die Fische gefangen werden müssen, leuchtet jedem ein, und das ist auch klar. Wäre im Starnberger See z.B. seit Gründung, oder besser gesagt seit dem vieltausendjährigen Bestehen desselben noch nie ein Fisch gefangen worden, so hätten sich diese Fische seit diesen Jahrtausenden so vermehrt, daß vielleicht mehr Fische im See wären als Wasser. Die Folge davon wäre, daß die Fische vor lauter Fischen nicht mehr schwimmen könnten, zu wenig Wasser hätten und daher nicht mehr existieren könnten. Nachdem aber im

Starnberger See viel Wasser ist, bleibt die Frage offen, ob tatsächlich schon so viel Fische gefangen worden sind. Eine Kontrolle hierüber käme jetzt natürlich zu nachträglich. Das Fischen mit der Angel ist von vielen Seiten als Tierquälerei empfunden worden, hauptsächlich vom Fisch selbst. Einen Dieb fängt man ja auch nicht mit der Angel, sondern eben aus Humanität mit List und Schlauheit. Stellen wir uns einmal einen Schutzmann vor, der mit der Angel einen Dieb fangen will; der Schutzmann geht mit der Angel in eine Wirtschaft, in der er den Dieb vermutet, befestigt an dem spitzen Angelhaken ein Stück Schweinsbraten, hält diesen dem Dieb vor die Nase, der Dieb beißt an, und schon hat der den Haken in der Oberlippe. Das wäre eine Grausamkeit. Ist es bei einem Fischlein keine Grausamkeit? Eigentlich noch mehr, denn der Fisch ist ja unschuldig, weil er nichts gestohlen hat.

Über die Tiefe des Starnberger Sees gehen die Ansichten weit auseinander. Einige behaupten, er sei tiefer als lang, andere sagen, er sei länger als tief. Fachmännisch wurde genau berechnet, daß er tief, seicht, lang, kurz, schmal und breit zu gleicher Zeit ist. Die Tragkraft des Wassers wurde erst kürzlich von Ingenieuren geprüft, und dabei die erfreuliche Tatsache festgestellt, daß die irrige bisherige Meinung »je tiefer das Wasser, desto mehr Tragkraft« nicht richtig ist. Eine Probe brachte den sicheren Beweis. Während ein faustgroßer Stein in der Mitte des Sees, also an der tiefsten Stelle rapid unterging, blieb ein ebenso großer Gummiball an der seichtesten Stelle auf der Wasserfläche liegen. Ob dieses Experiment eine Tragweite für die Zukunft bedeutet, wird uns die Zukunft beweisen. Jedenfalls ersieht man daraus das fortwährende wissenschaftliche Tasten nach Problemen. Auf alle Fälle steht fest, daß, je weiter sämtliche Ufer eines Sees von einander entfernt sind, desto größer sich also die Wasserfläche gestaltet. Ein See ohne Ufer wäre daher kein See mehr, denn einen uferlosen See hat es bis heute noch nicht gegeben. Dasselbe gilt auch für den Ammersee.

Geschichtliches ist vom Starnberger See nur noch zu berichten, daß der damalige bayerische Herzog der Pfiffige einen Antrag des Starnberger Bürgermeisters: »Errichtung einer Handelsflotte auf dem Starnberger See« schnöde abwies. Die heutigen noch existierenden Starnberger See-Salondampfer können nur noch in den Augen der Firmlinge »Gewaltiges« auslösen, denn für Weltreisende bedeuten dieselben nur mehr ein Lustspiel auf offener See. »Bei schönem Wetter«, sagt der kleine Maxl, »ist es auf dem Starnberger See herrlich, regnet es aber, so wird der See naß.« Über Starnberg selbst ist wenig zu berichten. Starnberg hat seinen eigenen Reiz und seinen eigenen Bahnhof, in welchem unsere neuen elektrischen Schnellzüge stehen. Bei den elektrischen Schnellzügen, die einen Gipfel der deutschen modernen Technik darstellen, haben sich die alten Gasfunseln (aus dem Jahre 1880 ungefähr) so gut bewährt, daß dieselben jetzt in den modernen Münchner Straßenbahnwagen statt der elektrischen Glühlampen eingeführt werden sollen. In Starnberg sind jetzt schon viele Fremde zu sehen, die aus München geflüchtet sind, wegen den unaufhörlichen chronischen Straßenbauarbeiten.

Soweit wäre über Starnberg alles berichtet. Nächsten Sonntag nachmittag um halb 21 Uhr findet im Starnberger See ein Karpfenrennen statt, mit darauffolgendem Brillantfeuerwerk. Zwölf zehnpfündige dressierte Karpfen schwimmen mit Motorboot und Musikbegleitung von Starnberg nach Seeshaupt; während dem Rennen ist der See für Fußgänger gesperrt.

Karl Valentins Olympia-Besuch 1936

»Hier sitz ich alleine und spähe umher
und lausche hinauf und hernieder«,

so heißt es in dem alten Lied: »An der Weser«.
So ähnlich erging es mir, als ich allein im Olympia-Stadion saß. – Wie kam es, fragte ich mich selbst, daß ich zur Olympiade zu spät kam?? – Ich blieb mir die Antwort nicht schuldig: »Ihr Leichtsinn ist daran schuld!« erscholl es von meinen Lippen. (Ihr bedeutet ich selbst.) Denn aus Eigentrotz sage ich selbst zu mir nicht »Du«, sondern »Sie«, weil man da vor sich selber vielmehr Respekt hat, als mit der Duzerei. – Nur *einen Tag* zu spät und dennoch zu spät! – O, Herr, bewahre mich bei der nächsten Olympiade 1940 vor solchen Etwaigitäten. – Trotzdem ich mich setzte, war es doch entsetzlich, als ich allein dasaß, in einer Hand die verfallene Eintrittskarte, die andere Hand in meiner eigenen Hosentasche. – Um mich herum saß nirgends niemand – das große Schweigen ringsumher war still und lautlos. – Meine einzige Unterhaltung war das »Warten«. Zuerst wartete ich langsam, dann immer schneller und schneller, kein Anfang der Olympischen Spiele ließ sich erblicken, – da endlich von mir ein schriller Blick und meine Augen starrten hinunter zu dem Eingang bei der Kampffläche. – Ich sahte einen kleinen Jemand, der Jemand scheinte mich zu suchen, was diesem auf den ersten Blick gelang. Unsere Pupillen kreuzten sich in der Mitte unserer Entfernung. Ich saß, – sie kam – nur sie allein, die kleine Lisl Karlstadt, klärte mich darüber auf, daß *gestern* der *letzte* olympische Tag gewesen ist. – »Ist das schade!« schrie ich teilnahmserregt in den blauen Äther hinaus – ich schnellte langsam von meinem Sitz empor, flugs verließen wir die Stätte des großen »Gewesenseins«. Freudezerknittert traten wir per Verkehrsmittel die Heimfahrt an in die Stammkneipe am

63

Kurfürstendamm. – Wir Sachsen haben in Berlin einen eigenen Stammtisch, dort kommen täglich alle Münchener zusammen und da wird erzählt, von diesem und jenem, von jenem weniger, dafür öfter von diesem. Ich konnte leider heute zu meinem Bedauern nichts von den Olympischen Spielen erzählen, da ich ja nichts gesehen hatte, – und alle lauschten umsonst.

Vereinsrede

Von Karl Valentin 1937.

(Im grossen Raum gesprochen. Volksmenge beim Erscheinen des Volksredners: Bravo-Rufe und Händeklatschen.)

Sehr verehrte Versammlungsteilnehmer!
Wenn ich heute das Wort ergreife, so halte ich es für meine Pflicht, einer Sache näher zu treten, die Ihnen und uns und für alle Zukunft, ein Problem von schwerwiegender Bedeutung zu bleiben scheint. Gewiss haben wir nicht die volle Gewissheit, was in Anbetracht einer Zerklauberei der ewig unmöglich erscheinenden Begleiterscheinungen in sich vereinigt, denn gerade hier, bieten sich einschneidende Bedingungen, die von vorneherein ein für allemal ausgemerzt werden müssen. Die Vergangenheit hat uns gezeigt, dass gerade in diesem Punkte gesündigt wurde, schon aus dem Grunde, weil ein Zusammenkommen jener wichtigen Erscheinungen, stets verschwiegen wurde. Wir haben uns mehr denn je über diese Kleinigkeiten immuniert und haben in Sachen herumgewühlt, statt uns zu sagen »Freunde, geht ans Werk«, »greift zu und ihr werdet es nicht bereuen.«
Glauben Sie nicht meine Herren, o bewahre, schauen Sie sich selbst ins Gesicht und Sie sehen Ihre eigenen Masken,

– herunter damit! Nein, fühlen Sie sich nicht dazu genötigt, denken Sie an das Problem der Atomzertrümmerung, denken Sie an die Worte des Sokrates: »Femina, Feminima monstrum Vivat Concenbinatum – o eleonoris causa veni vini vizi.« Meine Herren, Schatten der Gegenwart möchte ich verpflanzen wie Minderwertigkeiten, welche nur zu deutlich aufgerollt werden, wenn uns die Zeit nicht selbst den Stempel des Daseins auf die Stirne drückt. Aber wenn wir der Einsicht näher treten, so werden die Nebenstehenden die Schäden und Nutzen am eigenen Leibe verspüren, denn zu heiss wurde noch keine Suppe gegessen, und wenn, dann verbrennen sich die den Schnabel, die sich mit den bittersten Enttäuschungen selbst am Ufer der Vernunft ins Lächerliche gezogen haben. Es ist nicht gleichgültig, ob ich sage: »ich bin oder ich werde«, – nein, meine Herren, Zufälligkeiten und Abdrosselungen eigener Anschauungen haben sich noch nie zu einer Konservierung von Gedanken verbinden lassen. Wehe dem, der sich selbst, wehe dem, dem derjenige nur das ist, was wir uns von diesem erwartet haben. – Selbst ist die Frau! – Meine Herren! Wenn uns die Besonnenheit uns von unseren Sorgen, deren wenige ein verblendendes Spiel in uns gesetzt, zum Zwecke des Mittels, einen wie bei jedem, wir können nicht das gute Gewissen mit derselben Resignation verknüpfen, der unserem Standpunkt von vorneherein gegenüberstand. Wenn wir in lückenloser Vergangenheit eine Parallelle ziehen, wenn wir uns vergegenwärtigen, dass nur Trotz und ein Gegenspiel von weittragender Bedeutung ein Resultat fördert und damit nie wiederkehrende Gelegenheitsfinumen erzielt werden können und wir hiermit unser Gewissen nicht unnötig belasten, dass eine Voraussagung eventueller Submissionsschwierigkeiten einen spontanen Verlauf nehmen, oder nehmen müssen, dann ist es besser, wir vermeiden jegliche Inspirationen, die durch Sicherungen seitens kollektiver Kongresserörterungen ausgerottet werden. Es gab eine Zeit und diese Zeit lässt sich Zeit, denn im Zeitabschnitte dieses Zeitabschnittes wird die Zeit kommen, die wir zeitlebens nie vergessen werden. Und wenn es am Sonntag wider alles Erwarten wirklich schlechtes Wetter ist, müssen wir unser Stiftungsfest auf den nächsten Sonntag verschieben.

Bravo-Rufe – Applaus!

Im Jenseits

Von Karl Valentin

Ein Problem, das mich sehr interessiert, ist das Jenseits oder besser gesagt, ein Weiterleben nach dem Tode. Gedanken über das Jenseits kann man natürlich nur im Diesseits haben. Im Jenseits über das Diesseits nachzudenken ist schon zweifelhaft – vielleicht ausgeschlossen. Wenn der Mensch gestorben ist, ist er tot, – das ist sicher, also totsicher, wie man so sagt. Scheint es nur so, als wäre er tot, so ist er scheintot und kann in seltenen Fällen wieder lebendig werden und später nochmal sterben. Ist ein Mensch wirklich tot, so ist natürlich nur der Körper gemeint, denn die Seele lebt weiter, – aber diese ist unsichtbar, das ist wissenschaftlich einwandfrei bewiesen, da bei Röntgenaufnahmen, die alle inneren Organe des menschlichen Körpers zeigen, noch nie die Seele sichtbar gewesen ist. Die Seele flieht also unsichtbar aus dem menschlichen Körper. Aber wohin? Das wird die Seele schon selbst wissen. Ins Jenseits – und da entweder in den Himmel oder in die Hölle. Die Seele muß also allein wissen, wo sie hinflieht.

Nehmen wir z. B. an, die Seele des verstorbenen braven Bäckermeister Meier schwirrt ins Jenseits. Dem Herrn Meier ist seine liebe, unvergeßliche Frau vor vielen Jahren im Tode schon vorausgegangen, befindet sich also schon im

Jenseits. Im Diesseits heißt es aber wie bekannt: Im Jenseits gibt's ein Wiedersehen. Wie kann nun die im Jenseits angekommene unsichtbare Seele des verstorbenen Herrn Meier die ebenfalls unsichtbare Seele der schon im Jenseits umherfliegenden Frau wiedersehen? Nun, sei es wie es sei. Diese beiden wollten sich ja wiedersehen.

Wie ist es aber mit der Kehrseite? Hat einer eine böse Schwiegermutter, so ein Ehemann getraut sich ja gar nicht zu sterben, aus Angst vor einem Wiedersehen im Jenseits. Sein einziger Trost ist vielleicht der, daß die böse Schwiegermutter nicht in den Himmel kommt, sondern in die Hölle. Überhaupt, wenn man mit all denen, die man im Diesseits schon nicht riechen kann, im Jenseits wieder zusammenkommen sollte, ist das allein schon ein schrecklicher Gedanke. Man denke an große Persönlichkeiten, so z. B. an Karl den Großen mit Napoleon – die Päpste mit Dr. Martin Luther usw. oder an die Kollegen im Berufsleben. Besonders vom Theater! Droben im Jenseits gibt es keinen Haß und Neid, das hält doch die Seele eines Kollegen nie aus!

Nun machen sich aber viele Menschen wieder ein anderes Bild vom Jenseitshimmel. Die Engel! Wo kommen denn die her? Die sind doch nicht unsichtbar, die haben goldenes Lockenhaar, haben zwei große Flügel und sind nackend, wenigstens die kleineren, die Amoretteln. Die Engel waren aber doch früher auch einmal Menschen, deren Seelen ins Jenseits geflüchtet sind. Dort haben sie Flügel bekommen. Das wird aber nur die weiblichen Wesen betreffen, vom ersten bis dreißigsten Lebensjahr. Ich könnte mir nämlich den oben benannten Herrn Bäckermeister Meier nicht so himmlisch vorstellen, wenn er nackend mit zwei großen Flügeln in den Wolken herumflattert – dann lieber unsichtbar! Die Meinungen gehen also hier sehr auseinander. Nun hat aber dieses angenommene Weiterleben nach dem Tode noch eine andere Seite. Auf Erden lebt der Mensch durchschnittlich 60 bis 70 Jahre. Das Leben ist aber mannigfaltig und bringt durch Arbeit, Freude, Sorgen und Leid usw. Abwechslung in die Bude. Wie ist das nun im Jenseits? Hier besteht keine Altersgrenze, sondern Ewigkeit. Also in Ewigkeit nur im Jenseits umherfliegen und als einzige Beschäftigung, wie uns aus der Bibel bekannt, nur Hosianna singen, das kann die ersten acht Tage ganz unterhaltlich sein, aber, man denke sich das ewig – das muß unbedingt langweilig werden.

Nun steht wieder eine Frage offen: Werden die Seelen oder die Engel im Jenseits auch älter, so wie dies im Diesseits der Fall ist? Wenn ja, dann muß also der erste Mensch, der selige Adam, der 7000 Jahre alt geworden ist, der erste Mensch gewesen sein, der im Paradies bei der Eröffnung des Jenseits Zutritt hatte. Der erste Mensch, der im Jenseits angekommen ist, kann aber der Adam doch nicht gewesen sein, da ihm seinerzeit der heilige Petrus mit dem Himmelsschlüssel die Pforte zum Jenseits geöffnet hat. Demzufolge muß der Petrus schon vor dem Adam im Jenseits gewesen sein. Er war sozusagen der himmlische Hausmeister, der heute noch auf seinem Posten steht und keinen hineinläßt, der im Diesseits böse war. Und doch stimmt das auch nicht! Petrus lebte doch erst lange Zeit nach der Paradiesgeschichte als Apostel auf der Welt, wurde später heiliggesprochen und nach seinem Tode kam er erst ins Jenseits. Der Adam kam also anscheinend ohne Kontrolle ins Jenseits, weil eben der Petrus noch gar nicht da war. Weiter nachgedacht, kann aber Petrus nicht als Seele allein die Welt verlassen haben, denn die unsichtbare Seele kann doch keinen Schlüssel in die Hand nehmen, und wo kommt denn der Schlüssel her? Im Gegensatz zu allen anderen Jenseitsbewohnern, die müßig umherfliegen, wird dem Petrus als einzigem nicht langweilig werden, denn viele Jahrtausende das Himmelstor auf- und zusperren ist ausreichende Beschäftigung.

Wenn Wissenschaftler befragt werden um obige Angelegenheit des Weiterlebens, so ändert sich die Sache wiederum. Diese behaupten nämlich, daß es schon seit vielen Millionen von Jahren Menschen gibt, die inzwischen längst gestorben sind und jetzt das Jenseits bevölkern. Wieviel unzählige Trillionen Seelen im Jenseits schon weiterleben, ist niemals zu bemessen. Dabei geht das immer so weiter in aller Ewigkeit oder wenigstens so lange, als die Welt besteht. Es ist ein ewiges Kommen und Gehen und Seligwerden – also ein Fortleben nach dem Tode. Aber warum sollen wir Menschen uns darüber den Kopf zerbrechen. Wir werden es niemals ergründen. Aber, daß ein Mensch, der bereits das Diesseits verlassen hat, nicht nur im Jenseits, sondern auch im Diesseits und nicht nur seelisch, sondern genau wie er gelebt hat, weiterlebt, habe ich erst im Kino in einem älteren Film gesehen, in welchem ein vor Jahren verstorbener Filmschauspieler seine Rolle heute noch spielt. Es gibt also in unserer Gegenwart zwei Weiterleben nach dem Tode: Eines im Jenseits, und eines im – – Kino.

Die Geldentwertung

Vortrag, gehalten von Herrn Heppertepperneppi, der sich in angeheitertem Zustand befand.

(Handglocke) Die Worte meines Vorredners, ich möchte es unterlassen mich zu Worte zu melden, da ich betrunken sei, ist nicht wichtig. – – Ich bin – das – verneine ich nicht – nicht betrunken – sondern – ich gebe zu – etwas – angeheitert. Wer kann bestreiten, dass ein heiterer – vielmehr angeheiterter Mensch – nicht auch ernste Angelegenheiten zu debattieren im Stande sein kann – wieviele Redner waren schon nüchtern und haben einen furchtbaren Papp zusammengepapt – vielmehr gepappelt. Zu meinem heitigen

Thema über die Geldaufwertung – oder Ab – oder Entwertung – möchte ich die Erklärung konstatieren, dass es sich um eine finanzielle Angelegenheit handelt. – Es ist ein schmieriges – Verzeihung – ein schwieriges Problem, von fantastischer – ah fanatischer Bedeutung. Die Aufwertung hat mit einer Stabilität nichts gemein – gemein wäre das, wenn die Entwertung oder Auswertung einer Aufwertung gleichkäme, dann ist eine Installation unausbleiblich. Eine Auflockerung, vielmehr Auflockerung des Wirtschaftslebens wird nur dann konfisziert, oder besser gesagt kompliziert, wenn das Ausland Kompromissemanzipationen entgegennimmt. Unsere Mark stinkt – ah – sinkt in dem Moment, wenn... jetzt weiss ich nicht mehr, was ich hätt sagen wollen – – aber es ist so. Was ist heute eine Mark? – Ein Papierfetzen. Ausserdem sind es nur zwei Fuchzgerln. Fuchzgerln aus Hartgeld und das ist ein schäbiges Blech, genannt Amilinium. Warum werden heute keine Goldmünzen mehr geprägt? – Sehr einfach, weil wir kein Gold mehr haben. Wir haben keins mehr, weil das ganze Gold zu Goldplomben verarbeitet wurde.

Die Ursache – das Volk hat schlechte Zähne, weil wir vor dem Krieg zu viel Süssigkeiten genossen haben. Alles wollte nur Goldplomben nach dem wahren Sprichwort: Morgenstund hat Gold im Mund. Jetzt ist es zu spät, zu Goldplomben – es ist sogar heute nicht mehr möglich, sich Zementplomben machen zu lassen, weil es auch keinen Zement mehr gibt. Daher wieder Papiergeld. Raus mit den braunen Tausendern, die braune Farbe hat gar nichts zu tun damit, die waren schon braun im 18. Jahrhundert, damals waren wir noch gar nicht verbrannt. – Also, wertet die braunen Tausender wieder auf, man braucht sie nur zu suchen, die sind alle vergraben – raus mit dem Papiergeld – wir brauchen kein Hartgeld – das Geld ist sowieso hart zu verdienen – oder schafft das Geld ganz ab und dann ihr zugleich auch die Kriege ab – denn Geld regiert die Welt, das weiss jedes junge Kind. Geld ist ein Kapitel für sich – Kapital ist die

Ursache jedes Krieges – also nieder mit dem Kapital! – Es lebe der Krieg – ah – nieder mit dem Krieg! Nieder mit dem Krieg – es lebe das Kapital. Nieder mit dem Finanzamt – es lebe die Geldentwertung. – Nieder mit dem Hartgeld – es lebe das Weichgeld. – Nieder mit den Lebendigen – es leben die Toten. – Nieder mit den Hohen – es leben die Niedrigen. – Nieder mit den Niedrigen – es leben die ganz Niedrigen. – Nieder mit dem Verstand – es lebe der Blödsinn.

Couplets

Rezept zum russischen Salat

von Karl Valentin

M e l o d i e : Jahrmarktsrummel von Paul Linke

I.

Drei Pfund Rindfleisch hackt man klein,
Tut das in ein' Hafen h'nein,
Etwas Pfeffer, etwas Salz,
Dazu einen Löffel Schmalz.
Drei Zitronen, ohne Kern' –
Den Geschmack, den hat man gern –
Kalte Soß vom Rehragout
Schüttet man dem Ganzen zu.
– Auch Leberkäs' und Honig,
Sardinen und Spinat,
Gefärbte Eierschalen
Mit Mandelschokolad'.
Auch Paprika und Erdbeer',
Zwei Liter Lebertran,
Drei Pfund gesott'ne Erbsen
Vermischt mit Marzipan.
– Schweizerpill'n und Sauerkraut,
Zungenwurst mitsamt der Haut,
Naphthalin und Wagenschmier',
Feingeschnitt'nes Glaspapier,
Ananas und Karfiol,
Bismarckhering und Odol,
Essiggurken, Fliegenleim,
Das kommt alles mit hinein.
Und dazu noch Blutorangen und Zibeb'n
Müssen obendrein noch das Aroma heb'n.
Makkaroni, g'schnitt'ne Nudeln, kalten Brat'n,
Lüneburger, Kokusnüss' und Schwartenmag'n.

II.

Ist nun alles das dabei,
Fehlt es noch an mancherlei.
Lorbeerblätter und Zwieback,
Die erhöhen den Geschmack;
Kletzenbrot und Glyzerin,
Zwetschgenmus und Terpentin,
Kandiszucker und Forell'n
Dürfen auch dabei nicht fehl'n.
– Auch Malzkaffee und Rollmops,
Zichorie und Zement'
A Messerspitz' voll Streusand,
Gewiß nicht schaden könnt'.
Bananen, Aprikosen
Nebst Himbeerlimonad',
Dazu 'nen kleinen Löffel
Voll Messerputzpomad.
– Schnupftabak und Stachelbeer'
Gelbe Rüben, Kirschlikör,
Eierkognak, Nelken, Zimt
Man auch zu der Sache nimmt.
Kaviar und Cervelat,
Birn- und Pflaumenmarmelad',
Noch dazu zwei Flaschen Sekt'
Das erfordert das Rezept.
Heu und Stroh, auch Hafnerlehm und Bügelkohl'n
Und ein Paar ganz fein geschnitt'ne Hausschuhsohl'n,
Harte Semmelbrocken, eingeweicht in Teer,
Das ist noch nicht alles, 's kommt schon noch viel mehr.

III.

Hetschebetsch und Parmesan,
Bauerng'selcht's und saurer Rahm,
G'sundheitskuchen, Petersiel,
'ner zerhackter Besenstiel,
Zwiebelzelt'ln, Kreosot,

Zigarrenstumpen und Kompott,
Ziegelsteine, pulv'risiert,
Werden mit hineingerührt;
Rebhühner und Fasanen,
Auch Fensterkitt und Gips,
Zwei ganze Faschingskrapfen,
Garniert mit Stiefelwichs,
Leoniwurst und Bleiweiß,
Parkettbod'nwachs und Reis
Ölfarb' und Anguilotti,
Zwei junge, weiße Mäus',
Sauerkraut und Sellerie,
Rettich und Fromage de Brie,
Knoblauch, Spargel und Stearin,
Weichselsaft und Zacherlin,
Kaisertinte, Schusterpapp,
Apfelmus und Salmiak,
Auch Briketts und Anthrazit,
Platzpatronen, Dynamit.
Ist dann alles drinn, was ich soeb'n diktiert,
Wird das Ganze mit dem Löffel umgerührt,
Glauben Sie sicher, es schmeckt wirklich delikat.
Sehn Sie, so entsteht der *russische Salat*.

Trommel-Verse

Melodie: Jupeidi, jupeida.

I.

Sind s' net bös, sind s' net bös, jupeidi, jupeida
Jetzt kommt ganz was damischös, jupeidi, peida
O mein liebes Publikum,
Nehmen s' mir die G'schicht net krumm, jupeidi, jupeida.

2.

Paris ist eine schöne Stadt,
Woher sie ihren Namen hat:
Von einer alten Hose g'wiß,
Denn die hat hinten a paar Riß.

3.

Fliegen die Schwalben in der Höh',
Ja, dann ist das Wetter schö';
Fliegen sie jedoch parterr'
Dann ist meistens Sauwetter.

4.

Auf dem Tisch, da liegt ein Fisch,
Und der Fisch ist noch ganz frisch.
Läg' der Fisch schon lang am Tisch,
Wär' der Fisch auch nicht mehr frisch.

5.

Ich wohn' in einem Rückgebäud';
Die Wohnung macht mir keine Freud',
Denn will ich auf die Straße seh'n,
Muß ich durch's Vorderhaus durchgeh'n.

6.

Junge Katzerln, junge Katzerln
Haben noch ganz kleine Pratzerln;
Werd'n die jungen Katzerln Katzen,
Kriegen sie auch größere Pratzen.

7.

In einer Anlag' geht ein Mann,
Er schaut hinauf so hoch er kann.
Ich frug ihn drauf: »Wo seh'n sie hin?«
»Hinauf, weil ich Aufseher bin.«

8.

A Meister steht am Schwurg'richt drob'n,
Er soll sein G'sell'n erschossen hab'n.
Der Meister sagt ganz wutentbrannt:
»Er hat ja selbst an »Schuß«[1] verlangt.«

9.

Ein fünfundsiebzigjähriger Mann
Schafft einen Grammophon sich an.
Er kauft sich nur den Apparat,
Weil er die Platten[2] selber hat.

10.

A Herr, der kommt zum Doktor g'rennt,
Er klagt, daß's ihm im Mag'n so brennt.
Der Doktor sagt: »Mein lieber Herr,
Da holen s' am besten d'Feuerwehr.«

11.

Neulich schau i' in Spiegel nei',
Is G'sicht verkehrt, wie kann das sei';
Daweil, wer hätt' sich denn das denkt,
Da war der Spiegel verkehrt aufg'hängt.

12.

Kürzlich ging der Sturm recht arg,
Ich wollte geh'n zum Herzogpark;
Doch bei diesem Sturmgebraus
Kam ich nach Neuhausen 'naus.

Die Zwischenmelodie kann auch mit großer Trommel begleitet werden.

---

[1] Vorschuß; [2] Kahlkopf.

Der Maskenball der Tiere

Parodie auf »Vogelhochzeit«

Die Tiere auf der Erde all',
die hielten einen Maskenball.
Vide rallala, vide rallala,
Vide rallalalala.

Die Ameise, die Ameise,
die tanzte nur die Franceise.
Vide rallala, vide rallala,
vide rallalalala.

Die Fliege, die Fliege,
Saß draußen auf der Stiege.

Nach jeder Strophe ist das »Vide rallala« zu singen.

Der Feuersalamander
Rutscht 'runter am Stieg'ng'lander.

Der Schellfisch und das Känguruh,
die spiel'n mitsammen »Blinde Kuh«.

Da plötzlich wird's ganz still im Saal,
sie saßen jetzt beim Mittagmahl.

Der Rabe, der Rabe,
Fraß d' Supp'n mit der Gabe.

Die Giraffe, die Giraffe,
die fraß a Schokoladewaffe.

Das Eidachsel, das Eidachsel,
das fraß a abbräunt's Schweinshaxel.

79

Die Schlange, die Schlange,
aß eine Blutorange.

Die Schnepfe, die Schnepfe,
die hat die größte Hepfe.

Das Lama, das Lama,
das fraß zum Schluß all's z'samma.

Der Maskenball ist nun zu End',
Drum bitte, klatschen S' in die Händ'.

Klapphornverse

Von Karl Valentin 1941.

1. VALENTIN: *(singt)* Zwei Soldaten stiegen auf einen Turm
B: *(spricht)* Ja, was is dös!
VAL: *(singt)* Sie hatten keine Unifurm
B: *(spricht)* Ja freili!
VAL: *(singt)* Auch keine Säbel beide hatten
B: *(spricht)* Ja, und?
VAL: *(singt)* Das war'n eigentlich keine Soldaten.
B: *(spricht)* Auuu-wehhh!!!
VAL: *(singt)* Mariechen sass auf einem Stein,
                         Warum denn nicht auf zwei.

2. V: Zwei Katzen fingen eine Maus
    B: Ja, was is dös!
    V: Da kam sie ihnen wieder aus,
    B: Ja freili!
    V: Da dachten sich die beiden Katzen
    B: Ja, und?

V: Das nächste Mal fang' ma an Ratzen!
B: Auuu-wehhh!!!
V: Mariechen sass auf einem Stein,
    Warum denn nicht auf zwei.

3. V: Zwei Knaben pflückten im Felde Blumen,
   B: Ja, was is dös,
   V: Da ist ein Aufseher gekummen,
   B: Ja freili!
   V: Der hat ihnen die Blumen genummen,
   B: Ja, und?
   V: Da sind ihnen Tränen runterg'runnen.
   B: Auuu-wehhh!!!
   V: Mariechen sass auf einem Stein,
      Warum denn nicht auf zwei.

4. V: Zwei Knaben stiegen auf einen Baum,
   B: Ja, was is dös!
   V: Sie wollten Aepfel runterhau'n,
   B: Ja freili!
   V: Am Gipfel dabei wurd's ihnen klar,
   B: Ja, und?
   V: Dass das a Fahnenstange war.
   B: Auuu-wehhh!!!
   V: Mariechen sass auf einem Stein,
      Warum denn nicht auf zwei.

5. V: Ein Kätzlein sagte zu dem andern,
   B: Ja, was is dös!
   V: Ich glaube schon an's Seelenwandern,
   B: Ja freili!
   V: Die andere sprach: du hast's erraten,
   B: Ja, und?
   V: Aus uns da macht man Hasenbraten.
   B: Auuu-wehhh!!!
   V: Mariechen sass auf einem Stein,
      Warum denn nicht auf zwei.

6. V: Zwei Spieler taten mitsamm' tarocken,
   B: Ja, was is dös!
   V: Dem einen tat er mächtig hocken,
   B: Ja freili!
   V: Der andre sagt: was soll das heissen?
   B: Ja, und?
   V: Ich glaube gar, du willst be......trügen.
   B: Auuu-wehhh!!!
   V: Mariechen sass auf einem Stein,
   Warum denn nicht auf zwei.

7. V: Zwei Knaben stiegen auf eine Leiter,
   B: Ja, was is dös!
   V: Der obere war etwas gescheiter,
   B: Ja freili!
   V: Der untere Knabe, der war dumm,
   B: Ja, und?
   V: Auf einmal fiel die Leiter um.
   B: Auuu-wehhh!!!
   V: Mariechen sass auf einem Stein,
   Warum denn nicht auf zwei.

8. V: Zwei Herren taten mitsammen raufen,
   B: Ja, was is dös!
   V: Sie mussten beide heftig schnaufen,
   B: Ja freili!
   V: Ich denk' mir halt, die soll'n nicht raufen,
   B: Ja, und?
   V: Dann müssen s' auch nicht so fest
   schnaufen.
   B: Auuu-wehhh!!!
   V: Mariechen sass auf einem Stein,
   Warum denn nicht auf zwei.

9. V: Zwei Knaben fingen ein Eidachsel,
   B: Ja, was is dös!

V: Der wo es g'fangt hat, der hiess Maxel,
B: Ja freili!
V: Der andre packte es beim Schwanzel,
B: Ja, und?
V: Und dieser Knabe, der hiess........
B: Franzel!
V: Na, ... Gabriel hat der g'heissen!
B: Auuu-wehhh!!!
V: Mariechen sass auf einem Stein,
Warum denn nicht auf zwei.

Expressionistischer Gesang

Ueberliterearischer Gesang von Karl Valentin 1948

Wie die Maler heute malen
Wie der Dichter heute dicht'
So will ich jetzt humoristeln
Ob es gut ist, oder nicht.

Kanapee glüht Meeresfreiheit
Lippen blau aus Abendrot
Stille Nacht in Marmelade
Edle Kunst, behüt' dich Gott.

A – b – c – d – e – f – g – h
I – k – l – m – n – o – p
Qu – r – s – t – u – v – w – x
Ypsilon – z – f – f – f *(drei Pfiffe)*

La la la la la la la la
La la la la la la li
Li li li li li li li li
Li li li li li li la.

In der Nacht die Sterne funkeln
Und der Rundfunk funkelt auch
Funkeln tun auch die Karfunkeln
Und ein funkelnagelneuer Anzug auch.

Wer will unter die Soldaten
Der muss haben ein Gewehr
Das muss er mit Pulver laden
Und so weiter und so wei – ter.

Ein Gewitter ist im Anzug
Dieses leuchtet mir nicht ein
Ein Gewitter in der Hose
Das könnt' leichter möglich sein.

Leiser Sturmwind heult in Strömen
Wenn die Katze Kikerikiet
Und der Vater melkt die Enten
Wenn der limburger blüht.

Wenn die Blätter leise klappern
Und das Bächlein fliesst bergauf
Saust das Dampfschiff durch die Wälder
D' Gmütlichkeit hört sich dann auf.

Wenn die Ringelnatter ringelt
Und die Fischlein geh'n zu Fuss
Hört! Die Osterglocken pfeifen
Was sein muss, das muss sein muss.
Hundekuchen frisst die Katze
Und ein Kompass singt Tenor
Und es sinkt der Barometer
Das kommt jedem spanisch vor.

Wenn die Reblaus rebiglauselt
Und das Dünnbier ist zu dünn

Billige Heimat sei gegrüsset
Mei' Vaterl war a Weanerin.

Sauerkraut ist kein Getränke
Denunzieren tut ein Schuft
S' beste Flugzeug wär' ein Unsinn
Gäb's im Freien keine Luft.

Ob es heiss ist oder kälter
Ob es warm ist oder weit
Ob es kühl ist oder lustig
Ja, so ändert sich die Zeit.

In Berlin, in Prag und Hamburg
Auch in Bremen und Bayreuth
Auch in Salzburg und am Chiemsee
Und auch in Holzapfelskräut.

Und zum Schlusse muss ich schlusseln
Nehmet eure Händ' in d' Hand
Schlagt dieselben oft zusammen
Das wird dann Applaus genannt.

Dialoge

In der Apotheke

KARL VALENTIN: Guten Tag, Herr Apotheker.

LIESL KARLSTADT: Guten Tag, mein Herr, Sie wünschen?

K. V: Ja, das ist schwer zu sagen.

L. K.: Aha, gewiß ein lateinisches Wort?

K. V.: Nein, nein, vergessen hab ich's.

L. K.: Na ja, da kommen wir schon drauf, haben Sie kein Rezept?

K. V.: Nein!

L. K.: Was fehlt Ihnen denn eigentlich?

K. V.: Nun ja, das Rezept fehlt mir.

L. K.: Nein, ich meine, sind Sie krank?

K. V.: Wie kommen Sie denn auf so eine Idee? Schau ich krank aus?

L. K.: Nein, ich meine, gehört die Medizin für Sie oder für eine andere Person?

K. V.: Nein, für mein Kind.

L. K.: Ach so, für Ihr Kind. Also, das Kind ist krank. Was fehlt denn dem Kind?

K. V.: Dem Kind fehlt die Mutter.

L. K.: Ach, das Kind hat keine Mutter?

K. V.: Schon, aber nicht die richtige Mutter.

L. K.: Ach so, das Kind hat eine Stiefmutter.

K. V.: Ja ja, leider, die Mutter ist nur stief statt richtig, und deshalb muß sich das Kind erkältet haben.

L. K.: Hustet das Kind?

K. V.: Nein, es schreit nur.

L. K.: Vielleicht hat es Schmerzen?

K. V.: Möglich, aber es ist schwer. Das Kind sagt nicht, wo es ihm weh tut. Die Stiefmutter und ich geben uns die größte Mühe. Heut hab ich zu dem Kind gsagt, wenn du schön sagst, wo es dir weh tut, kriegst du später mal ein schönes Motorrad.

L. K.: Und?

K. V.: Das Kind sagt es nicht, es ist so verstockt.

L. K.: Wie alt ist denn das Kind?

K. V.: Sechs Monate alt.

L. K.: Na, mit sechs Monaten kann doch ein Kind noch nicht sprechen.

K. V.: Das nicht, aber deuten könnte es doch, wo es die Schmerzen hat, wenn schon ein Kind so schreien kann, dann könnt's auch deuten, damit man weiß, wo der Krankheitsherd steckt.

L. K.: Hat's vielleicht die Finger immer im Mund stecken?

K. V.: Ja, stimmt!

L. K.: Dann kriegt es schon die ersten Zähne.

K. V.: Von wem?

L. K.: Na ja, von der Natur.

K. V.: Von der Natur, das kann schon sein, da braucht's aber doch net schrein, denn wenn man was kriegt, schreit man doch nicht, dann freut man sich doch. Nein, nein, das Kind ist krank, und meine Frau hat gsagt: Geh in d' Apothekn und hol einen –––?

L. K.: Kamillentee?

K. V.: Nein, zum Trinken ghört's nicht.

L. K.: Vielleicht hat's Würmer, das Kind.

K. V.: Nein, nein, die tät man ja sehn.

L. K.: Nein, ich mein innen.

K. V.: Ja so, innen, da haben wir noch nicht reingschaut.

L. K.: Ja, mein lieber Herr, das ist eine schwierige Sache für einen Apotheker, wenn er nicht erfährt, was der Kunde will!

K. V.: D' Frau hat gsagt, wenn ich den Namen nicht mehr weiß, dann soll ich an schönen Gruß vom Kind ausrichten, von der Frau vielmehr, und das Kind kann nicht schlafen, weil's immer so unruhig ist.

L. K.: Unruhig? Da nehmen Sie eben ein Beruhigungsmittel. Am besten vielleicht: Isopropilprophemilbarbitursauresphenildimethildimenthylaminophirazolon.

K. V.: Was sagn S'?

L. K.: Isopropilprophemilbarbitursauresphenildimethildimenthylaminophirazolon.

K. V.: Wie heißt des?

L. K.: Isopropilprophemilbarbitursauresphenildimethildimenthylaminophirazolon.

K. V.: Jaaaa! des is 's! So einfach, und man kann sich's doch
nicht merken!

Ohrfeigen

Schallplatte von Karl Valentin 1937

KARL VALENTIN: Ha da sind Sie ja, Sie gemeiner Kerl – seit
Monaten suche ich diesen Schurken, der sich erlaubt,
meiner Frau heimliche Liebesbriefe zu schreiben – endlich habe ich Sie erwischt – hier haben Sie die Belohnung
dafür – hier die zweite – Sie Schuft! – hier noch eine und
dann noch eine – Sie Hochstapler Sie – nun haben Sie für
Ihre Gemeinheit Ihren Tee bekommen – Sie Herr Otto
Keilhauer.

LIESL KARLSTADT: Wie kommen Sie dazu, mich hier zu
beohrfeigen? Erstens kenne ich Ihre Frau gar nicht und
zweitens heisse ich nicht Otto Keilhauer, sondern Alois
Freiberger.

K. V.: Waaas? Sie sind nicht der Herr Otto Keilhauer? Das
ist doch nicht möglich? Sie sind wirklich nicht Otto Keilhauer – das tut mir aber leid – so eine frappante Aehn-
lichkeit – entschuldigen Sie vielmals!

L. K.: Halt – was heisst entschuldigen – so einfach ist die
Sache nicht – Sie haben mich beleidigt und geohrfeigt.

K. V.: Gut – ich nehme die Beleidigungen mit grösstem
Bedauern zurück.

L. K.: Und die Ohrfeigen?

K. V.: Ja die Ohrfeigen kann ich mit bestem Willen nicht mehr zurücknehmen, das ist technisch nicht möglich.

L. K.: Das sehe ich schon ein, aber ich kann Sie Ihnen wieder zurückgeben, das ist technisch möglich.

K. V.: Ja das hat aber keinen Sinn, ich bin ja nicht der Otto Keilhauer, denn der hätte sie doch bekommen sollen.

L. K.: Ja ja, aber ich bin auch nicht der Otto Keilhauer und Sie haben sie mir gegeben.

K. V.: Ja verstehen Sie mich denn nicht lieber Herr, ich hab sie Ihnen nur deshalb gegeben, weil ich der Meinung war, Sie seien der Herr Otto Keilhauer.

L. K.: Was heisst seien, wenn ich es nicht bin.

K. V.: Aber dafür kann doch ich nichts, wenn Sie dem so frappant ähnlich sehen.

L. K.: Ja kann da ich was dafür?

K. V.: Nein, aber ich doch noch weniger.

L. K.: Schauen Sie sich das nächste Mal die Leute besser an, denen Sie Ohrfeigen geben wollen, dann kommt so etwas nicht vor.

K. V.: Das hätte ich auch gemacht, aber Sie sind so schnell an mir vorbeigegangen, dass ich Sie nur flüchtig sehen konnte.

L. K.: Ja Sie Idiot, ich kann doch wegen Ihnen nicht langsam gehen, damit Sie genau erkennen ob ich dieser Otto Keilhauer bin oder nicht.

K. V.: Dieses Geschwätz hat jetzt gar keinen Wert, ich hab mich bei Ihnen entschuldigt und wegen der Ohrfeigen müssen wir uns halt einigen.

L. K.: Ich verklage Sie!

K. V.: Ach tun sie das bitte nicht, denn dann haben wir blos noch Laufereien. Sie sagen mir, was Sie für eine Ohrfeige Schmerzensgeld verlangen und das bezahle ich Ihnen.

L. K.: Gut, wieviel haben Sie mir gegeben?

K. V.: Soviel ich mich noch erinnere 6 Stück

L. K.: Was bezahlen Sie mir für das Stück?

K. V.: Ich denke 1.– Mark.

L.K.: Sie unverschämter Kerl, für solche Prachtohrfeigen nur 1.– Mark, das ist Preisdrückerei, merken Sie sich das!

K.V.: Mehr kann ich unmöglich bezahlen.

L.K.: Gut, dann verklage ich Sie.

K.V.: Na, dann sagen wir für eine 1.50 Mark. 6 mal 1.50 sind 9.– Mark. Hier haben Sie 9.– Mark.

L.K.: Danke schön! Das war eigentlich schnell verdient. Da wird sich vielleicht der Herr Otto Keilhauer sehr ärgern wenn er erfährt, dass Sie ihn mit mir verwechselt haben.

Der Hasenbraten

MANN: Elisabeth! – Ich hab doch Hunger, was is denn heute mit dem Hasenbraten?

FRAU: Der ist noch nicht fertig, aber die Suppe steht schon am Tisch.

MANN: *schlürft:* Na, die Suppe ist heut wieder ungenießbar.

FRAU: Wieso? Des is sogar heut eine ganz feine Suppn.

MANN: Das sagt ja auch niemand, daß die Suppen nicht fein ist, ich mein nur, sie ist ungenießbar, weil s' so heiß ist.

FRAU: Eine Suppe muß heiß sein.

MANN: Gewiß! Aber nicht zu heiß!

FRAU: Dddddd – alle Tag und alle Tag das gleiche Lied, entweder ist ihm d' Suppn zu heiß, oder sie ist ihm zu kalt; jetzt will ich dir amal was sagn: Wenn ich dir nicht gut genug koch, dann gehst ins Wirtshaus zum Essen.

MANN: Des is gar net notwendig, die Suppn is ja gut, nur zu heiß.

FRAU: Dann wartest halt so lang, bis s' kalt is.

MANN: Eine kalte Suppn mag ich auch nicht.

FRAU: Dann – jetzt hätt ich bald was gsagt.

MANN: Ich weiß schon – nach'm Essen.

FRAU: Jeden Tag und jeden Tag muß bei uns gestritten werden, anders geht's nicht.

MANN: Naja, du willst es ja nicht anders haben.

FRAU: So, bin ich vielleicht der schuldige Teil?

MANN: Na, wer denn, hab ich die Suppn kocht?

FRAU: Eine kochende Suppe is immer heiß.

MANN: Ja, vielleicht kochst du s' zu heiß!

FRAU: Zu lang? Nein, nein, morgn häng i an Thermometer in Suppentopf nei, damit der Herr Gemahl a richtig temperierte Suppn bekommt.

MANN: Eine gute Köchin braucht kein Thermometer zum Suppnkochen.

FRAU: Jaja, nun kommt die spöttische Seite, so geht's ja jeden Tag, zuerst nörgelt er, und dann kommt der Spott auch noch dazu.

MANN: Was heißt nörgeln. Ich habe doch als Mann das Recht zu sagen, die Suppe ist mir zu heiß.

FRAU: Jetzt fangt er wieder mit der heißen Suppn an; es ist wirklich zum Verzweifeln.

MANN: Du brauchst nicht zu verzweifeln, du sollst die Suppe so auf den Tisch stellen, wie sie sein soll, nicht zu kalt und nicht zu heiß.

FRAU: Aber jetzt ist sie doch nicht mehr zu heiß!

MANN: Jetzt nicht mehr, aber wie du sie hereingetragen hast, war sie zu heiß.

FRAU: Schau, schau, er hört nicht mehr auf, er bohrt immer wieder in dasselbe Loch hinein.

MANN: Wieso, was soll das heißen?

FRAU: Weil du immer wieder mit der heißen Suppn daherkommst.

MANN: Du bist doch mit der heißn Suppn dahergekommen, nicht ich, du drehst ja den Stiel um.

FRAU: Du bist und bleibst ein Streithammel. –– Du, horch! – Was riecht denn da so komisch?

93

MANN: Ich hör auch was – da brandelt was.

FRAU: Hast vielleicht wieder ein brennende Zigarette auf den Teppich geworfen?

MANN: Ich hab ja heute noch nicht geraucht, und wenn ich geraucht hätte, dann hätt ich die Zigarette nicht auf den Teppich, sondern in den Aschenbecher geworfen.

FRAU: Ich hab's ja auch nicht behauptet, ich hab ja nur gemeint, und meinen werd ich noch dürfen. Um Gottes willen, der Rauch kommt ja aus dem Gang!

MANN: No, so geh halt naus und schau, was los ist.

FRAU: Mein Gott! – Die ganze Küche ist voll Rauch. *Macht die Ofentüre auf.* Jessas, der Has ist verbrannt!

MANN: Jaja, bei uns muß ja immer was los sein!

FRAU: So: *Kommt aus der Küche auf den Mann zu und zeigt ihm den Braten:* Da schau her, da schau her, da haben wir jetzt die Bescherung! Mit deiner ewigen Streiterei ist unser ganzes Essen verbrannt.

MANN: Mahlzeit! – Und drinnen waltet die tüchtige Hausfrau!

FRAU: Wer ist denn schuld? Du! Mit deinem ewigen Streiten und Nörgeln!

MANN: Ich habe nicht gestritten und genörgelt, ich hab ja nur gesagt, daß die Suppe zu heiß ist!

FRAU: Jetzt fangt er wieder an mit der heißen Suppn, ich lauf noch auf und davon!

MANN: Auf brauchst gar nicht laufen, nur davon! – Genügt mir vollständig.

FRAU: Mit lauter Streiten hab ich ganz drauf vergessen, und der arme, arme Has ist jetzt im glühenden Ofenrohr jämmerlich verbrannt. – Essen kannst 'n nimmer!

MANN: Das glaub ich! Aber dem Tierschutzverein werd ich 's melden!

Wo ist meine Brille?

Von Karl Valentin 1937.

MANN: Klara! – Ich finde meine Brille nicht. Weisst Du, wo meine Brille ist?

FRAU: In der Küche hab' ich sie gestern liegen sehen.

MANN: Was heisst gestern, vor einer Stunde hab' ich doch noch gelesen damit.

FRAU: Das kann schon sein, aber gestern ist die Brille in der Küche gelegen.

MANN: So red' doch keinen solchen unreinen Mist, was nützt mich denn das, wenn die Brille gestern in der Küche gelegen ist!

FRAU: Ich sag' Dir's doch nur, weil Du sie schon ein paar Mal in der Küche hast liegen lassen.

MANN: Ein paar Mal! – Die habe ich schon öfters liegen lassen, – wo sie jetzt liegt, das will ich wissen!

FRAU: Ja, wo sie jetzt liegt, das weiss ich auch nicht; irgendwo wird s' schon liegen.

MANN: Irgendwo! Freilich liegt s' irgendwo, – aber wo, – wo ist denn irgendwo?

FRAU: Irgendwo? Das weiss ich auch nicht – dann liegt s' halt wo anders!

MANN: Wo anders! – Wo anders ist doch irgendwo.

FRAU: Ach red' doch nicht so saudumm daher, wo anders kann doch nicht zu gleicher Zeit »wo anders« und »nirgendwo« sein! – Alle Tage ist diese Sucherei nach der saudummen Brille, das nächste Mal merkst Dir halt, wo Du sie hinlegst, dann weisst Du, wo sie ist.

MANN: Aber Frau!!! So kann nur wer daher reden, der von einer Brille keine Ahnung hat. Wenn ich auch weiss, wo ich sie hingelegt hab', das nützt mich gar nichts, weil ich doch nicht sehe, wo sie liegt, weil ich doch ohne Brille nichts sehen kann.

FRAU: Sehr einfach! Dann musst Du eben noch eine Brille

haben, damit Du mit der einen Brille die andere suchen kannst.

MANN: Hm!! Das wär' ein teurer Spass! 1000 Mal im Jahr verleg' ich meine Brille; wenn ich da jedesmal eine Brille dazu bräuchte, – die billigste Brille kostet 3 Mark – das wären um 3000 Mark Brillen im Jahr.

FRAU: Du Schaf! Da brauchst Du doch nicht 1000 Brillen!

MANN: Aber 2 Stück unbedingt, eine kurz- und eine weitsichtige. – Nein, nein, da fang' ich lieber gar nicht an. Stell' Dir vor, ich habe die weitsichtige verlegt und habe nur die kurzsichtige auf, die weitsichtige liegt aber weit entfernt, sodass ich die weitsichtigentferntliegende mit der kurzsichtigen Brille nicht sehen kann!

FRAU: Dann lässt Du einfach die kurzsichtige Brille auf und gehst so nah an den Platz hin, wo die weitsichtige liegt, damit Du mit der kurzsichtigen die weitsichtige liegen siehst.

MANN: Ja, ich weiss doch den Platz nicht, wo die weitsichtige liegt.

FRAU: Der Platz ist eben da, wo Du die Brille hingelegt hast!

MANN: Um das handelt es sich ja! – Den Platz weiss ich aber nicht mehr!

FRAU: Das verstehe ich nicht. – – – Vielleicht hast Du s' im Etui drinnen.

MANN: Ja!!! Das könnte sein! Da wird sie drinnen sein! Gib mir das Etui her!

FRAU: Wo ist denn das Etui?

MANN: Das Etui ist eben da, wo die Brille drinnen steckt.

FRAU: Immer ist die Brille auch nicht im Etui.

MANN: Doch! – Die ist immer im Etui! –, ausserdem ich hab s' auf.

FRAU: Was? – Das Etui?

MANN: Nein! – Die Brille.

FRAU: Jaaaaa! Was seh' ich denn da? – Schau' Dir doch einmal auf Deine Stirne hinauf!

MANN: Da seh' ich doch nicht hinauf.

FRAU: Dann greifst Du hinauf! –– Auf die Stirne hast Du Deine Brille hinaufgeschoben!

MANN: Ah! – Stimmt! – Da ist ja meine Brille! – Aber leider!? (Sehr schnell)

FRAU: Was leider?

MANN: Ohne Etui!

Gespräch am Springbrunnen

LIESL KARLSTADT *steht am Sendlingertorplatz im München und betrachtet sich den Springbrunnen, und meint zu einem neben ihr stehenden Herrn. So ein Springbrunnen ist doch etwas Herrliches.*

KARL VALENTIN: wenn er springt, is er sehr schön.

L.K.: was heisst springt, wenn er nicht springen würde, wär's ja kein Springbrunnen.

K.V.: was wär's dann für ein Brunnen?

L.K.: dann wär es keiner.

K.V.: gar keiner?

L.K.: nein! Gar keiner nicht, es wäre halt dann ein Brunnen, der nicht springt.

K.V.: aber *da* ist er schon.

L.K.: freilich is er da

K.V.: aber sehn tut mer ihn nicht

L.K.: wenn er nicht springt – nicht.

K.V.: hören tut mer ihn auch nicht.

L.K.: wenn er springt schon, dann rauscht das Wasser.

K.V.: rauschen tut er, und springen zu gleicher Zeit.

L.K.: der Springbrunnen rauscht nicht, nur das Wasser.

K.V.: ohne Springbrunnen?

L.K.: nein, mit Springbrunnen.

K. V.: kann man so einen Springbrunnen kaufen?

L. K.: nein.

K. V.: woher hat dann unsere Stadtverwaltung den Springbrunnen?

L. K.: der wurde gestiftet.

K. V.: springend?

L. K.: nein – da musste zuerst das Wasserbassin betoniert
werden, dann wurden die Rohre gelegt und die Blumen-
anlagen und dann wurde ein Geländer herum gemacht.

K. V.: und dann?

L. K.: war er fertig.

K. V.: aber gesehen hat man ihn noch nicht.

L. K.: wem?

K. V.: den Springbrunnen selbst.

L. K.: nein, erst als er aufgedreht wurde, dann ist der Was-
serstrahl in die Höhe gesprungen.

K. V.: vor Freude?

L. K.: na – das ist doch ein Naturgesetz, wenn man einen
Wasserhahn aufdreht, springt das Wasser immer in die
Höhe.

K. V.: immer nicht, in unserer Küche zu Hause, wenn man
den Wasserhahn aufdreht, springt das Wasser hinunter.

L. K.: eine Küche und der Sendlingertorplatz ist auch
zweierlei.

K. V.: aber nützlich ist ein Springbrunnen nicht.

L. K.: Nutzen hat er keinen.

K. V.: warum baut man dann Springbrunnen?

L. K.: nur zur Zierde, – zum Anschauen.

K. V.: für wen?

L. K.: für die Bewohner unserer Stadt.

K. V.: wielange existiert der Springbrunnen schon?

L. K.: ich glaube seit 1860, also fast hundert Jahre lang.

K. V.: nun dann müssen ihn doch alle Münchner schon
gesehen haben.

L. K.: das ist Geschmacksache, was Schönes kann man sich
zwei- und dreimal ansehen.

K.V.: zwei- bis dreimal schon, aber so alte Münchner oder gar die, die am Sendlingertorplatz wohnen, müssen sich doch schon an dem Springbrunnen satt gesehen haben.

L.K.: für die Münchner allein is er auch nicht gemacht worden, sondern hauptsächlich für die Fremden.

K.V.: nein, das stimmt nicht, die Fremden kommen nicht wegen dem Wasser sondern wegen dem Bier zu uns nach München.

L.K.: das stimmt.

K.V.: mich hat noch nie ein Fremder gefragt: »Sagn's Sie mal, wo kann man hier einen Springbrunnen sehen?« – Alle haben mich gefragt: »Wo ist hier das Hofbräu?«

L.K.: natürlich kommt kein Mensch wegen dem Wasser nach München und keiner wird aus dem Springbrunnen-bassin Wasser saufen wollen.

K.V.: warum haben's dann einen eisernen Zaun drumrum gemacht?

L.K.: dass man nicht nass wird, wenn man zu nahe an den Springbrunnen hingehen würde.

K.V.: aber im Winter?

L.K.: im Winter? Da springt er ja nicht.

K.V.: wenn aber ein Fremder im Winter den Springbrun-nen sehen will?

L.K.: das kann er nicht, da muss er schon warten bis es wie-der Sommer wird.

K.V.: muss er dann solang in München bleiben?

L.K.: nein, der fahrt wieder heim und soll im Sommer wie-der kommen.

K.V.: wenn er aber nicht mehr kommt?

L.K.: dann sieht er ihn nicht.

K.V.: da hat's der Münchner leichter, der sieht ihn immer.

L.K.: im Winter aber nicht?

K.V.: warum springt er nicht im Winter?

L.K.: da tät der Springbrunnen einfrieren.

K.V.: das ist nicht war, laufendes Wasser friert nie ein.

L.K.: da haben Sie recht, das hat mir auch einmal ein

Installateur gesagt, das wissen vielleicht die Herren Stadt-
räte gar nicht.

K. V.: das muss man den Stadträten sagen, die sind einem
vielleicht dafür dankbar, dann könnte man sich doch die
Arbeit mit dem Zudrehen ersparen.

L. K.: gewiss, hieraus sieht man, dass der Laie auch manchmal eine gute Idee haben kann.

K. V.: nur eines ist mir nicht klar, der Springbrunnen
springt in die Höhe, dann fällt das Wasser wieder herunter und sammelt sich in dem Wasserbecken und läuft
dann zum Ablaufrohr wieder hinaus.

L. K.: ganz klar, der Ablauf ist wichtiger als der Springbrunnen selbst, denn wenn da kein Ablauf wäre und das Wasser hätte seit dem Jahre 1860 nicht ablaufen können, da
wäre vielleicht heute ganz München – ganz Bayern – ganz
Deutschland – vielleicht ganz Europa überschwemmt, –
was wäre das für eine gewaltige Katastrophe, wenn einer
aus Mutwillen das Ablaufrohr verstopfen würde?

K. V.: .... ah !!!!..... jetzt weiss ich, warum daß man
um diesen Springbrunnen ein Geländer gemacht hat.

Vor Gericht.

Von Karl Valentin 1937.

RICHTER: Also, Sie geben zu, dass Sie den Kläger ein Rindvieh geheissen haben?

ANGEKLAGTER: Ja, ich habe aber gemeint, dass er deshalb
nicht beleidigt ist.

RICHTER: Wieso meinten Sie das?

ANGEKLAGTER: No ja, weil er so saudumm dahergeredet
hat.

RICHTER: Eigentlich finde ich, dass Sie saudumm daherreden, denn ein Rindvieh ist doch ein Tier und ein Tier kann doch nicht reden. Oder haben Sie schon ein Tier reden hören?

ANGEKLAGTER: Jawohl, einen Papagei!

RICHTER: Ja, ein Papagei ist doch kein Rindvieh!

ANGEKLAGTER: In dem Moment, wo ein Papagei dumm daherredet, ist eben der Papagei auch ein Rindvieh!

RICHTER: Haben Sie denn schon einen Papagei gehört, der dumm daherredet?

ANGEKLAGTER: Und ob!!!

RICHTER: Erklären Sie mir das.

ANGEKLAGTER: Das kann ich beweisen; meine Hausfrau hat einen Papagei in einem Käfig und wenn man an den Käfig klopft, dann sagt das Rindvieh: »Herein!«

RICHTER: Finden Sie das dumm?

ANGEKLAGTER: Und ob!

RICHTER: Wieso?

ANGEKLAGTER: Wie kann denn ich in den kleinen Käfig hineingehen!

RICHTER: Wir kommen da ganz von der eigentlichen Sache ab. – Warum haben Sie den Kläger ein Rindvieh geheissen?

ANGEKLAGTER: Weil er meine Frau beleidigt hat.

RICHTER: Inwiefern?

ANGEKLAGTER: Er hat zu meiner Frau gesagt, sie sei eine blöde Gans und meine Frau ist keine Gans, dafür habe ich Beweise.

RICHTER: Da brauchen Sie doch keine Beweise dafür, denn genau so wie der Kläger kein Rindvieh ist, kann Ihre Frau keine Gans sein, wenigstens keine blöde Gans.

ANGEKL.: Aber Herr Richter, mit dieser Bemerkung »wenigstens keine blöde Gans« geben Sie ja selbst zu, dass eine Frau eine Gans sein kann und eine Gans ist aber doch blöd.

RICHTER: Wieso ist eine Gans blöd?

ANGEKL.: Weil eine Gans nicht einmal sprechen kann.

RICHTER: Na ja, ein Tier kann eben nicht sprechen.

ANGEKL.: Doch, der Papagei!

RICHTER: Jetzt kommen Sie wieder mit dem saudummen Papagei als Vergleich!

ANGEKL.: Da muss ich Ihnen wieder widersprechen, denn ein Papagei ist nicht saudumm, weil Sie, Herr Richter, nicht den Beweis erbringen können, dass jede Sau dumm ist, denn es gibt im Zirkus dressierte Säue, also kluge Säue.

RICHTER: Aber wir haben doch von der blöden Gans gesprochen, nicht von einer dressierten Sau.

ANGEKL.: Gut, bleiben wir wieder bei meiner Frau.

RICHTER: Nun müssen wir aber zur Ursache der Beleidigung kommen; aus welchem Grund hat denn der Kläger Ihre Gans eine blöde Frau geheissen, Verzeihung: umgekehrt wollte ich sagen, Ihre Frau eine blöde Gans geheissen?

ANGEKL.: Ja, die Sache ist zu schweitweifend.

RICHTER: Sie meinen: zu weitschweifend.

ANGEKL.: Zu weitschweifend, ja ja! Wir haben nämlich einen Heimgarten und die Frau Wimmer hat auch einen Heimgarten, direkt neben unserem Heimgarten und da ist immer ein Konkurrenzneid, wer die schönsten Blumen hat.

RICHTER: Ja weiter – – –

ANGEKL.: Und da tun wir immer Samen tauschen –

RICHTER: Was tun Sie?

ANGEKL.: Samen tauschen. Sie gibt mir z. B. einen Chrysanthemensamen und ich geb' ihr dafür einen Rhabarbersamen, und da hat sie mir heuer für meine Fensterblumen statt Hyazinthen- Sonnenblumen-Samen gegeben und wir haben so viel Sonnenblumen bekommen, dass wir nicht mehr zum Fenster naussehen können, da hat ihr Mann zu meiner Frau gesagt, sie ist eine blöde Gans und ich hab' zu ihm gesagt: »Sie sind ein Rindvieh«, und er hat dann zu mir gesagt – – – – – (Pause)

RICHTER: Was hat er gesagt?

ANGEKL.: (schweigt)

RICHTER: Na, so reden Sie doch, was hat er noch gesagt?

ANGEKL.: Na ja, Herr Richter, was wird so ein ordinärer Mensch denn noch gesagt haben, dös können S' Ihnen doch denken!

RICHTER: Na, was hat er gesagt?

ANGEKL.: Ich bitte um Ausschluss der Oeffentlichkeit!

Semmelnknödeln

LIESL KARLSTADT: Ja sag einmal, warum bist du denn heute mittag nicht zum Essen gekommen? Zwei Stunden hab ich auf dich gewartet.

KARL VALENTIN: Ja, ich hab da draußen gleich gegessen, wo ich zu tun ghabt hab, in der kleinen Wirtschaft, und da ißt man sehr gut, fast tadellos.

L. K.: No, so gut, wie ich koche, wird's bestimmt nicht sein.

K. V.: Doch, doch.

L. K.: Aber jetzt ist es neun Uhr abends, wo warst du denn in der langen Zwischenzeit?

K. V.: Nirgends, da hab ich auf das Mittagessen gewartet.

L. K.: Ja, ist dir denn das nicht zu langweilig geworden?

K. V.: Nein – in der Zwischenzeit hab ich mit der Kassierin gesprochen.

L. K.: Was, neun Stunden warst du mit der Kassierin beisammen? Über was habt ihr denn da gesprochen?

K. V.: Ja über des, daß die Semmelnknödeln so lange nicht kommen.

L. K.: So lang wartet doch kein vernünftiger Mensch auf das Mittagessen.

K. V.: Da war ich ja nicht vernünftig, ich war ja hungrig.

L. K.: Papperlapapp – wenn man das Essen um zwölf Uhr

bestellt, und in einer halben Stunde ist es noch nicht da, dann geht man einfach.

K. V.: Freilich, dann frißt s' ein anderer für mich.

L. K.: Und ausgerechnet Semmelknödel hat er sich bestellt, wo doch ich heute auch Semmelknödel gemacht habe.

K. V.: Was, dieselben?

L. K.: Ah, dieselben! Unsinn – andere hab ich halt gemacht, aber Semmelnknödel sind Semmelknödel.

K. V.: ... deln.

L. K.: Was deln?

K. V.: Semmelnknödeln heißt's.

L. K.: Ich hab ja gsagt Semmelknödel.

K. V.: Nein, Semmelnknödeln.

L. K.: Nein, man sagt schon von jeher Semmelknödel.

K. V.: Ja, zu e i n e m – aber zu m e h r e r e n Semmelknödel sagt man Semmelnknödeln.

L. K.: Aber wie tät man denn zu einem Dutzend Semmelknödel sagen?

K. V.: Auch Semmelnknödeln – Semmel ist die Einzahl, das mußt Ihnen merken, und Semmeln ist die Mehrzahl, das sind also mehrere einzelne zusammen. Die Semmelnknödeln werden aus Semmeln gemacht, also aus mehreren Semmeln, du kannst nie aus einer Semmel Semmelnknödeln machen.

L. K.: Machen kann man's schon.

K. V.: Jaja, machen schon, aber wenn du aus einer Semmel zehn Semmelnknödeln machen tätst, dann würden die Semmelnknödeln so klein wie Mottenkugeln. Dann würde das Wort Semmelknödeln schon stimmen. Weil s' bloß aus einer Semmel sind. Aber solang die Semmelnknödeln aus mehreren Semmeln gemacht werden, sagt man unerbittlich: Semmelnknödeln.

L. K.: Da sagst es aber auch nicht richtig, jetzt hast grad gsagt Semmelknödeln.

K. V.: Nein, ich hab gsagt Semmelnknödeln.

L. K.: Richtig muß es eigentlich S e m m e l n knödeln heißen, die Semmel muß man betonen, weil die Knödel aus Semmeln gemacht sind – überhaupt das Wichtigste ist der Knödel – Semmelk n ö d e l n müßte es ursprünglich heißen.

K. V.: Nein, das Wichtigste ist das n zwischen Semmel und Knödeln.

L. K.: Ja wie heißt es dann bei den Kartoffelknödeln?

K. V.: Dasselbe n, Kartoffel n knödeln.

L. K.: Und bei den Schinkenknödeln ah – hahaha –

K. V.: Da ist's genauso – da ist das n schon zwischendrin, es gibt keine Knödeln ohne n.

L. K.: Doch, die Leberknödeln.

K. V.: Ja, stimmt – Lebernknödeln kann man nicht sagen!

Teppichklopfen

Von Karl Valentin.

Teppichklopfgeräusch . . . . .

LIESL KARLSTADT: Ja du Drecksau du dreckate, ja woast denn du net, dass ma im Stiagnhaus net Teppichklopfa derf – magst scho aufhörn gell, hör doch amal auf, sonst hetz i dir an Hausherrn nauf auf's Gnack, dass'di auskennst willst jetzt net glei aufhörn ha?

KARL VALENTIN: Ja sie schaug o, gehts di vielleicht was o, wenn i Teppich klopf, werd dir scho passen, gell weiblicher Hausmoasteraff – sie hoasst mi a Drecksau . . .

L. K.: Ja des bist a und jetzt hörst amal mit dem Klopfa auf und gehst schleunigst mit deine staubigen Perser in Hof hinter, da kannst dann klopfa, solang der Himmel blau is, aber im Stiagnhaus hörst ma auf mit dem Getös

K. V.: So, dös kannst ma du gar net vabieten, gell

L. K.: Sag lieber dein Hundsbuam er soll mir d'Milli bringa,

gell, gestern hat ers erst um achte in der Früah daher
bracht und um siebne muass mei Mo scho in d'Arbeit fort
K.V.: Geht ja mi nichts o, was der Bua.. ·
L.K.: Und wenn ers morgn wieder um achte daher bringt,
na reiss i eahm seine Senflöffen raus aus sein rothaarerten
Kommisloawekopf, gell und wirf'n sammt de Milleküberln
üba d'Stiagn nunter, dass 'd as woasst.
K.V.: So, dös konnst ja probiern und konnst amal mein
Buam probeweis über d'Stiagn abewerfa, dann dakrei i
Dir aba d'Fassad, dass d' moanst, der Blitz hat di gstroaft,
du alter Brotbrocka und von morgn ab kannst da dei Milli
selber holn.
L.K.: Ja dös tua i scho, denn vor deim unappetittlichen Sau-
buam da graust ma ja scho lang und wennst du net selber
so a Drecksau warst, na tatst eahm vorm Milleaustragn
z'erst schneizen, gell, sonst dafallt er sich noch amal über
sei eigne Rotzglock'n
K.V.: So – ich bin Gott sei Dank eine reinliche Person und
über meine Kinder und über mei reelles Gschäft sagst ma
nichts, du z'sammag'schneckelter Hausmoastertrampel
L.K.: Dir gib i dann glei an Hausmoastertrampel gell –
über dei reells G'schäft da sollst du a no rennomiern
K.V.: Du konnst mi
L.K.: Du bist ja wega deiner Gipswasserhandlung länger in
Stadelheim drauss wie in deiner Milliburg, gell und jetzt
will i dir no was sagn, wennst in deiner Wohnung koa
Wasserleitung hättst, na warst ja a scho lang dahungert,
denn dei dappiger Mo konn dich mit'n Zahnstocher-
schnitzeln net dahalten.
K.V.: Ja – aber mein Mo tuast du aus'n Spiel lassen gell, du
rinnaugate Hausmoasterdreckdrossel – gell zum poussiern
war er dir scho recht g'wesen, wiast man damals auf
der Redout ausspanna hättst wolln, aber er hat dir was
g'huast.
L.K.: Geh hör auf – hör auf – hör auf…
K.V.: Du gräusslichs Wei…

L. K.: Und dei gichtbrüchiger Millewaglhengst ja – der hat mich a scho amal am Peter und Paulitag in's Kaffehaus g'führt – bis jetzt hast as ja gar net gwusst, aba i hab'n ja gar net mög'n, ich hab mi ja glei dünne g'macht und hab'n sitzen lassen, weil i mit an solchan Stefften

K. V.: Der hat scho dir nichts wolln

L. K.: wia dei Mo is, allerhand Aufsehgn eregn tat.

K. V.: Ja mei Mo is auf di no net scharf gwesen, dös machst mir net weis. Auf dei 15 ctm Mai gibt dir mei Mo koan Kuss und wenn er dir wirkli scho oan gebn hat, dann woass i a jetzt, wo er sein letzten Rufaschmarrn her hat

L. K.: Aber du konnst a koan Mo nimmer reizen mit dein blatterngsteppten Rosenteint und deiner rosaroten Warzen am Kinn du zahnluckate Salonrufa, dass 'd as woasst, da geh her, wennst da traust, na hau i dir a solchas

K. V.: Wer is a Salonrufa?

Beide schreien und raufen......

L. K.: Dö ganzen Haar reisst 's ma raus ahhh.........

Stimme: Und wenn sie nicht gestorben sind, dann raufen sie heute noch?

Interessante Unterhaltung

B: So, heut hättn S' Zeit? also, gehn S' mit.

V: Wohin?

B: Irgendwohin.

V: Ja, da war i scho amal!

B: So?

V: Ja!

B: So, da warn Sie schon amal?

V: Ja, öfters scho!

B: Ja, dann hat's keinen Sinn, i hab gmeint, Sie warn überhaupt noch nicht dort.

V: Naa! Naa! Überhaupt scho glei gar net.

B: Da müssn S' scho entschuldigen, des hab i net gwußt.

V: Selbstverständlich, das haben S' ja nicht wissen können.

B: No, des will i grad net sagn – da Peter war ja aa no net drüben.

V: Der Peter aa no net?

B: Naa.

V: Vom Peter hätt i des net vermutet. – So, der war aa no net dort?

B: Ja – i kann's net mit Sicherheit sagn – vielleicht war er vorher scho amal dort.

V: Des kann aa sein.

B: Der Peter is eben so a Mensch, wenn der sagt, er geht da und da hin, na geht er auch hin!

B: San S' dann hinganga?

V: Ja – bin aber net lang dort bliebn.

B: Des is lang gnua.

V: Des sag i aa – was hab i denn davon? – Is schad um d' Zeit.

B: Das stimmt! – Zeit ist Geld!

V: Naa – des stimmt net. – Zeit hab i gnua, aber kein Geld! – Wenn i soviel Geld hätt wie Zeit, dann hätt i mehr Geld wie Zeit.

B: Dann hättn Sie keine Zeit mehr, daß Sie mit mir wohin gehen.

V: Dann nicht, aber heut hätt ich noch Zeit.

Wieder von vorne anfangen.

Die Fremden

LIESL KARLSTADT: Wir haben in der letzten Unterrichts-
stunde über die Kleidung des Menschen gesprochen, und
zwar über das Hemd. Wer von euch kann mir nun einen
Reim auf Hemd sagen?

KARL VALENTIN: Auf Hemd reimt sich fremd!

L. K.: Gut – und wie heißt die Mehrzahl von fremd?

K. V.: Die Fremden.

L. K.: Jawohl, die Fremden. – Und aus was bestehen die
Fremden?

K. V.: Aus »frem« und aus »den«.

L. K.: Gut – und was ist ein Fremder?

K. V.: Fleisch, Gemüse, Obst, Mehlspeisen und so weiter.

L. K.: Nein, nein, nicht was er ißt, will ich wissen, sondern
wie er ist.

K. V.: Ja, ein Fremder ist nicht immer ein Fremder.

L. K.: Wieso?

K. V.: Fremd ist der Fremde nur in der Fremde.

L. K.: Das ist nicht unrichtig. – Und warum fühlt sich ein
Fremder nur in der Fremde fremd?

K. V.: Weil jeder Fremde, der sich fremd fühlt, ein Fremder
ist, und zwar so lange, bis er sich nicht mehr fremd fühlt,
dann ist er kein Fremder mehr.

L. K.: Sehr richtig! – Wenn aber ein Fremder schon lange
in der Fremde ist, bleibt er dann immer ein Fremder?

K. V.: Nein. Das ist nur so lange ein Fremder, bis er alles
kennt und gesehen hat, denn dann ist ihm nichts mehr
fremd.

L. K.: Es kann aber auch einem Einheimischen etwas fremd
sein!

K. V.: Gewiß, manchem Münchner zum Beispiel ist das
Hofbräuhaus nicht fremd, während ihm in der gleichen
Stadt das Deutsche Museum, die Glyptothek, die Pina-
kothek und so weiter fremd sind.

L. K.: Damit wollen Sie also sagen, daß der Einheimische in mancher Hinsicht in seiner eigenen Vaterstadt zugleich noch ein Fremder sein kann. – Was sind aber Fremde unter Fremden?

K. V.: Fremde unter Fremden sind: wenn Fremde über eine Brücke fahren, und unter der Brücke fährt ein Eisenbahnzug mit Fremden durch, so sind die durchfahrenden Fremden Fremde unter Fremden, was Sie, Herr Lehrer, vielleicht so schnell gar nicht begreifen werden.

L. K.: Oho! – Und was sind Einheimische?

K. V.: Dem Einheimischen sind eigentlich die fremdesten Fremden nicht fremd. Der Einheimische kennt zwar den Fremden nicht, kennt aber am ersten Blick, daß es sich um einen Fremden handelt.

L. K.: Wenn aber ein Fremder von einem Fremden eine Auskunft will?

K. V.: : Sehr einfach: Frägt ein Fremder in einer fremden Stadt einen Fremden um irgend etwas, was ihm fremd ist, so sagt der Fremde zu dem Fremden, das ist mir leider fremd, ich bin hier nämlich selbst fremd.

L. K.: Das Gegenteil von fremd wäre also – unfremd?

K. V.: Wenn ein Fremder einen Bekannten hat, so kann ihm dieser Bekannte zuerst fremd gewesen sein, aber durch das gegenseitige Bekanntwerden sind sich die beiden nicht mehr fremd. Wenn aber die zwei mitsammen in eine fremde Stadt reisen, so sind diese beiden Bekannten jetzt in der fremden Stadt wieder Fremde geworden. Die beiden sind also – das ist zwar paradox – fremde Bekannte zueinander geworden.

Schwierige Auskunft

Von Karl Valentin 1940.

LIESL KARLSTADT: Sie bitte, wie komme ich denn hier am schnellsten zum Bahnhof?

KARL VALENTIN: Da sind Sie noch weit weg, da müssten Sie entweder gehen oder fahren. Wenn Sie fahren, sind Sie vielleicht in 15 Minuten dort, aber zu Fuss brauchen S' bedeutend länger.

L. K.: Und wie geht man denn da, wenn man zu Fuss geht?

K. V.: Da gibt es 3 Wege. Entweder Sie gehen gerade aus und dann über den grossen Platz, oder Sie gehen durch den Stadtpark und bei dem Hotel vorbei, oder Sie gehen am kürzesten durch die Passage durch und zwischen dem Kaufhaus und der Markthalle durch. Dann kommen Sie direkt hin.

L. K.: Ja, ich hab' aber höchste Zeit, denn um 15 Uhr 20 geht schon mein Zug, und jetzt ist es schon 15 Uhr 10.

K. V.: Ja, dann ist es g'scheiter, Sie geh'n den Kasernenweg entlang bei der Autotankstelle vorbei und da können S' dann nochmal fragen.

L. K.: So – da soll ich dann nochmal fragen; ja, geht denn keine Straßenbahn hin?

K. V.: Ja mit der Strassenbahn ist es überfüllt, wissen S', da kriegt man so wenig Platz und z'erst muss man so lange warten und schliesslich kommt's dann und ist besetzt.

L. K.: Also dann ist das auch nichts – und ich habe schon höchste Zeit, o mei, o mei, wenn ich Sie nur besser versteh'n tät!

K. V.: Ja, ich kann schon lauter reden!

L. K.: Nein, nicht lauter!

K. V.: Leiser?

L. K.: Nein, deutlicher sollen Sie reden!

K. V.: Ja deutlicher kann ich nicht reden!

L. K.: Haben Sie einen Sprachfehler?

K. V.: Nein, nein!

L. K.: Reden Sie immer so undeutlich?

K. V.: Nein, nur wenn ich auf der Strasse was g'fragt werd'.

L. K.: Ja, Sie brauchen ja nur Ihren Mund weiter aufmachen beim Sprechen!

K. V.: Dös trau i mir net.

L. K.: Warum nicht?

K. V.: Weil i zum Zahnarzt muss.

L. K.: Beim Zahnarzt müssen S' an Mund auch weiter aufmachen!

K. V.: Ja, da macht's ja nichts mehr. – Mir ist nämlich heut' mei Goldplombe locker word'n und da hab' i Angst, dass ma rausfällt, wenn ich an Mund aufmach'. Und da muss ich jetzt so obacht geb'n und kann den Mund net aufmachen.

L. K.: Und ausgerechnet Sie muss ich fragen um Auskunft!

K. V.: Ah, das macht mir nichts!

L. K.: Ja, Ihnen macht's freilich nichts, aber mir macht's was!

K. V.: Wieso?

L. K.: Ja – weil ich an Zug versäumt hab'!

Streit mit schönen Worten

Von Karl Valentin 1940.

Sie: Mei Ruh lass mir!

Er: Du mir auch!

Sie: Ich weiss schon, wieviel es g'schlagen hat!

Er: Ich auch!

Sie: A anderer Mann geht auf d' Nacht in sein Wirtshaus und kommt in der Früh heim; aber das ist ja Dir alles fremd, Du fühlst Dich ja nur am häuslichen Herd glücklich!

ER: Du hockst ja auch lieber daheim bei mir!

SIE: Ja, wenn Du es nur einsiehst!

ER: Du hast mir noch jede Stunde meines Lebens verschönt!

SIE: Du mir genau so; und wenn ich noch so betrübt war, so warst es Du, der mir jeden Wunsch von den Augen absah!

ER: Ja, weisst Du noch, wie wir damals in jener Sommernacht allein auf einer Bank sassen; Du wolltest noch bleiben und ich wollte noch bleiben, und dann kam der Schutzmann, der uns dann fragte, was wir denn da wollen.

SIE: Ja, und dann warst Du es, der gesagt hat, ach lassen Sie uns doch allein!

ER: Ja, das weiss ich noch, aber Gott sei Dank war der Schutzmann dann vernünftiger und ist gegangen.

SIE: Drum sag ich es 1000 mal: hätte ich nur einen andern kennen gelernt als Dich, was hätt' ich denn an einem andern gehabt: nichts als Verdruss und Aerger!

ER: Ach, wenn man Dich so ansieht – – – Du bist ja so eine – – – ach – – – ich kann mich gar nicht ausdrücken – so ein sauberes Ding, dass ich Dir gleich stundenlang in die Augen schauen könnte!

SIE: Du kannst natürlich nichts als einem Sachen ins Gesicht schleudern, die leider wahr sind! Aber meine liebe Frau Schwiegermutter ist ja dieselbe wie ihr Herr Sohn; die kann ja auch sonst nichts, als mir recht schön ins Gesicht tun und hinter meinem Rücken lobt sie mich, wo sie mich nur loben kann! Aber da bin ich ihr gut genug, dass ich ihr meine ganze Wäsche waschen lasse, alle Näharbeiten lass' ich ihr zukommen ohne einen Pfennig zu verlangen; da ist man dann die Schwiegertochter hinten und vorne! Zum Weihnachtsfest alle Jahre hab ich von ihr die schönsten Präsente angenommen ohne ein Wort zu sagen; aber das ist scheint's alles vergessen!

ER: Aber meiner lieben Schwiegermutter fehlt auch nichts! Wie oft hab' ich einen kleinen Seitensprung gemacht, bei dem sie mich ertappte – nichts hat sie Dir davon gesagt! Verheimlicht hat sie Dir alles!

SIE: Das sind ja unplumpe Vertraulichkeiten! Das sagst Du ja nur zu mir, dass ich Dich noch lieber haben sollte, als ich Dich sowieso schon habe. Mit derlei Sachen kannst Du mich nicht aus der Ruhe bringen und wenn Du mir's nicht zu bunt machst, dann pack ich meine sieben Zwetschgen zusammen und bleib erst recht bei Dir!

ER: Du darfst Dich nicht beklagen, denn so gemeint war es ja nicht (haut mit der Faust auf den Tisch). Ich verbitte mir nun endlich Deine Zudringlichkeiten! Ich hab' Dir heute schon mindestens 100 Küsse gegeben, und mehr braucht eine Frau nicht an einem Tag!

SIE: Das ist eine unverschämte Lüge von Dir; Du bist ein ganz gewalttätiger Mensch; das hat sich an meinem Namenstag gezeigt, als Du mir den teuren Pelzmantel gekauft hast und ich wollte nur einen gewöhnlichen Lodenmantel.

ER: So, jetzt machst Du mir noch Vorwürfe, aber ich werde es mir merken! Zu Deinem Geburtstag bekommst Du von mir für Deine impertinente Bescheidenheit 500 Mark, dann kannst Du Dir kaufen, was Du willst; dann brauch ich mich wenigstens nicht mehr freuen über Deine Dankbarkeit!

SIE: Ja ja, jetzt kommt natürlich wieder der Vorwurf, das bin ich ja an Dir schon gewöhnt! Ich verbitte mir ab heute von Dir jede Unzudringlichkeit – sonst werde ich Dir den Himmel kalt machen, es heisst zwar: die Hölle heiss machen, aber bei Dir ist das alles fruchtlos! –

ER: Eleonore, sei doch nicht vernünftig! Wollen wir uns doch wieder vertragen! Wozu immer diese aufregenden Schmeicheleien!? Sagen wir uns doch lieber in aller Ruhe die Gemeinheiten direkt ins Gesicht!

SIE: Ja Du saudummer Kerl, da hast recht! Da bin ich sofort damit einverstanden!

ER: Na also, Du Rindviech, du depperts! Siehst,'es geht auch so!

Vergesslich

Von Karl Valentin und Liesl Karlstadt 1940

KARL VALENTIN: Ah, eine gute Bekannte, die Frau......., no, jetzt weiss ich Ihren Namen nicht mehr.

LIESL KARLSTADT: Das sieht Ihnen wieder ähnlich, wir haben aber doch so lange in einem Haus gewohnt, in der Dingsstrasse........

K. V.: Ja stimmt, freilich, freilich, die Frau Schweighofer sind Sie!

L. K.: Nein, nein, im Gegenteil, ein ganz kurzer Name.....

K. V.: Jetzt hab ich's: die Frau Lang!

L. K.: Nein, nein, ein kurzer Name ist es doch! – Ich könnt's Ihnen schon sagen!

K. V.: Frau Mayerhofer!

L. K.: Jaaaa, ganz richtig! Und Sie sind Herr Hofmayer!

K. V.: Ja stimmt! Wissen Sie noch, wie wir die beiden Namen immer am Anfang verwechselt haben? – Ja ja, Frau Mayerhofer, es ist gut, dass ich Sie eben treffe, ich wollte Ihnen etwas wichtiges sagen und jetzt weiss ich momentan nicht, was – ddddd – was war denn das?

L. K.: Ja, das geht mir auch oft so!

K. V.: – ddddd – was war das nur? – Hm hm hm, es ist zum Kotzen!

L. K.: War es was Geschäftliches?

K. V.: Nein, nein, es war......, weil ich mir auch noch dachte, das muss ich Ihnen sagen, wenn ich Sie treffe.

L. K.: Ja lieber Gott, man wird eben älter und damit auch vergesslicher!

K. V.: Das stimmt! –– Was wollt' ich nur sagen?! –– Fällt mir nicht mehr ein.

L. K.: Mir gehts auch so; ich war gestern in –––– no –––– no –––– no –––– no –––– wo war das gleich?! –––– In ddddd –––

K. V.: Daheim?

L. K.: Nein, nein, – in daheim war ich nicht, in – – – – no – – – –, sagn's mir's doch!

K. V.: Ich hab' keine Ahnung, wo Sie waren!

L. K.: Ja, das glaub' ich schon, dass Sie das nicht wissen, ich weiss ja selber nicht! – – – – In – – – – nun ja, es ist ja Nebensache, – und da habe ich geschäftlich zu tun gehabt; da sollte ich, – da sollte ich – – – – – – –

K. V.: Genau so geht's mir auch immer; da lauf' ich oft daheim ins andere Zimmer hinüber, und wenn ich drüben bin, weiss ich nimmer, was ich wollte.

L. K.: Ich bin einmal zu einem Arzt gegangen wegen meiner Vergesslichkeit, und wie ich beim Arzt war und der fragte mich, was mir fehlt, – meinen Sie, mir wär's noch eing'fallen! – Da hab' ich ganz vergessen, dass ich wegen meiner Vergesslichkeit zu ihm gegangen bin.

K. V.: Man soll sich alles aufschreiben, dann vergisst man's nicht.

L. K.: Das hab' ich auch schon probiert – das kann ich nicht!

K. V.: Warum nicht?

L. K.: Weil ich immer vergess', dass ich einen Bleistift mitnehm' und a Papier.

K. V.: Einmal hab' ich etwas nicht vergessen. Da hab' ich mir was Wichtiges merken wollen, dann hab' ich mir gesagt: Ach, dös hat gar keinen Wert, wenn ich mir das merken will, denn das vergess' ich ja doch! –, und was meinen Sie? – Ich hab' mir's gemerkt!

L. K.: Ja, und was war das?

K. V.: Jetzt weiss ich's nimmer!

Pessimistischer Optimismus

LANG: Soso, Sie sind Pessimist?

KARL VALENTIN: Und Sie? – Optimist!

LANG: Ja.

K. V.: Sie sehn also alles rosig.

LANG: Jawohl – alles!

K. V.: Die Rosen auch?

LANG: Na – die werden Sie doch auch rosig sehen!

K. V.: Die schon – aber das ist auch das einzige, was ich rosig sehe!

LANG: Wie sehen Sie denn die Welt?

K. V.: Nur unrosig! – Wenn es auch in einem alten Lied heißt: Ja, die Welt ist schön...

LANG: Warum? – Finden Sie die Welt nicht schön?

K. V.: Nein! – Was soll denn da schön sein? – Das Unschöne geht doch schon mit der Geburt an. – Oder ist vielleicht die Geburt etwas Schönes? Fragen Sie mal darüber eine Hebamme oder einen Geburtshelfer.

LANG: Na gut – schön ist das nicht, aber – es i s t halt mal so.

K. V.: Ja, das Es ist halt mal so – ist ja schon nicht schön! Schön wäre nach meiner Ansicht, wenn es nicht so wäre.

LANG: Na – wenn es nicht so wäre, dann wären Sie ja nicht auf der Welt.

K. V.: Ja, das wäre doch schön!

LANG: Wenn aber alle so denken würden wie Sie, dann wäre doch niemand auf der Welt.

K. V.: Ich sage Ihnen doch – dann wäre es doch schön.

LANG: Für wen?

K. V.: Für die Menschen, welche nicht auf der Welt sein müßten!

LANG: Menschen, die noch nicht auf der Welt waren, können doch nicht unterscheiden, ob es auf der Welt schön ist oder nicht.

K. V.: Das ist doch das Schöne, daß diese Menschen noch nicht auf der Welt waren.

LANG: Wie meinen Sie das?

K. V.: Ein Beispiel: Haben Sie schon etwas gehört vom Dreißigjährigen Krieg?

LANG: Gewiß!

K. V.: Was haben die Menschen, die zu dieser Zeit gelebt haben, alles mitgemacht! Können Sie sich das vorstellen?

LANG: Ja, diese Menschen haben Furchtbares erlebt! Alle Schrecken des Krieges – dazu noch Hungersnot und Pestilenzen.

K. V.: Na also – hätten Sie zu dieser Zeit auf der Welt sein wollen?

LANG: Nein! Gewiß nicht!

K. V.: Sehen Sie – war das nicht schön, daß Sie zu dieser Zeit nicht gelebt haben?

LANG: Stimmt!

K. V.: Also, daraus ersehen Sie doch, daß es für einen Menschen schön sein kann, selbst wenn er noch nicht gelebt hat – und genauso schön ist es für den Menschen, wenn er nach seinem Erdendasein nicht mehr lebt.

LANG: Ja – aber das Leben selbst haben Sie ja ganz übersprungen in Ihrer philosophischen Schilderung.

K. V.: Einen Moment! Es gibt allerlei Leben – es gibt zum Beispiel ein kurzes Leben – ein Kind wird geboren, und nach einer Stunde schon stirbt es. War das ein schönes Leben?

LANG: Nein! Aber es gibt doch auch ein langes Leben – es gibt doch Menschen, die über hundert Jahre lang leben. Und noch wünschen, länger zu leben.

K. V.: Gewiß, solche Fälle gibt es, aber was hat so ein alter Mensch noch von seinem Leben, insofern man dieses noch Leben nennen kann; völlig verkalkt, schon fast versteinert liegt er da – eine halbe Mumie könnte man sagen – zu nichts mehr fähig als zum Sterben.

LANG: Zu nichts mehr fähig, sagen Sie? Lesen Sie die Bibel
– Abraham wurde siebenhundert Jahre alt und hatte fünfhundert Kinder.

K. V.: Na, na, na, na – Sie übertreiben – vierhundert Kinder
soll er nur gehabt haben.

Buchbinder Wanninger

*Der Buchbindermeister Wanninger geht in seiner Werkstätte ans
Telefon und wählt eine Nummer.*

PORTIER: Hier Baufirma Meisel & Compagnie.

BUCHBINDERMEISTER: Ja, hier ist der Buchbinder Wanninger. Ich möchte nur der Firma Meisel mitteilen, daß
ich jetzt die Bücher, wo S'bstellt ham, fertig habe, und ob
ich die Bücher hinschicken soll, und ob ich die Rechnung
auch mitschicken darf.

PORTIER: Einen Moment, bitte.

BUCHBINDERMEISTER: Jawohl.

SEKRETARIAT: Hier Meisel & Compagnie, Sekretariat.

BUCHBINDERMEISTER: Ja, hier ist der Buchbinder Wanninger. Ich möcht Ihnen nur mitteilen, daß ich die, die Bücher
da wo, daß ich die fertig hab, und ob ich die, die Ding da,
die Bücher, hinschicken soll, und ob ich die Rechnung
auch dann mit, gleich hinschicken soll – bitte.

SEKRETARIAT: Einen Moment, bitte.

BUCHBINDERMEISTER: Ja, ist schon recht.

DIREKTION: Direktion der Firma Meisel & Co.

BUCHBINDERMEISTER: Ä, hier ist der, der Buchbinder Wa-
Wanninger. Ich möcht Ihnen nur und der Firma Meisel
des mitteilen, daß ich die Ding, die Bücher jetzt fertig
hab, und ob ich dann die Bücher hinschicken soll zu

Ihnen, und ob ich die Rechnung dann auch gleich mit hinschicken soll – bitte.

DIREKTION: Ich verbinde Sie mit der Verwaltung, einen Moment, bitte, gell.

BUCHBINDERMEISTER: Ja, ist schon recht.

VERWALTUNG: Hier Baufirma Meisel & Co., Verwaltung.

BUCHBINDERMEISTER: Ha? Jawohl, hier ist der Buchbinder Wanninger. Ich möcht Ihnen nur mitteilen, daß ich die Bücher jetzt fertig gemacht hab und daß ich s' jetzt hinschick oder daß ich s' hinschicken soll, oder ob ich die Rechnung auch dann gleich mit hingeben soll.

VERWALTUNG: Rufen Sie doch bitte Nebenstelle dreiunddreißig an. Sie können gleich weiterwählen.

BUCHBINDERMEISTER: So, da muaß i glei – jawohl, ist schon recht, danke, bitte. *Geräusch der Wählscheibe.* Bin i neigieri.

NEBENSTELLE 33: Hier Baufirma Meisel & Compagnie.

BUCHBINDERMEISTER: Ja, der Ding ist hier, hier ist der – wer dort?

NEBENSTELLE 33: Hier Baufirma Meisel & Compagnie.

BUCHBINDERMEISTER: Ja, ich hab's dene andern jetzt scho a paarmal gsagt, ich möcht Ihnen nur des jetzt mitteilen, Fräulein, daß ich die Ding, die Bücher jetzt fertig habe, und ob ich die Bücher zu Ihnen hinbringen soll oder hintrage, und die Rechnung soll ich dann vielleicht eventuell auch gleich mitschicken, wenn Sie's erlauben.

NEBENSTELLE 33: Ja, einen Moment mal, ich verbinde Sie mit Herrn Ingenieur Plaschek.

BUCHBINDERMEISTER: Wie?

PLASCHEK: Hier Ingenieur Plaschek.

BUCHBINDERMEISTER: Ja, hier ist die Bau-, hier ist der – wer ist dort? Hier ist der Buchbinder Wanninger. Ich möcht Ihnen nur und der Firma mitteilen, daß ich jetzt die Bücher da fertig gmacht hab, die zwölf Stück, und ob die Bücher dann alle zu Ihnen hinkommen sollen, daß ich's hintrag, und ob ich d' Rechnung auch, auch hinoffe-offerieren sollte, bitte, zu Ihnen.

PLASCHEK: Ja, da weiß ich nichts davon.

BUCHBINDERMEISTER: So!

PLASCHEK: Fragen Sie doch mal bei Herrn Architekt Klotz an. Einen Moment mal, bittschön.

BUCHBINDERMEISTER: Wia hoaßt der? Was hat denn der für a Nummera? He! – Herrgottsakrament!

KLOTZ: Architekt Klotz.

BUCHBINDERMEISTER: Wanninger, Wanninger, ich hab, ich hab a, ich möcht dem Herrn Ingenieur nur das jetzt mitteilen, daß ich die Bücher schon fertig gemacht hab und die – und ob ich die Bücher jetzt nachher hinschicken soll zu Ihnen, weil ich die Rechnung auch gleich mit dabei hab, und die würd ich dann auch gleich – daß ich s' dazugeb vielleicht.

KLOTZ: Ja, da fragen Sie am besten Herrn Direktor selbst, der ist aber jetzt nicht in der Fabrik.

BUCHBINDERMEISTER: Wo ist er nacha?

KLOTZ: Ich verbinde Sie gleich mit der Wohnung.

BUCHBINDERMEISTER: Naa, naa, passen S' auf, hallo!

DIREKTOR: Ja, hier ist Direktor Hartmann.

BUCHBINDERMEISTER: Ja, der Ding is hier, der Buchbinder Wanninger. Ich möcht nur anfragen, ob ich jetzt Ihnen des mitteilen soll wegen de Bücher, weil ich – die hab ich jetzt fertig gmacht in der Werkstatt, und jetzt hamma s' fertig, und ob ich s' Ihnen nachher mit der Rechnung auch hin-, mitschicken soll, wenn ich – ich hätt jetzt Zeit.

DIREKTOR: Ja, ich kümmere mich nicht um diese Sachen. Vielleicht weiß die Abteilung drei Bescheid; ich schalte zurück in die Firma.

BUCHBINDERMEISTER: Wer ist, wo soll i hingehn? – Herrgottsakrament.

ABTEILUNG III: Baufirma Meisel, Abteilung drei.

BUCHBINDERMEISTER: Ja, der Ding ist hier, der Buchbinder Wanninger, ich hab's jetzt dene andern scho so oft gsagt, ich möcht nur an Herrn Direktor fragn, daß ich die Bücher – fragen, daß ich die Bücher jetzt fertig hab, und ob ich s' nausschicka soll zu Ihna, und d' Rechnung hätt ich auch gschriebn, ob ich die auch gleich mit de Bücher, zamt de Bücher mit zum Herrn – Ihnen hinschicken soll, dann.

ABTEILUNG III: Einen Moment, bitte, ich verbinde mit der Buchhaltung.

BUCHHALTUNG: Firma Meisel & Compagnie, Buchhaltung.

BUCHBINDERMEISTER: Hallo, wie? Ja, der – ich möchte nur der Firma mitteilen, daß ich die Bücher jetzt fertig hab, net, und ich dadat s', dat s' jetzt Ihnen hin-hin-hinowe-schicken, hinaufschicken in eichere Fabrik, und da möcht ich nur fragen, ob ich auch die Rechnung hin-hinbeige-ben, beilegen soll, auch.

BUCHHALTUNG: So, so sind die Bücher nun endlich fertig, hören Sie, dann können Sie mir ja dieselben morgen vor-mittag gleich – ach, rufen Sie doch morgen wieder an, wir haben jetzt Büroschluß.

BUCHBINDERMEISTER: Wos? Jawohl, ja so, danke – ent-schuldigen S' vielmals! *Er hängt ein.* Saubande, dreckade!

Im Hutladen

Schallplattentext von Karl Valentin / 1942. Jan.

(Ladenglocke)

VERK.: (im Herrenhutgeschäft) – – Guten Tag – Sie wün-schen?

VAL.: Einen Hut.

VERK.: Was soll das für ein Hut sein?

VAL.: Einen zum Aufsetzen.

VERK.: Ja, anziehen können Sie einen Hut niemals! Einen Hut muss man immer aufsetzen.

VAL.: Nein, immer nicht. In der Kirche zum Beispiel kann ich den Hut nicht aufsetzen.

VERK.: In der Kirche nicht – – aber Sie gehen doch nicht immer in die Kirche.

VAL.: Nein! Nur da und hie!

VERK.: Sie meinen: nur hie und da!

VAL.: Ich will einen Hut zum Auf- und Absetzen.

VERK.: Jeden Hut können Sie auf und absetzen! Wollen Sie einen weichen oder einen steifen Hut?

VAL.: Nein – einen grauen!

VERK.: Nein! Ich meine, was für eine Fasson?

VAL.: Eine farblose Fasson!

VERK.: Sie meinen eine schicke Form – – wir haben allerlei schicke Formen in allen Farben!

VAL.: In allen Farben? Dann hellgelb!

VERK.: Aber hellgelbe Herrenhüte gibt es nur im Karneval, einen hellgelben Herrenhut können Sie doch nicht tragen!

VAL.: Ich will ihn ja nicht tragen, sondern aufsetzen!

VERK.: Mit einem hellgelben Hut werden Sie ja ausgelacht!

VAL.: Aber Strohhüte sind doch hellgelb!

VERK.: Ach, Sie wollen einen Strohhut?

VAL.: Nein, ein Strohhut ist mir zu feuergefährlich!

VERK.: Asbesthüte gibt es leider noch nicht! – – Schöne weiche Filzhüte hätten wir.

VAL.: Die weichen Filzhüte haben den Nachteil, dass man sie nicht hört, wenn sie einem vom Kopf auf den Boden fallen.

VERK.: Na, dann müssen Sie sich einen Stahlhelm kaufen, den hört man fallen!

VAL.: Als Zivilist darf ich keinen Stahlhelm tragen.

VERK.: Nun – müssen Sie sich aber bald entschliessen, was Sie für einen Hut wollen.

VAL.: Einen neuen Hut!

VERK.: Ja, wir haben nur neue.

VAL.: Ich will ja einen neuen.

VERK.: Ja, aber was für einen?

VAL.: Einen Herrenhut!

VERK.: Damenhüte führen wir nicht!

VAL.: Ich will auch keinen Damenhut!

VERK.: Sie sind sehr schwer zu bedienen, ich zeige Ihnen jetzt mehrere Hüte!

VAL.: Was heisst, mehrere, ich will doch nur einen, ich habe ja auch nur einen Kopf.

VERK.: Nein – zur Auswahl zeige ich Ihnen mehrere.

VAL.: Ich will keine Auswahl haben, sondern einen Hut, der mir passt!

VERK.: Natürlich muss ein Hut passen, wenn Sie mir Ihre Kopfweite sagen, dann werden wir schon einen passenden finden.

VAL.: Meine Kopfweite ist bei weitem nicht so weit, wie Sie denken! Ich habe Kopfweite Nr. 55 – – will aber Hutnummer 60 haben.

VERK.: Dann ist Ihnen ja der Hut zu gross.

VAL.: Aber, er sitzt gut! Habe ich aber einen um 5 Nummern kleiner, der fällt mir runter.

VERK.: Das hat auch keinen Sinn, wenn man Kopfweite 55 hat, dann muss auch die Hutnummer 55 sein! Das war schon von jeher so.

VAL.: Von jeher! – – Das ist ja eben das traurige, dass die Geschäftsleute an den alten Sitten und Gebräuchen hängen, und nicht mit der Zeit gehen!

VERK.: Was hat denn die Hutweite mit der neuen Zeit zu tun?

VAL.: Erlauben Sie mir: die Köpfe der Menschen bleiben doch nicht dieselben! Die ändern sich doch fortwährend!

VERK.: Innen – – aber aussen doch nicht. Wir kommen da zu weit.

VAL.: Ja, Sie wollten doch die Weite wissen!

VERK.: Aber, doch nicht von der neuen Zeit, sondern von Ihrem Kopf!

VAL.: Ich habe Ihnen nur erklären wollen, dass die Menschen in der sogenannten früheren Zeit andere Köpfe hatten als heute.

VERK.: Das ist Quatsch – – natürlich hat jeder Mensch, so lange die Welt besteht, seinen eigenen Kopf, aber wir reden doch nicht von der Eigenart, sondern von der Grösse Ihres Kopfes – – also, lassen Sie sich von mir belehren, nehmen Sie diesen Hut hier Nr. 55, der Hut kostet 15 Mark, ist schön und gut und ist auch modern.

VAL.: Natürlich lasse ich mich von Ihnen belehren, denn Sie sind Fachmann, – also der Hut ist modern, sagen Sie.

VERK.: Ja, was heisst heute modern! Es gibt heute Herren, sogenannte Sonderlinge, die laufen im Sommer und Winter, bei Schnee und Eis, ohne Hut im Freien herum und behaupten, das sei das Modernste.

VAL.: So – – keinen Hut tragen ist das Modernste? Ja, dann kauf ich mir keinen! Auf Wiedersehen!

Funk-Reportage

Karl Valentin 1947

Man hört Dampfmaschinengeräusch

ANSAGER: Wir befinden uns mit unserem Mikrophon soeben in einem Hof eines Anwesens in Berg am Laim bei Muenchen – Eine kleine Lokomobile mit angekuppelter Saugpumpe und 3 Waegen mit grossen Eisenfaessern stehen vor dem Hause. Ein dicker, 20 m langer Gummischlauch schlaengelt sich von der Pumpe bis in den Hof und muendet mit dem anderen Ende des Schlauches in einer Versitzgrube.

Sind Sie der Besitzer dieser Pumpanlage? Bitte beantworten Sie mir einige Fragen vor dem Mikrophon. Bitte nur hinein sprechen.

ARBEITER: Na, i bin bloss angestellt.

ANSAGER: Ha ha, Sie sind ein Angestellter der Grubenentleerungsanstalt. Unsere Hoerer interessiert es naemlich, wie so eine Grubenentleerung vor sich geht.

ARBEITER: Ja mei, erklaeren ko i does eigentli net, wenn holt a Grubn voll is, dann telefoniert der Hausbesitzer in unsa Buero, dass die Grubn grammt werden muss, weils voll is.

ANSAGER: Ich verstehe, dann haben Sie von Ihrem Chef den Auftrag, mit der Dampfmaschine und einigen Faessern die betreffende Grube zu entleeren.

ARBEITER: Ja ja, entleeren, mir sagn halt »ramma«.

ANSAGER: Ramma – also räumen sozusagen, auspumpen, und wie geht das technisch vor sich?

ARBEITER: Ja mei, a schoene Arbeit is des net –

ANSAGER: Nein, das kann man nicht behaupten, aber es muss eben auch sein.

ARBEITER: Freili muss des sei, was meinens, wenn die Gruben nie grammt würden, de tatn ja alle ueberlaufn. A so a Grubn is alle 3 Monat voll, bsonders in an 4stoeckign Haus wo viele Partein wohna.

ANSAGER: Ja aber so viel ich weiss, ist ja in meisten Häusern Schwemmkanalisation, da gibt es keine Grubenentleerung, weil die Faekalien durch die Schwemmanlage fortgespuelt werden.

ARBEITER: In da Stadt drin scho, aber aussahalb Muenchen gibts no viele Häuser wo grammt werden muass – Des mach i ja jetzt a schon breits 25 Jahr.

ANSAGER: Dann koennen Sie also bald Ihr 25jaehriges Rama-Jubiläum feiern –

ARBEITER: Stimmt...

ANSAGER: Wie sind Sie zu diesem Beruf gekommen? Es heisst, zu jedem Beruf muss man eine Liebe haben –

ARBEITER: No, Liebe, kann ma da eigentli net sagen. Jeder kanns net machn, wegen dem Gruch.

ANSAGER: Ja, das ist mir erklaerlich, ein Angestellter in einer Parfuemfabrik, in welcher Parfuem hergestellt wird, wie z. B. Rosen-, Veilchen- Hyazinthenparfuem usw. hat entschieden einen schoeneren Beruf erwaehlt, wenigstens fuer seine Nase.

ARBEITER: Na, des will i gar net sagn – i zum Beispiel riach does gar nimma, i bin fuer den Gruch scho bald imnum.

ANSAGER: Haben Sie auch in Ihrem Beruf mit Misstaenden zu rechnen?

ARBEITER: Ja, manchmal kommts vor, dass sich da Schlauch verstopft –

ANSAGER: Wie ist das moeglich?

ARBEITER: Mei, wenn a Packpapierpfropen nei kommt in Schlauch, des reissts net durch und bleibt steckn.

ANSAGER: Packpapier– wie kommt denn Packpapier in den Schlauch?

ARBEITER: Mei die Leut nehmen heut alles her, Vorschrift ist eigentlich weiches Zeitungspapier.

ANSAGER: Dieser Misstand ist natuerlich auch auf den gegenwaertigen Papiermangel zurueckzufuehren– und was die Hoerer auch interessiert, wo werden denn die vollen Faesser ausgeleert?

ARBEITER: Die Faesser werden auf irgend einer Wiese ausgeleert, an dem Platz wachst das Gras a Jahr drauf an viertel Meter hoch.

ANSAGER: Das stimmt, es ist dies der beste Duenger, den sich der Landwirt wuenschen kann.

ARBEITER: Die Küh, wo das gute Gras fressn, gebn aber a die beste Milli.

ANSAGER: Und gerade die Milch ist heute so knapp weil es eben an Duenger fehlt.

ARBEITER: Ja vor dem Krieg haben wir Duenger gnug ghabt –

ANSAGER: Wie kommt das, dass wir jetzt weniger Duenger haben?

ARBEITER: Ja mei, das haengt halt auch mit der Nahrungsmittelknappheit zamm...

ANSAGER: Mit der Nahrungsmittelknappheit? Wie meinen Sie das?

ARBEITER: Does is doch sehr einfach– vor dem Krieg habn wir so a Versitzgrubn im Jahr 3mal grammt, jetzt hoechsten 1mal im Jahr.

ANSAGER: Glauben Sie, dass die Zeit wieder kommt, dass Sie die Gruben statt einmal, wieder öfters im Jahr räumen muessen?

ARBEITER: Sicher – wenn uns das Ausland des wirklich schickt, was die Zeitungen schreiben, dann koenntn mir die Grubn im Jahr mindestens 10-mal ramma.

ANSAGER: Sie hoerten ein Gespraech ueber Grubenentleerung – angeschlossen Radio Pasing auf gleicher Wellenlaenge – Nun noch die Zeit – mit dem Gongschlag ist es genau 25 Uhr (Gong) – 25 Uhr mitteleuropäischer Hungerszeit– Verzeihung – Normalzeit.

Vater und Sohn über den Krieg

SOHN *zehn Jahre alt:* Du, Vata, gell, der Krieg is was Gefährliches?

VATER: Freili, des is das Gefährlichste, was es gibt!

SOHN: Warum wird dann immer wieder Krieg gführt, wenn er so gefährlich is?

VATER: Ja mei! Es heißt halt, solange es Menschen gibt, gibt es Kriege.

SOHN: Gell, Vata, wenn a König oder a Kaiser an König

oder an Kaiser von einem anderen Land beleidigt, kummt a Krieg?

VATER: Naa, naa – so einfach is des net. Da müssen schon die Kriegsminister und der Kriegsrat gefragt werdn.

SOHN: Wenn dann der Herr Kriegsrat den Krieg will, dann kommt a Krieg?

VATER: Nein – dann wird erst vorher noch der Reichstag einberufen, und die Parteien entscheiden dann über Krieg oder Frieden!

SOHN: Sind das solche Parteien, wie die bei uns im Haus wohnen?

VATER: Hah! Dummer Bua – das sind politische Parteien, die vom Volk gewählt wurden!

SOHN: Wird dann das Volk auch gefragt, ob wir an Krieg wolln oder nicht?

VATER: Nein! 's Volk wird nicht gfragt, denn das Volk sind ja die Parteien, weil das Sechzig-Millionen-Volk im Reichstagsgebäude keinen Platz hätte – deshalb hat das Volk seine Vertreter!

SOHN: An Hämmerle Maxe sei Vata is aa a Vertreter!

VATER: Naa, Bua – des is ja nur a Vertreter von einer Zigarettenfabrik.

SOHN: Kriagst von dem koane Zigaretten?

VATER: Naa! In Kriegszeiten braucht man keinen Vertreter, weil die Waren knapp sind!

SOHN: Du, Vata, werdn die Soldaten auch gfragt, ob s' an Krieg wolln?

VATER: Naa! Die Soldaten werden nicht gfragt, die müssen in den Krieg ziehn, sobald er erklärt ist – mit Ausnahme der Freiwilligen.

SOHN: Müssen die Freiwilligen auch schießen im Krieg?

VATER: Nein – ein Freiwilliger muß nicht, der schießt halt, weil im Krieg geschossen werden muß.

SOHN: Dann müssen s' ja doch!

VATER: Aber nur freiwillig muß er!

SOHN: Gell, Vata, die Gewehre, die Kanonen, die Fliegerbomben und alle die Kriegswerkzeuge, die laßt alle der Kaiser machen?

VATER: Natürlich.

SOHN: Die sind teuer, gell, Vata?

VATER: Die sind freilich teuer, die kosten viele, viele Milliarden.

SOHN: Der Kaiser kann s' aber leicht zahln, weil er reich is.

VATER: Der is freili reich, der Kaiser is der reichste Mann im ganzen Land.

SOHN: Von was is denn der Kaiser so reich worn, Vata?

VATER: Durch sein Volk – durch die vielen Steuern.

SOHN: Aber dem Kaiser sei Volk is net reich.

VATER: Nein, das nicht, aber das macht die Masse. Wenn zum Beispiel von den sechzig Millionen Menschen nur jeder eine Mark Steuer im Jahr zahlt, sind es schon sechzig Millionen Mark.

SOHN: Ghörn die sechzig Millionen dann dem Kaiser?

VATER: Nein, die ghörn dem Staat, und vom Staat kriagt der Kaiser dann auch etwas, aber vielleicht nur fünf Millionen, so viel, daß er halt mit seiner Familie gut auskommt.

SOHN: A paar Millionen? Gell, Vata, soviel verdienst du als Arbeiter nicht?

VATER: Naa – i verdien im Jahr net ganz zweitausend Mark.

SOHN: Aber als Rüstungsarbeiter hast scho mehra verdient?

VATER: Ja, das war aber nur während dem Krieg!

SOHN: Gell, Vata – wegen dem Verdienst wär der Krieg scho recht?

VATER: Eigentlich schon – – aber –

SOHN: Was: aber?

VATER: Lieber weniger verdienen und im Frieden leben wär halt doch schöner.

SOHN: Ja, Vata, wennst du und deine Arbeitskameraden nie in einer Rüstungsfabrik arbeiten tatn, dann gäb es doch keine Waffen – dann wär doch immer Frieden, weil man ohne Waffen keinen Krieg führen kann.

VATER: Ja, ja, da hast du schon recht – aber das müssen alle Arbeiter auf der ganzen Welt beherzigen.

SOHN: Warum tuan s' das nicht?

VATER: Mei, Bua – du bist noch so jung – das verstehst noch nicht, wenn ich dir das auch erklär – die Arbeiter werden von den Kapitalisten überlistet.

SOHN: Was ist des – überlistet?

VATER: Überlistet? Es wird künstlich eine Arbeitslosigkeit erzeugt – wenn die Arbeitslosigkeit nach einigen Jahren den Höhepunkt erreicht hat, steht schon im Hintergrund der Krieg.

SOHN: Was is nacha?

VATER: Dann werden wieder Arbeiter gesucht.

SOHN: Dann werden die Arbeiter wieder froh sein, wenn s' a Arbeit kriegen.

VATER: Viele Millionen Arbeiter arbeiten dann wieder in Fabriken und machen die Teile für fünf Millionen Nähmaschinen.

SOHN: Nähmaschinen? Du, Vata, zu was braucht man denn im Krieg Nähmaschinen?

VATER: Des wird den Arbeitern nur vorgetäuscht – in Wirklichkeit werden es lauter Maschinengewehre.

SOHN: Glauben des die Arbeiter? Wie is des dann bei den Riesen-Kanonenrohren?

VATER: Da wird den Arbeitern vorgetäuscht, das werden lauter Fernrohre für die Sternwarte.

SOHN: Geh, Vata, so einen plumpen Schwindel kann man doch keinem Arbeiter vormachen.

VATER: Freilich ist das nicht faßbar – aber die Kanonenrohre sind da, also haben s' die Arbeiter doch gemacht!

SOHN: Hast du auch den Schwindel geglaubt?

VATER: Haha – ich hab sofort gemerkt, daß das Waffen werden für den Krieg.

SOHN: Warum hast du dann nicht gestreikt?

VATER: Ich allein kann doch nicht streiken – wenn schon,

dann müssen alle Arbeiter der ganzen Welt sofort in den Streik treten und keine Waffen mehr machen, dann wäre gleich Schluß mit den unseligen Kriegen.

SOHN: Warum tun das dann die Arbeiter nicht?

VATER: Mei, Bua, redst du dumm daher. Wenn i damals nach der großen Arbeitslosigkeit net in der Rüstungsfabrik gearbeitet hätt, wären wir, ich, die Mutter und du, verhungert, und die anderen Arbeiter auch.

SOHN: Ja, du hast ja doch gearbeitet, und trotzdem müssen wir heute auch bald verhungern.

VATER: Naa, naa – so schlimm wird's nicht werden.

SOHN: Wenn aber wieder a Krieg kommt, tätst du dann auch wieder für die Rüstung arbeiten?

VATER: Ja mei, wenn s' uns wieder überlisten, dann geht's uns wieder so wie beim letzten Krieg.

SOHN: Aber Vata, wenn das so ist, wie du mir das alles erklärst, gibt es ja niemals einen ewigen Frieden auf der Welt.

VATER: Niemals – deshalb heißt es ja doch: Solange es Menschen gibt, gibt es Kriege.

SOHN: Menschen? Nein, Vata – in dem Fall müßte es heißen: Solange es Arbeiter gibt, gibt es Kriege.

VATER: Nein, es muß heißen, solange es solche Schwindler gibt, die die Arbeiter immer wieder anschwindeln, solange gibt es Kriege.

SOHN: Dann ist ja der Schwindel schuld an den Kriegen.

VATER: Ja, so ist es – und diesen Schwindel heißt man internationalen Kapitalismus.

SOHN: Kann man den denn ausrotten?

VATER: Nein! Höchstens mit Atombomben, die die ganze Welt vernichten!

SOHN: Gell, Vata – aber der wunde Punkt is halt der: wer macht zum Schluß die Atombomben?

VATER: Natürlich auch wieder die Arbeiter.

SOHN: Wenn sich aber die ganzen Arbeiter auf der Welt einig wären, gäb's dann auch noch an Krieg?

VATER: Nein – dann nicht mehr – das wäre der ewige
    Friede.
SOHN: Aber gell, Vata – die werden nie einig.
VATER: Nie!

Szenen

Das Christbaumbrettl

Eine armselige Stube. Durch das große Fenster in der Mitte hat man Aussicht auf eine herrliche Frühlingslandschaft mit blühenden Bäumen. In buntem Durcheinander steht der Hausrat umher: ein Kinderdreirad an der Rückwand, mit einem alten Sack zugedeckt, eine Kommode mit zerbrochenem Geschirr, ein Grammophon, ein alter eiserner Ofen, eine Küchenuhr, billige Öldrucke und eine Zugposaune, ein Tischtelefon, Tintenlöscher, Strickzeug etc. Daß ein Festtag ist, erkennt man an der lecker aussehenden Schaumtorte, die auf einem Stuhl neben dem Kleiderschrank steht. Die Abenddämmerung fällt allmählich ein. Ehe sich der Vorhang hebt, hört man das Grammophon* O du fröhliche, o du selige, gnadenbringende Weihnachtszeit *spielen.*

DIE MUTTER: *(Liesl Karlstadt) sitzt in einem ärmlichen Hauskleid und mit einer blauen Schürze in Fleckerlschuhen an einem kleinen runden Tisch in der Mitte der Bühne unter der altmodischen Petroleumhängelampe; sie hat weinend den Kopf in die Hände gestützt:* Die Weihnachtsglocken läuten; o hätte ich nie mehr diesen Tag erlebt. Ich kann keine Freude mehr haben. Mein Sohn, mein Alfred, er ist ja nicht mehr bei mir, er ist hinausgezogen in ein fernes Land, aus dem er wohl nie wieder zurückkehren wird. Ach, Alfred, warum hast du mir das angetan! Er ist nach Oberammergau gegangen, er wollte Fremdenführer werden; aber als er hinkam nach Oberammergau, waren die Passionsspiele bereits schon lange beendet. Ach, Alfred, was Blöderes hätte dir gar nimmer einfallen können. Die alten Augen sind müde vor Weinen, und das Bild ist schon so verstaubt, ich kann ihn gar nicht mehr sehen! Pfui! *Sie spuckt auf das Bild und wischt es mit dem Taschentuch ab.* So, jetzt ist es besser, jetzt schaut er wieder so frisch in die Welt, daß man seine Freude daran haben kann. *Sie wirft das Bild ein paarmal in die Höhe.* Ach ja! Sie *zündet sich eine Zigarre an.* Wo nur mein Mann so lange bleibt? Mein guter Mann – diesen langweiligen Uhu habe ich heute auf den Viktualienmarkt geschickt, daß er ein Christbäumchen heimbringt für die kleinen Kinder, und nun kommt er so lange nicht heim. Ich glaub, daß er gar nimmer heimfindet, der alte Depp. Es wird ihm wohl nichts passiert sein. Es ist schon so spät, die Sonne muß auch schon bald aufgehen. Eins – zwei – drei – aha, da ham ma's schon. Ich muß doch nachschaun, wo er sich momentan wieder herumtreibt. *Sie nimmt das Telefon.* Sebastian, wo bist du denn augenblicklich? So, am Viktualienmarkt gehst du grad? – Hast schon ein Christbäumchen? – Dann ist's schon recht – geh nur glei heim! Gib Obacht, wenn du über die Straße gehst, daß dich keine Frau überfährt mit'n Kinderwagl. *Es klopft.* Ja, herein! Also adje, Sebastian, komm nur gleich! – Ich wart auf dich – grüß dich Gott, Sebastian! *Es klopft.* Ja, herein! *Sie legt den Hörer auf. Im selben Moment kommt der Vater (Karl Valentin) mit dem Christbaum herein. Er trägt einen zerschlissenen Havelock mit zwei großen, auffallend künstlichen Schneepaketen auf den Schultern, Brille, Hut, Fäustlinge und einen Christbaum.* Ah, da ist er ja! Im Moment hab ich mit dir noch telefoniert, und jetzt bist du schon da!

DER VATER: Ja, i hab glei einghängt und bin glei herglaufen.

DIE MUTTER: Das ist recht – da hast ja 's Bäumerl, ah der is nett – wunderschön.

DER VATER: No ja, kindisch ist er halt.

DIE MUTTER: Er gehört ja auch nur für d' Kinder.

DER VATER: Ja, ich war in zwei Christbaumfabriken, und da ham s' mir den gebn.

DIE MUTTER: Ja, da is ja kein Christbaumbrettl dran, hast du's verloren? Ich hab doch ausdrücklich gsagt, du sollst an Baum mit Brettl bringen.

DER VATER: Ja, der hat ja keins.

DIE MUTTER: Das seh ich ja, daß er keins hat.

DER VATER: Wie kannst'n das sehn, wenn keins dran ist?

DIE MUTTER: Aufgeschriebn hab ich dir's sogar, an Baum mit Brettl!

DER VATER: Ja, die haben lauter Bäum mit Brettl ghabt, das war der einzige ohne Brettl.

DIE MUTTER: Und den hast extra rausgesucht?

DER VATER: Aber so ist er doch viel natürlicher, im Wald wächst er doch auch ohne Brettl.

DIE MUTTER: Aber den kann man doch nicht brauchen, den kann ich ja nicht hinstellen am Tisch.

DER VATER: Dann legn ma 'n halt heuer hin – jetzt ham ma 'n fünfzehn Jahre hingstellt, jetzt legn ma 'n amal heuer hin.

DIE MUTTER: Ich möcht doch den Baum aufputzen. Ich hab solche Sprüch gmacht bei den Kindern, ich hab gsagt, wenn du kommst, dann kommt 's Christkindl auch gleich. Und jetzt bringt er an Baum ohne Brettl! Da wär's mir schon lieber gwesn, du hättst bloß a Brettl bracht und gar koan Baum.

DER VATER: Am Brettl allein hätten die Kinder auch kei Freud ghabt.

DIE MUTTER: Aber so kann ich ihn nicht hinstellen!

DER VATER: Ja, dann halt ich ihn halt.

DIE MUTTER: Geh, du kannst doch nicht bis am Heiligendreikönigstag so dastehn und kannst den Baum halten.

DER VATER: Warum nicht, ich hab ja so nichts zu tun, ich bin ja arbeitslos.

DIE MUTTER: Aber da sind doch noch vierzehn Tag hin, du kannst doch nicht Tag und Nacht den Christbaum halten, du mußt doch auch manchmal wieder amal nausgehen.

DER VATER: Dann nimm ich ihn mit.

DIE MUTTER: Das kannst dir denken – jetzt gehst da hin, wo du den Baum kauft hast, und tauschst'n um, sagst, sie sollen dir an andern geben.

DER VATER: Naa, naa, der is froh, daß er den anbracht hat.

DIE MUTTER: Dann muß ma halt selber a Brettl hinmachen.

DER VATER: Ja, ich geh zu der Hausmeisterin und hol a paar Bretter vom Hof rauf, da schneiden wir a Stück runter.

DIE MUTTER: Holst einfach so ein kleines Brett rein, das machen wir hin.

DER VATER: So ein Stück Brett halt.

DIE MUTTER: Aber zieh dich zuerst aus.

DER VATER: Ganz?

DIE MUTTER: Dein Mantel und dein Hut – aber leg mir an Hut nicht aufs Bett nauf, sonst zerlauft der ganze Schnee.

DER VATER: Der zlauft nicht, das ist ja ein Christbaumschnee.

DIE MUTTER: Jetzt geh nur.

DER VATER: Ich trag jetzt mein Raglan naus und hol die Bretter. *Er geht ab.*

DIE MUTTER: So ein schönes Bäumchen hat er bracht, er ist ein guter Mann, aber ein furchtbares Rindvieh – bringt er einen Baum ohne Brettl daher. *Man hört Kindergeschrei.* Pst! – Ja, wer hat denn das Kind verkehrt herglegt, da steigt ja 's ganze Blut in den Kopf. *Abermals Kindergeschrei.* Ja, sei nur still – Hundsbankert, hör doch auf, der ist gewiß wieder naß. *Sie legt das Kind auf den Tisch.* Ja, ja, ich werde dich gleich trockenlegen. *Sie nimmt den Tintenlöscher und trocknet das Kind damit, das Kind schreit immer noch.* Jetzt sei doch ruhig – wart, ich werd dir ein Wiegenlied blasen. *Sie nimmt die Posaune von der Wand.* So, mein Kind, jetzt paß schön auf. *Sie bläst* Schlaf, Kindlein, schlaf. – *Beim letzten Ton ist das Kind eingeschlafen. Der Vater kommt mit zwei langen Brettern herein, bleibt damit in der Hängelampe hängen, stößt alles um, der Tisch fällt auseinander, der Fliegenfänger klebt ihm im Gesicht, ein verzweifeltes Durcheinander entsteht, die Mutter will ihm helfen. Da, nimm's Kind. Sie drängt ihm das Kind auf und hängt die Posaune wieder an die Wand.*

DER VATER: Nimm mir doch die Bretter ab!

Die Mutter: Mein Gott, wie der 's Kind halt! Mein Gott, ist das was! *Sie befreit ihn vom Fliegenfänger, von der Lampe usw.*

Der Vater: Sind die Bretter recht? Daraus können wir uns Christbaumbrettln im voraus machen für mindestens zwanzig Jahr.

Die Mutter: Was hast denn jetzt da für lange Bretter bracht, waren denn keine längeren mehr da?

Der Vater: Naa, des war des längste.

Die Mutter: Ja, dann hol eine Säge und schneid ein Brettl runter!

Der Vater: Ja, dann hol ich jetzt ein Stück Säge.

Die Mutter: Und ich heiz einstweilen ein.

Der Vater *kommt mit der Säge und legt den Christbaum der Länge nach auf das Brett:* Das gibt drei Christbaumbrettl.

Die Mutter: O Gott, o Gott, raucht der Ofen wieder!

Der Vater: Hast'n höchstens angezunden.

Die Mutter: Dummes Gered! Vor zwei Jahren hab ich schon zu dir gsagt, du sollst den Kaminkehrer holen.

Der Vater: Ich telefonier ihm halt, weißt du die Kaminnummer?

Er telefoniert: Wie bitte? Die Nummer wissen wir beide nicht, Fräulein.

Die Mutter: Wer ist denn eigentlich da?

Der Vater: Wir sind falsch entbunden, der König Herodes hat, glaub ich, grad gesprochen.

Die Mutter *reißt ihm das Hörrohr aus der Hand:* Wer ist denn da? Wie? – Ah, grüß Gott!

Der Vater: Wer is's denn?

Die Mutter: Die Frau vom Kaminkehrer ist da! Grüß Gott, Frau Kaminkehrersgattin! Ist Ihr Mann daheim? Geh, sagn S' zu ihm, er soll gleich rüberkommen. *Der Vater spricht dazwischen.* Sagn S', bei uns raucht der Ofen.

Der Vater: Er soll rauskehren vom Ofen.

Die Mutter: Ich sag's ihm schon.

Der Vater: Ich kann's ja auch.

DIE MUTTER: Dann sagst du's ihr, wenn du so gscheit bist.

DER VATER: Ach bitt schön, möchten S' nicht mit der Leiter bei uns den Ofen auskehren?

DIE MUTTER: Schmarrn, sie weiß doch schon alles, was sagt s' denn?

DER VATER: Sie sagt, er kommt vielleicht ganz bestimmt. *Er legt das Hörrohr in den Geschirrhaufen.*

DIE MUTTER: Schneid doch amal das Brett ab! *Sie kniet noch immer beim Ofen am Boden. Der Vater nimmt die Säge und setzt sich auf die Mutter.* Was machst denn, siehgst nimmer, blinder Heß?

DER VATER: Wie groß soll denn das Brettl eigentlich sein?

DIE MUTTER: Hast denn noch nie a Christbaumbrettl gsehn?

DER VATER: Schon oft, aber das hab ich nimmer so im Gedächtnis.

DIE MUTTER: Dann nimm halt das vorjährige Brettl als Muster. *Der Vater sägt das Brett ab, die Mutter hilft ihm dabei.* Gib Obacht, daß du dich nicht schneidst!

DER VATER *redet immer:* Die Kinder werden a Freud haben. Jetzt kommt ein Ast. *Die Mutter geht ab und holt das Kaffeeservice.* Bring mir eine Schweinsschwarte zum Schmieren. *Die Mutter geht an den Tisch. Er drückt mit der Säge das Brett in die Höhe und stößt der Mutter das Geschirr aus der Hand.* Ich hab doch gsagt, du sollst 's Brettl halten.

DIE MUTTER: Wo hast du denn das Brettl, das du runtergschnitten hast?

DER VATER: Das ist's. *Er hält das Brett immer noch in der Hand. Die Mutter steigt am anderen Ende drauf. Das Brett haut dem Vater auf die Füße.* Au, au, jetzt ist's am Fuß naufgfallen.

DIE MUTTER: Auf was für'n Fuß?

DER VATER: Auf unsern Fuß. *Er hebt das Brett auf, fährt der Mutter unterm Rock damit herauf.*

DIE MUTTER: Was machst denn? Heute am Heiligen Abend macht er so saudumme Sachen.

Der Vater: Ist doch erst der Heilige Nachmittag.

Die Mutter: Jetzt hat er so a kleins Brettl runtergschnitten, das können wir doch nicht brauchen. Da nehmen wir halt das alte her, aber da mußt du noch ein Loch hineinbohren.

Der Vater: Dann hol ich den Bohrer. *Er tut es und bohrt ins Brettl ein Loch hinein; das Brettl dreht sich immer.*

Die Mutter: Komm, laß dir helfen. Das Brett legt man da her am Tisch, ich halt dir, und du bohrst. *Der Vater bohrt und spricht dabei.* So red doch nicht immer, paß doch aufs Loch auf!

Der Vater: Ja, ich kann doch unterm Bohren reden.

Die Mutter: Das brauchst gar nicht.

Der Vater: So! *Er hat durch das Brett und durch den Tisch gebohrt, daß der Bohrer unten raussteht.*

Die Mutter: Das sieht dir wieder gleich! Bohrt er in den schönen Tisch a Loch hinein, da brauchst dir noch was einbilden drauf, das schönste Stück in unserer Wohnung ist jetzt auch kaputt.

Der Vater: Das war vorauszusehen.

Die Mutter: Das Loch ist überhaupt zu groß, da paßt der Christbaum gar nicht hinein.

Der Vater: Das Brettl brauchen wir ja jetzt nicht. Jetzt können wir den Christbaum glei in den Tisch neistecken.

Die Mutter: Das hättest glei tun können, da hätten wir überhaupt kein Brettl braucht.

Der Vater: Das sag ich ja immer, drum hab ich ja an Christbaum ohne Brettl kauft.

Die Mutter: Jetzt schmück amal den Baum, häng a paar Kugeln hin, die Kinder freun sich ja schon drauf.

Die Kinder *hinter der Szene:* Mama, dürfen wir schon rein?

Beide: Nein, noch lange nicht.

Die Mutter: Schick dich doch, die Kinder möchten schon herein. *Der Vater hängt ein paar Christbaumschmuck-Glaskugeln hin, wirft aber dabei Tisch und Baum um.*

DIE MUTTER: Jessas, jessas, was machst denn wieder? *Die Kinder schreien wieder.* Gleich, Kinder, schreit doch nicht so! *Zum Vater:* Schick dich doch, mach die Kerzen hinauf. *Die Kinder schreien abermals.* Seid's doch still – ihr Hundsbankerten, ihr miserablen!

DER VATER: Hundsbankerten brauchst net sagn zu dene Saukrüppeln! *Die Kinder schreien erneut.*

DIE MUTTER: Seid's doch ruhig, der Teufel soll euch holen!

DER VATER: Vergiß dich doch nicht, der Teufel soll s' holen: wenn s' der Teufel holt, braucht ma uns doch die ganze Arbeit nicht machen.

DIE MUTTER: Das geht dich gar nichts an, schick dich doch!

DER VATER: Oh tuh, tuh! *Er heult furchtbar.*

DIE MUTTER: Seid's still, Kinder, der Vater is narrisch wordn. *Zum Vater:* Was machst denn jetzt? *Der Vater hat sich einen Kerzenhalter an den Finger gezwickt.* Um Gottes willen, das Unglück auch noch! *Die Kinder schreien wieder.* Gleich kommt 's Christkindl. *Zum Vater:* So, du zündest jetzt amal den Baum an, und ich bring derweil die Kinder.

DER VATER: Die hast schon einmal gebracht.

DIE MUTTER: Ich mein, ich bring s' herein. *Sie geht ab. Der Vater nimmt ein Zündholz und zündet den Baum unten an.*

DIE MUTTER *kommt herein und schreit:* Was machst denn da, du zündest ja den Baum an!

DER VATER: Du hast doch gesagt, ich soll den Baum anzünden!

DIE MUTTER: Ich hab doch gemeint, die Kerzen.

DER VATER: An Baum, hast gsagt.

DIE MUTTER: No ja, wie man halt so sagt. *Sie geht ab. Der Vater zündet die Kerzen an, läutet mit der Handglocke und läßt das Grammophon spielen. Die Kinder und die Mutter kommen herein.* So, Kinder, jetzt is 's Christkindl kommen. *Alle stellen sich um den Baum.*

KINDER: Ah, ah, der ist schön!

DER VATER: Na, gar so schön ist er nicht.

ALLE *singen:* Ein Prosit, ein Prosit der Ge-müt-lich-keit! Eins – zwei – drei – gsuffa!

DER VATER: No, no, no, jetzt bist in an Frühschoppen hineingekommen.

DAS KIND: So, gute Mutter, und das gehört dir! *Es schenkt der Mutter eine Haube.*

DIE MUTTER *freut sich:* Ach, du gutes Kind, ich danke dir! Da schau her, Vater, so was Schönes!

DER VATER: Ah, Ölsardinen!

DIE MUTTER: Geh, mach doch deine Batzlaugen auf. A Haube hat sie mir geschenkt, die is schön, die kann ich notwendig brauchen. Ja, hast du die Haube selbst gestrickt?

DAS KIND: Nein, Mutter, die hab ich nicht selbst gestrickt, die hab ich gestohlen.

Vater und Mutter sind sichtlich gerührt. Die Kinder singen das »Weihnachtslied« Fuchs, du hast die Gans gestohlen. *Vater und Mutter weinen vor Rührung.*

DIE MUTTER: Ja, wo hast denn die Haube gestohlen?

DAS KIND: Beim Oberpollinger.

DER VATER: Des is recht!

DIE MUTTER: So, beim Oberpollinger? Ja habn s' denn da so schöne Hauben? Das gute Kind, jetzt is alles so teuer, man kann so nichts mehr kaufen.

DER VATER: Natürlich, man ist ja direkt verpflichtet dazu.

DIE MUTTER: Hoffentlich hat dich kein Mensch gesehen!

DAS KIND: Nein, Mutter, da hat mich niemand gesehen.

DIE MUTTER: Dann gehst nächste Woch noch einmal hinein und holst mir eine.

DER VATER: Und wennst amal beim Henne vorbeikommst, dann nimmst mir an Mercedes mit.

DIE MUTTER: Du bist ein gutes Kind, du bist jetzt schon reif fürs Zuchthaus. – Mach nur so fort. Da schau her, was dir 's Christkindl bringt, eine Zugharmonika.

DAS KIND: Ah, danke, Mutter!

DIE MUTTER *zum zweiten Kind:* Und dir ein Springseil.

Das zweite Kind: Ah, danke, Mutter.

Der Kaminkehrer, *entsetzlich lang, mit hohem schwarzen Zylinder, Hacke, Leiter und Besen, kommt plötzlich herein:* Grüß Gott beieinander!

Die Kinder schreien und fürchten sich vor ihm.

Die Mutter: Seid ruhig, Kinder, der tut euch nichts. *Zum Kaminkehrer:* Um Gottes willen, Herr Kaminkehrer, Sie können wir jetzt nicht brauchen, wir haben doch jetzt gerade Bescherung.

Der Vater: Ausgerechnet jetzt kommt er. Ich hab doch eigens telefoniert, Sie sollen morgen am Feiertag kommen. Speziell als Kaminkehrer sollten S' soviel Anstand haben, daß S' jetzt nicht am Ofen umananderkratzn.

Der Kaminkehrer: Das werden wir gleich haben. Ich bin gleich fertig. *Er fängt am Ofen sehr laut zu klopfen und zu kratzen an.*

Die Mutter: Geh, warten S' doch einen Moment, Sie sehn doch, daß wir gerade Bescherung haben, man versteht sein eigenes Wort nicht mehr vor lauter Lärm. *Die Kinder machen auch Lärm.* So hört doch auf, ihr Fratzen!

Der Vater: Warten S' an Moment, Herr Kaminkehrer. *Zur Mutter:* Da schau her, du bekommst deine Fotografie, die hab ich vergrößern lassen. *Er überreicht ihr einen Papierdrachen.*

Die Mutter: Was, an Drachen? Ich glaub, du willst mich derblecken. Was meinst denn da damit? Da schau her, Vater, du kriegst von mir auf Weihnachten ein Cockorell-Motorrad – aber heuer mußt noch selber treten; 's nächste Jahr kriegst dann an Hilfsmotor dazu. *Sie gibt ihm das Kinderdreirad, das zugedeckt auf der Bühne steht. Zum Kaminkehrer:* Herr Kaminkehrer, nehmen S' an Moment Platz.

Der Kaminkehrer: Bin so frei! *Er setzt sich auf den Stuhl, auf dem der Schaumkuchen liegt.*

Die Kinder *schreien:* Mutter, der Kaminkehrer hat sich in den Schaumkuchen gesetzt!

DER KAMINKEHRER: Jessas Maria! Daß mir des grad auf Johanni passieren muß. *Er dreht sich um und wischt mit der Hand den Schaum von seiner Hose.*

DER VATER *hat sich währenddessen auf das Rad gesetzt und fährt damit über die Bühne, wobei alles umfällt – die Lampe fällt herunter – es entsteht ein fürchterlicher Tumult. Die Mutter und die Kinder schreien. Er bleibt plötzlich mit offenem Mund in fassungslosem Staunen in der Mitte stehen.* Ja, wia komma denn Sie auf Johanni?

DER KAMINKEHRER: Was wolln S' denn, heut ist doch der 24. Juni!

DER VATER: Himmikreuzsapprament! Da geht nacha mei Abreißkalender nach!

DIE MUTTER: Des schaugt dir scho gleich!

DER VATER: Siehgst, Alte, drum hab ich ja heut den Christbaum auch so billig kriagt!

Der Firmling

Die Bühne gehört – durch ein Plakat mit der Aufschrift »Weinterrasse« gekennzeichnet – zum Zuschauerraum. Sie ist rosa tapeziert und zeigt im Hintergrund gemaltes Publikum, das an kleinen Tischen sitzt. Im Vordergrund sind drei Tische weiß gedeckt; darauf stehen Zahnstocher in Ständern, die Spitzen nach oben. Als Tafelschmuck Tannenzweige in Vasen. Eine Anrichte trägt Sektkübel, Zigarettenschachteln, Teller, Salzstreuer, Gläser, Strohhalme, Bestecke und bunte Zigarrenkisten.

Zur Einleitung geht die Musik in Schön ist die Jugend bei frohen Zeiten *über. Karl Valentin spielt den Vater.*

Beide kommen vom Publikumseingang her durchs Lokal und suchen einen Platz, finden ihn aber nach vielem Anstoßen erst auf der als Weinterrasse hergerichteten Bühne. Pepperl (Liesl

Karlstadt) hat viel zu große weiße Handschuhe an und trägt eine lange Kommunionkerze mit einer riesigen weißen Seidenschleife. Damit bleibt er auf dem Podium gleich am ersten Stuhl hängen, der krachend umfällt.

VATER: No, Depp... *Pepperl rennt den zweiten Stuhl um und lacht. Der Vater wirft Tisch und Stuhl um, verwickelt sich mit Schirm, Stuhl und Tisch, ein fürchterliches Durcheinander entsteht. Pepperl lacht.* Lach net so saudumm, dummer Bua. *Beide setzen sich nieder, schauen sich nach dem Kellner um und pfeifen.* He, Kellnerin, zwei Halbe!

KELLNER *kommt auf die Bühne:* Was wünschen die Herrschaften?

VATER: Zwoa Halbe Bier und etliche Brot.

KELLNER: Bedaure, Bier wird bei uns nicht verschenkt.

VATER: Mir wolln's ja net geschenkt, mir zahlen ja.

KELLNER: Ich meine, wir führen kein Bier, hier gibt's nur Wein – wir haben Weinzwang.

VATER: Na bringst halt zwoa Halbe Weinzwang.

KELLNER: Ich bringe Ihnen die Weinkarte. *Pepperl lacht und schaut immer auf seine Uhr.* Bitte, hier ist die Wein- und Speisekarte. *Er geht ab.*

VATER: Was magst'n, Pepperl, weilst dich heute so schön firmen hast lassen, derfst du dir heut was Feines raussuchen. Was magst denn? Red – oder red – was magst denn?

PEPPERL: An Emmentaler –

VATER: Ja hast du Hunger?

PEPPERL: Ja.

VATER: An Emmentaler wern s' da herin net ham. *Er schaut in die Weinkarte.* Ja, ham s' scho oan, aber da hoaßt er anders, da hoaßt er Affenthaler. *Er pfeift.*

KELLNER: Bitte, haben die Herrschaften schon gewählt?

VATER: Bringst an Pepperl a Stück Affenthaler und Pfeffer und Salz.

PEPPERL: Ja, und zwoa Brezn.

KELLNER: Sie meinen eine Flasche Affenthaler?

PEPPERL: Naa, a Trumm Affenthaler.

KELLNER: Es gibt doch nur eine Flasche Affenthaler.

VATER: Wieso a Flaschn? Habt's denn ihr an Kas in der Flaschn drin?

KELLNER: Affenthaler ist immer in der Flasche.

VATER: Seit wann denn?

KELLNER: Seit es einen Affenthaler gibt.

VATER: Ja, wia bringa mir denn den raus? Mir können doch net an Kas mit'm Stopselzieher rausziehen! *Pepperl lacht.* Jetzt hörst amal dei saudummes Gelächter auf! *Er haut ihm erbost eine runter. Pepperl weint.* So macht er mir's heut scho den ganzen Tag, in einer Tour grinst er, der dumme Bua. *Pepperl lacht wieder.*

KELLNER: Mein Gott, er freut sich halt, weil er jung ist!

VATER: Ich war doch aa amal jung, vielleicht jünger wie er.

KELLNER: Also wollen Sie dann einen Affenthaler trinken?

VATER: Wieso trinken?

KELLNER: Affenthaler ist nur zu trinken.

VATER: So weich ist der?

KELLNER: Will der Kleine vielleicht eine Limonade?

PEPPERL: Ja.

VATER: Eine rote – a recht süße bringst ihm.

KELLNER: Und Sie auch eine Limonade?

VATER: Mir war's ja gnua, mir bringst an Schnaps!

KELLNER: Was für einen darf ich bringen? *Er liest die Likörkarte ab:* Allasch, Kirschwasser, Zwetschgenwasser, Rum, Kognak, Magenbitter, Kräuter...

VATER: Net soviel, einen nur!

KELLNER: Goldwasser, Macholl, St. Emmeramm...

VATER: An Macholl habt's aa, ja, den mag i.

KELLNER: Also eine Limonade und ein Gläschen Macholl.

VATER: Was, a Gläschen? A Flaschn möcht i, a Glasl is bei mir schon leer, wenn i 's anschaug. Bring a Flaschn.

KELLNER: Eine ganze Flasche wird Ihnen wahrscheinlich zu teuer sein.

VATER: Des geht Ihna an Dreck o.

KELLNER: Und was speisen die Herrschaften? *Er liest die Speisekarte ab:* Makkaroni mit Schinken ist noch da.

PEPPERL: Ja.

VATER: Magst solche? *Zum Kellner:* Na bringst oa.

KELLNER: Bitte sehr – also zweimal Makkaroni mit Schinken.

VATER: Naa, oamal.

KELLNER: So, nur einmal.

PEPPERL: Ja, für an jeden – eine.

KELLNER: Also dann doch zwei Portionen.

VATER: Nein, nein – eine – aber für zwei.

KELLNER: Ja, wollen Sie jetzt eine oder zwei?

PEPPERL: Nein, ich möcht nur eine.

KELLNER: Ja, dann wollen Sie doch zwei?

VATER: Nein, eine für uns zwei.

KELLNER: Sie meinen eine Doppelportion.

VATER: Ja, eine einfache Doppelportion.

KELLNER: Zum Donnerwetter, soll ich jetzt eine oder zwei Portionen bringen?

VATER: Jetzt bringst oane und schwingst dich, sonst kann sein...

KELLNER: Ich bringe Ihnen jetzt eine Portion. *Geht schimpfend ab.* Das ist eine nette Bagage, die wissen nicht, was sie wollen, die sollen doch woanders hingehen, in eine Bauernwirtschaft, das ist ja furchtbar.

VATER: Nur net nachbrumma dahinten. Tua fei ja net launenhaft sei, sonst ziag i di raus aus deim Cheviot. – Ja mei, Pepperl, was sagst denn, habn die an Kas in der Flaschn drin, drum soll ma so wo net reingehn, in eine Thiele. Thiele hoaßn sie s' jetzt, früher hat ma Weinbeizen gsagt. – Lauter so modernen Krampf ham s' da. *Er will schnupfen. Pepperl stößt ihm den Tabak herunter.* Net steßn – Aff – überall baun s' jetzt eine Thiele hinein, i bin nur neugierig, wie in zehn Jahren 's Hofbräuhaus ausschaugt. *Er will wieder schnupfen.*

PEPPERL: Jetzt wird er glei wieda reinkomma! *Er stößt den Vater wieder.*

VATER: Jetzt haut er mir schon die zwoate Pyramidn runter, glei schlag i di aa runter.

Er schnupft sehr laut.

KELLNER: Hier bitte die Limonade für den Kleinen, hier Ihr Likör, wohl bekomm's.

VATER: Bist da, Herzerl! *Er haut den Kellner hinten hinauf.*

KELLNER: Was erlauben Sie sich?

VATER: Oha, jetzt hab i glaubt, i bin im Hofbräuhaus bei der Marie. *Kellner ab.* So, Pepperl, jetzt laß dir's recht schmecken, heut ham mir so schon soviel herumgsoffn.

PEPPERL: Prost, Vata – ah, heut is's zünfti – da schau her, Vata – ah, des is a Gaudi.

VATER: Ja was tuast denn!

PEPPERL: Seifenblasen.

VATER: Dir tua i dann glei Seifenblasen mit der teuren Limonad – der Steckerl ghört doch zum Umrühren. *Er rührt um, bricht aber das Röhrl ab.*

PEPPERL: So, jetzt hast es brochen, uh, der wenn reinkommt!

VATER: Lauter Glump ham s' scho da herin, mir sagn einfach, des war scho.

PEPPERL: Ja, des sagn ma, na spannt er's net. Prost, Vata, ah, heut is's zünfti.

VATER: Prost, Pepperl – so, jetzt derfst dei erste Zigarrn rauchen. *Er pfeift.*

KELLNER *kommt:* Bitte sehr?

VATER: A Zigarrn für'n Buam, a ganz leichte – weil er noch nie graucht hat.

KELLNER: Bitte sofort. *Geht ab.*

VATER: Die Mutter, wenn s' uns jetzt sehng kannt, die hätt a Freud. Hat s' allwei gsagt, den Tag möcht i noch erleben, aber leider is sie heimgegangen in den großen Heimgarten.

KELLNER *bringt eine Zigarre:* Bitte sehr.

VATER: Zünd s' an Buam glei o! So, Pepperl, ziag nur fest. *Zum Ober:* Moanst net, daß'n zreißt?

KELLNER: Na, wir werden ja sehen.

VATER: Ja, wenn mir's scho amal sehng, na is's schon zspät. *Kellner ab.* Inhalier nur fest, daß d'a guate Farb kriagst. Du mußt dir denken: Heut ist der schönste Tag in deinem Leben – die Jugendzeit kommt nur einmal, des derfst mir glaubn. *Er singt:* Schön ist die Jugend, bei frohen Zeiten, schön ist die Jugend, sie kommt nicht mehr.

PEPPERL: Ja, des kenn ich auch, den alten Schmarrn. *Er singt mit.* Prost, Vata, heut is's zünfti.

VATER: Das mußt du dir merken, die Jugendzeit kommt nur einmal im Leben...

PEPPERL *singt:* Drum sag ich's noch einmal...

VATER: Was sagst, Pepperl?

PEPPERL: Naa, i hab bloß gsunga »Drum sag ich's noch einmal«...

VATER: Da hast du recht, des kann ma net oft gnua sagn. *Er stößt mit der Nase in die Zahnstocher. Au – au. Pepperl zieht sie ihm heraus.* Wie kannst denn du die Zahnstocher da herstelln; wenn i Bluatvergiftung kriag und wird mir die Nasn weggschnittn, mit was schneuz i mi dann?

PEPPERL: Da kann i nix dafür, für was muaßt du dei Nasn überall drin habn.

VATER *reibt die Nase mit Schnaps ein.* Jessas, brennt des.

PEPPERL: Ja eben – drum sag i's noch einmal...

VATER *wirft ihn über den Stuhl hinunter.* Fangt er immer wieder an mit seiner saudummen Jugendzeit.

PEPPERL: Ah geh, bis i amal windi wer!

VATER: Setz di her da! Setzt di glei her? – Du Hundling!

PEPPERL: Tua fei net köppeln.

VATER: Halt 's Maul!

PEPPERL: Brauchst mi a net glei nunterwerfa, i hab di aa net nuntergschmissn.

VATER: Des kommt scho noch – setz di her!

PEPPERL: Ja, gell, wenn die neue Uhr bricht, dann ham ma's
– i glaub, i hab so schon die Feder abdraht.

VATER: Dei Gurgl drah i dir no ab – daß du's woaßt. Denk
liaba an dei Zukunft, woaßt heut no net, was du amal
werdn willst.

PEPPERL: Des wern mir nachher scho sehng.

VATER: Heut woaßt no net, was du amal wirst. Pepperl,
Pepperl, denke dran, was aus dir noch werden kann.

PEPPERL: Ja, da bin i selber neugierig.

VATER: Aber siehgst, des gfreut mi heut no, daß es mir
gelungen ist, den heutigen Tag zu erleben.

PEPPERL: Ja, mi aa, wär schad, wenn ihn mir zwei nimmer
erlebt hätten.

VATER: Niemand auf der Welt hätt dir dein Firmpat
gemacht, wenn ich mich nicht deiner erbarmt hätt.

PEPPERL: Ja, wennst'n du net gmacht hättst, dann könnt i
heut mit meiner Kerzn alloa rumharpfn.

VATER: Alle ham's dir versprochen, a jeder hat gsagt, dein
Buam mach i an Firmpat, und wie's dann drum und drauf
ankomma is, hat sich a jeder druckt. Merk dir das – Pepperl – Freunde in der Not gehen zehne auf ein Butterbrot. Gell, der Onkel hat dir's so sicher versprochen, und
jetzt hat er dir was ghustet. Warum hat er dir denn dein
Firmpat net gmacht? – Weil er kein Flins drauf hat, weil
er dir koa Uhr hätt kaufen können. Ich hab dein Firm-
patn gmacht, ich hab mei Wort ghaltn. Ich war da wia da
Zoaga.

PEPPERL: Ja, des is wahr.

VATER: Was hast denn ghabt vor der Firmung?

PEPPERL: Nix.

VATER: Net amal an Anzug hast ghabt, nackert hättst gehn
müssen.

PEPPERL: Na hätt i halt mei Badehosn anzogn.

VATER: Koan Anzug hast ghabt, koa Hemdknöpferl, koane
Socken, koa Hemd, koan Charakter, nix hast ghabt wia
dein saudumma Kopf.

PEPPERL: Ja, und den hab i von dir kriagt.

VATER: Ich kann mich noch gut erinnern, wia i rumglaufen bin um an Anzug für den Buam. Was i da für a Lauferei ghabt hab, das is der Bua gar net wert. In sämtlichen Kleidererziehungsanstalten war ich in München, beim Isidor Bach, beim Knagge & Peitz, beim Isidor Kustermann, beim Heilmann & Littmann, nirgends hab ich einen Kommunionanzug auftrieben. *Pepperl raucht die Zigarre, es wird ihm schlecht, er nimmt seinen Hut und geht ab. Der Kellner kommt herein und serviert die Getränke, ab.*

Vater allein: Und da, wo ich ein auftriebn hätt, kostet ein Kommunionanzug heute fünfundsechzig Mark, ja, ja, mir war's ja gnua, des kann i mir als Mittelstandler net erlaubn, daß ich für den Buam fünfundsechzig Mark am Tisch hinleg – ich bin koaner von der Burschoisie, i muaß mir mei Geld mit der Hände Fleiß verdienen, na hab i mir denkt, koan neuen konnst net kaffa, kaff dir halt oan von Herrschaften abgelegten Kommunionanzug, zu alle Dandler bin i, in meine sämtlichen Stammkneipen hab i's rumerzählt, nichts war's, die ganze Hoffnung hab i schon aufgebn. Derweil schleicht sich ein Zufall ein. Kommt der Erlacher Franzl zu mir, a alter Spezi, ein Kriegskamerad von mir, mir san anno Siebazg mitanand z'Deisenhofen gstandn, Mann an Mann, Brust an Brust, direkt am Isarufer, wo's so feucht war, der hat es erfahrn, daß i an Kommunionanzug kaufen will. Des gfreut mi, Franzl, hab i gsagt, sag i, aber es is net gsagt, daß des, wo dein Hundsbuam paßt, mein Knaben aa paßt – kurzer Rede langer Sinn, der Erlacher Franzl bringt den Anzug, der Pepperl ziagt'n o und – paßt hat er! *Er haut auf den Tisch.* Hätt ja im Leben net denkt, daß dem Pepperl der Anzug paßt, wo er an Buam gar net kennt – kennt an Buam gar net – aber wia gsagt, der Erlacher bringt den Anzug, der Pepperl ziagt'n o, und – paßt hat er. *Er haut auf den Tisch.* No ja, die Ärmel warn z' lang, des stimmt, de hat d' Muada dahoam abgschnittn, und de Sach war

erledigt, aber so is doch die ganze Sache furchtbar interessant. Und noch dazu will er mir den Anzug schenken –
naa, sag i, Franzl, des gibt's net, es gfreut mi ja über
alle Maßen, daß du mir den Anzug kredenzt – aber so
sehr mich dein Antrag würdigt, so hat die Sache einen
ganz anderen Haken, denn du bist selber ein armer Teufl,
und wenn du mir schon den Anzug gibst, dann wollen
wir die Sache finanziell regln. In dieser Beziehung bin
ich ein Ehrenmann, da laß i mir nichts nachsagen. Aber
wie gsagt, er bringt den Anzug, der Pepperl zieht ihn
an und – paßt hat er, das is ja das Horrende an der Angelegenheit. Man muß doch bedenken, daß er mein Buam
noch mit keinem Auge erspäht hat. Kennt der an Buam
net, sei Bua is vielleicht a Mißgeburt, aber mei Bua is
gwachsn wia eine Hyazinthe. Aber wie gsagt, der Erlacher
Franzl bringt den Anzug, der Pepperl ziagt'n an
und – paßt hat er! *Er haut auf den Tisch und fällt damit zu
Boden.* Oha, jetzt hat's mi abidraht – wo er an Buam gar
net kennt – das ist ja das Frappante – ja was is denn des?
Er rutscht beim Aufstehen immer mit den beiden Füßen aus.
Muaß i in meine alten Tag noch 's Radlfahrn lerna.

PEPPERL *kommt weinend:* Vata, mir is so schlecht.

VATER: Mir auch.

PEPPERL: Vata, ich möcht hoamgeh.

VATER: Ich auch.

PEPPERL: Mach, steh halt auf.

VATER: Wenn i könna tat, scho.

PEPPERL: Was hast denn?

VATER: A Hepfa.

PEPPERL: Der legt si glei am Boden hin, der faule Kerl! *Er
hängt seinen Hut an den Kleiderständer und hebt den Vater auf.
Der Vater fällt immer wieder hin. Pepperl hebt ihn immer wieder auf.* Mach, steh doch auf, mir is ja selber so schlecht.

VATER *singt:* Auf der schönen grünen Wiese, da spielt...

PEPPERL: Halt doch dei Mäu! *Vater fällt wieder hin. Pepperl
schimpft:* Geh, sei doch net so ekelhaft!

Vater: Ich hab gekämpft für König und Vaterland!

Pepperl: Ja, des is ja jetzt Wurscht... *Vater fällt hin.* Jetzt wird's mir bald z'dumm wern, 's nächstemal konnst aloa in d' Firmung geh... *Vater fällt hin.* Dann setz di halt auf an Stuhl, wannst nimmer steh konnst. *Vater fällt mit dem Stuhl um.* Jetzt werd i bald narrisch wern.

Kellner *kommt mit den Speisen herein.* Ja, um Gottes willen, wie sieht es denn hier aus, was ist denn das für ein Benehmen?

Pepperl: Ich bin's ja net, das war ja er.

Kellner: Das ist ganz egal. Sie gehören beide nicht in dieses feine Lokal, das ist ja furchtbar.

Pepperl: Weil er immer soviel sauft, der alte Aff.

Vater *zum Kellner:* Ich bin ein Ehrenmann, das merkst dir!

Kellner *hebt alles auf und stellt die Speisen auf den Tisch:* So, jetzt essen Sie Ihre Makkaroni, und dann machen Sie so schnell wie möglich, daß Sie fortkommen. Das geht doch nicht, wie Sie sich hier aufführen. *Zum Vater:* Nicht wahr, das müssen Sie doch selbst einsehen, daß das hier nicht geht.

Pepperl: Ja, des hört der nimmer. *Vater singt.*

Kellner, *nachdem er den Tisch in Ordnung gebracht hat:* Also bleiben Sie endlich sitzen und verhalten Sie sich ruhig, sonst lasse ich Sie rauswerfen. *Kellner ab.*

Pepperl: So, jetzt hast es, jetzt werden wir noch rausgeschmissen aa, grad heut an mein Firmungstag. Jetzt bleibst amal sitzen, du bsuffana Uhu. *Beide fangen zu essen an. Pepperl haut mit der Kerze Vaters Nudeln hinunter.*

Vater: Mußt denn du immer beim Fressen die damische Kerzen ham! *Er nimmt sie ihm aus der Hand, ißt jetzt mit der Kerze, wickelt Nudeln darüber, steckt die Kerze in die Westentasche, holt sie wieder heraus und fährt Pepperl damit beim Essen in den Mund hinein. Pepperl schreit. Vater wirft Nudeln hinunter, der Tisch fällt um, er steckt alle Nudeln in die Tasche. Pepperl hat eine Nudel im Mund. Vater zieht sie heraus.*

Pepperl: Wo is mei Huat, komm, lauf ma davon.

Vater: Ja, dann brauch ma nix zahln. *Beide nehmen ihre Hüte vom Kleiderständer, werfen ihn um, und Pepperl trägt den Vater huckepack hinaus.*
Kellner *kommt:* Halt, zahlen, zahlen!

Im Uhrmacherladen

Von Karl Valentin 1941.

Uhrmacher: Jessas, is des jetzt a schlechte Zeit für uns Uhrmacher; jetzt wird's scho bald ein Jahr, dass ich die letzte Uhr verkauft hab. Ich will ja net unbedingt etwas verkaufen, wenn nur wenigstens einer käme und frag'n tät, ob ich was zu verkaufen hab! Was ist schuld an meinem schlechten Geschäftsgang? Nur die vielen Turmuhren in der Stadt; da braucht ja kein Mensch eine Taschenuhr mehr. Mir geht's ja selber so: wenn ich in der Früh auf'n Kirchturm schau, dann weiss ich, wieviel Uhr es ist und brauch gar keine Taschenuhr.
(Ladenglocke)
Vater (und Pepperl) Grüss Gott, Herr Uhrmacher, hab'n Sie Uhren zu verkaufen? Mein Pepperl gibt koa Ruah mehr, bis er a Uhr hat. Direkt zum Laden hat er mi reizog'n; er will unbedingt eine ham, weil er heut g'firmt wird; der Herr Firmpat' hat uns aufsitzen lassen.
Uhrmacher: So, der wird heuer g'firmt? Mei Bua wird heuer auch g'firmt!
Vater: Da tun Sie sich leichter wia i, Sie brauchen wenigstens koa Uhr kaufen als Uhrmacher!
Uhrmacher: Ja glaub'n Sie, i kriag's g'schenkt?
Vater: Was kost denn eine Firmungsuhr?
Uhrmacher: Das kommt ganz drauf an, was Sie ausgeb'n wollen!

VATER: Ja mei, der Bua is ja erst 14 Jahr alt, der braucht no koa so grosse Uhr wie ein Erwachsener!

UHRMACHER: Halbe Uhren hab i allerdings nicht auf Lager.

VATER: Können S' ihm vielleicht eine anmessen?

PEPPERL: *(greift alles im Laden an)* Vater, i möcht eine mit recht viel Zeiger!

UHRMACHER: Jede Uhr hat zwei Zeiger und ein' Sekundenzeiger.

VATER: Sei nur stad, i kauf dir extra eine Schachtel Zeiger dazua.

PEPPERL: Vater, a Armbanduhr möcht i mit an Reama!

VATER: Dös hab i dir schon g'sagt, überspannte Sachen kriagst net.

PEPPERL: Dann mag i gar koane, ausser so oane, wo da Deckel in d' Höh hupft.

UHRMACHER: Die Uhren mit Sprungdeckel sind aber bedeutend teurer.

VATER: Na na, nix Sprungdeckel! A solchene kannst dir amal selber kaufen, wennst älter bist!

PEPPERL: I bi ja scho älter – Vater, kaf ma oane mit an Sprungdeckel, juh Vater!

VATER: Was kost eine gewöhnliche Uhr?

UHRMACHER: Ohne Kette kost die Uhr RM. 25.–.

PEPPERL: Na Vater, ohne Kett'n mag i koa Uhr net!

VATER: Ohne Kette 25.– Mk.

PEPPERL: *(plärrt)* Na Vater, i möcht a Uhr mit da Kett'n, bitt schön Vater, mit der Kett'n!

VATER: Ja sei nur grad stad, du kriagst ja oane mit der Kett'n; der Uhrmacher moant ja nur, mit der Kett'n kost de Uhr 30.– MK. und ohne Kett'n 25.– Mk.

PEPPERL: Na Vater, ohne Kett'n mag i's net!

VATER: Sei doch net so blöd', blöder Bua! Der Uhrmacher hat doch blos g'sagt, ohne Kett'n kost's 25.– Mk.

PEPPERL: *(plärrt was er kann)* Na Vater, ohne Kett'n ziag i de Uhr net o, na mag i koa Uhr a net!

VATER: Ja Hundsbankert mistiger, glei geh'n ma wieder

hoam, wennst net sofort dei Plärr'n aufhörst! – Glei
kriagst a rechts Trumm Watsch'n statt a Uhr!

PEPPERL: Vater, a solchene möcht i, a so a grosse mit zwoa
so Glocken!

VATER: Deppata Bua, des is ja a Wecker!

UHRMACHER: Das wär gelungen, wenn der Bubbb mit'm
Wecker zur Firmung ginge!

VATER: Der hängat so an Regulator a auf'n Buckel nauf; dös
is a wild's G'wachs, mei Pepperl!

UHRMACHER: Ja also, Spass beiseite: zu was für einer Uhr
wollen Sie sich denn entschliessen?

VATER: Ja mei, nacha nimm i halt de zu 30.– Mk. mit der
Kett'n!

PEPPERL: O fein, Vater, a fein!

VATER: Aber dös sag i dir glei – 30.– Mk. kost de Uhr, aber
– den Fuassball kriagst dann erst 's nächste Jahr!

PEPPERL: Na Vater, an Fuassball möcht i glei! I mag koa
Uhr, gehn ma Vater!

VATER: Na na, die Uhr.........

PEPPERL: Na na na, i mag koa Uhr mehr, gehn ma Vater,
gehn ma!

VATER: Entschuldigen's Herr Uhrmacher, zuerst hat er mi
in Lad'n einazog'n und jetzt ziagt er mi wieder aussa!

Bum! (Türe schlägt zu).

Der Bittsteller

*Die Bühne zeigt das Arbeitszimmer eines reichen Mannes. Im
Hintergrund ein gewaltiger Lautsprecher.*

*Nach der Verdunkelung des Zuschauerraumes ergeht bei
geschlossenem Vorhang durch den Lautsprecher der folgende Vor-
spruch:*

»Es war einmal ein reicher Mann, der hatte einen

schlecht erzogenen Sohn, der aber trotzdem der Liebling des Vaters war. Da kam einmal ein armer Mann aus dem Volke in das Haus, um ein Darlehen zu erbitten. Wie es ihm dabei erging, wäre eigentlich ein Trauerspiel – wenn nicht so schrecklich viel Komisches dabei passieren würde.« *Indem sich der Vorhang hebt, hört man den Schreinermeister*

BRANDSTETTER *(Karl Valentin) fragen:* Ist der Herr Geheimrat zu Hause?

FANNY, *das Dienstmädchen:* Nein, der Herr Geheimrat ist leider nicht zu Hause. Wollen Sie bitte näher treten.

BRANDSTETTER *tritt ein:* Ja, dann wart i halt, bis er kommt. Wo is er denn?

FANNY: Der Herr Geheimrat hat einen Ausflug gemacht. Er muß aber bald zurückkommen. Wen darf ich denn melden?

BRANDSTETTER: Mein Name ist Brandstetter.

FANNY: Und in welcher Angelegenheit?

BRANDSTETTER: Zivil – privat halt.

FANNY: Is recht. Werd's ausrichten, sobald der Herr Geheimrat zurückkommt; bitte, warten Sie so lange. *Ab.*

BRANDSTETTER: Herrgott, mit hundert Markl wär mit gholfen, oder wenigstens mit hundertfufzge.

DER HERR GEHEIMRAT *tritt ein:* So, Fanny, ist Post gekommen?

FANNY: Nein, aber Besuch.

DER HERR GEHEIMRAT: So, wer denn?

BRANDSTETTER: Grüß Gott, Herr Geheimrat. *Er läßt seinen Schirm auf seine Füße fallen; Fanny hebt den Schirm auf und gibt ihn ihm verkehrt in die Hand.*

DER HERR GEHEIMRAT: Was suchen Sie denn?

BRANDSTETTER: Jetzt hab i den Griff verlorn.

DER HERR GEHEIMRAT: Da ist er ja! *Er gibt Hut und Mantel der Fanny.* Wie können Sie solche Leute hereinlassen?! Jeden Tag machen Sie eine neue Dummheit, Sie kann man wirklich zu nichts brauchen als zum Fressen.

FANNY *geht ab.*

BRANDSTETTER: De werd no net viel gfressen habn.

DER HERR GEHEIMRAT: Na, was ist denn? *Er setzt sich.* Hängen Sie doch Ihren Schirm irgendwo auf und Ihren Hut. *Brandstetter sieht sich ratlos um, zieht dann Nagel und Hammer aus der Tasche, schlägt den Nagel in die eine Seitenwand der Standuhr und hängt seinen Hut daran. Der Herr Geheimrat hat unterdessen gelesen und schaut sprachlos zu, steht auf.* Ja, was fällt Ihnen denn ein? Nehmen Sie gefälligst Ihren Hut da herunter. Einen Nagel in meine polierten Möbel hineinzuschlagen: Wollen Sie sofort Ihren Hut herunternehmen!

BRANDSTETTER: Wieder runternehma, na hab i ja den Nagel umsonst neighaut.

DER HERR GEHEIMRAT: Ja, sagen Sie einmal, schlagen Sie überall Nägel hinein, wo Sie hinkommen?

BRANDSTETTER: Nein, nur wo kein Kleiderhaken ist.

DER HERR GEHEIMRAT: Nehmen Sie sich einen Stuhl.

BRANDSTETTER: Bin so frei. *Er setzt sich in den Klubsessel und rutscht herunter.*

DER HERR GEHEIMRAT: Nicht da! *Brandstetter schnalzt mit der Zunge, worauf ein Stuhl (an einer Schnur) von selbst zum Schreibtisch läuft. Er setzt sich auf diesen.*

DER HERR GEHEIMRAT: Was ist das für ein Unsinn! Also, was führt Sie zu mir?

BRANDSTETTER: Ja, mein Name ist Brandstetter, Holz-Schreinermeister. Wir kennen uns doch.

DER HERR GEHEIMRAT: Ich habe Sie noch nie gesehen.

BRANDSTETTER: Doch, doch. Sind Sie nicht einmal vor sieben oder acht Jahren mit der Elektrischen durch die Neuhauser Straße gefahren, da sind wir uns auf der hinteren Plattform vis-à-vis gesessen.

DER HERR GEHEIMRAT: Erstens sitzt man auf einer Plattform nicht, und zweitens fahr ich nie mit der Elektrischen. Nur mit dem Auto.

BRANDSTETTER: Nacha müssen wir uns irgendwo in einem Auto getroffen haben.

DER HERR GEHEIMRAT: Aber ein Auto hat doch keine Plattform.

BRANDSTETTER: Nein. Ich richt mich da ganz nach Ihnen, Herr Motorrad – – ah – Herr Geheimrat.

DER HERR GEHEIMRAT: Jetzt erinnere ich mich, natürlich kenne ich Sie, sagen Sie, waren Sie nicht einmal vor vier Jahren –

BRANDSTETTER: Stimmt, stimmt.

DER HERR GEHEIMRAT: So lassen Sie mich doch erst ausreden. Waren Sie nicht einmal vor vier Jahren bei meinem Freund, dem Baron Rembremerdeng, angestellt als Gärtner?

BRANDSTETTER: Ja, beim Herrn Baron Rembremerdeng, da war ich Gärtner. Das heißt, eigentlich war ich kein direkter Gärtner. Ich mein so: Ich war kein Direktor und ich war auch kein Gärtner. Ich war Spritzbrunnenaufdreher.

DER HERR GEHEIMRAT: Spritzbrunnenaufdreher, ja, ist denn das auch ein Beruf?

BRANDSTETTER: Beruf weniger. Es war eigentlich mehr so ein kloans Nebenschanzerl von mir, im ganzen Jahr hab ich ja bloß zwei Mark verdient.

DER HERR GEHEIMRAT: Zwei Mark im ganzen Jahr? Aber davon kann man doch nicht leben.

BRANDSTETTER: Ja, leben schon, aber wie!

DER HERR GEHEIMRAT: Mir ist das ganz unverständlich.

BRANDSTETTER: Da heißt's einteilen.

DER HERR GEHEIMRAT: Aber wie ist das möglich, daß Sie im ganzen Jahr nur zwei Mark verdient haben?

BRANDSTETTER: Ja, das kann ich Ihnen schon erzählen, wenn's Ihnen interessiert, Herr Zweirat, Herr Geheimrat. Das war so. Der Herr Baron Rembremerdeng, der hat nämlich in seinem Park eine – eine – wie heißt mer s' denn, so eine – eine Funk...

DER HERR GEHEIMRAT: Eine Funkanlage.

BRANDSTETTER: Nein, eine Funk... – so a ausländischer Name – eine Funk – –

DER HERR GEHEIMRAT: Eine Funkstation?

BRANDSTETTER: Ja – nein – Herrgottsakra, jetzt is mir der Name entfalln, eine Funk – eine Funktäne.

DER HERR GEHEIMRAT: Sie meinen eine Fontäne.

BRANDSTETTER: Ja, mir in Giesing drauß sagen halt Spritzbrunnen, und diesen Spritzbrunnen, den hab ich alle Jahre im Frühling aufdrehen müssen, dann hat er gspritzt bis zum Herbst. Und wenn dann der Winter kommen ist, nacha hab ich ihn wieder zudrehen müssen. Und da hab ich fürs Aufdrehn a Markl kriegt und fürs Zudrehn auch a Markl, sind zusammen zwei Mark.

DER HERR GEHEIMRAT: Ja, wissen Sie, Herr Brandstifter –

BRANDSTETTER: – stetter, bitte!

DER HERR GEHEIMRAT: Herr Brandstetter, für diese kurzen zwei Tätigkeiten finde ich zwei Mark eigentlich ganz gut bezahlt.

BRANDSTETTER: Natürlich ist's gut bezahlt. Ich mach ja auch dem Herrn Baron Rembremerdeng keine Vorwürfe, nur zuwenig is halt zum Aufdrahn gwesen.

DER HERR GEHEIMRAT: Wieso das?

BRANDSTETTER: Ich mein so. Wenn der Herr Baron Rembremerdeng in seinem Park tausend solchene Spritzbrunnen ghabt hätt, die wo mer alle Tag auf- und zudrehn hätt müssen, das wären dann zweitausend Mark pro Tag gewesen, des wär a Gschäft.

DER HERR GEHEIMRAT: Aber ich bitte Sie, welcher Mensch kann sich heutzutage den Luxus von tausend Springbrunnen leisten!

BRANDSTETTER: Ja, niemand.

Das Telefon läutet.

DER HERR GEHEIMRAT: Hallo, hier Geheimrat Müller.

BRANDSTETTER: Ja, und da bin ich halt zu Ihnen – denn ich hab auch an Heimgarten, und da hab ich auch an Spritzbrunnen, aber der ist kleiner, ganz klein –

DER HERR GEHEIMRAT: So sind Sie doch ruhig, wenn ich spreche. – Hallo, wer ist dort? – Sind Sie doch ruhig. Ach,

Herr Siebenmeier, ja, ich erwarte Ihren Anruf seit drei Wochen, das ist sehr wichtig. Also erzählen Sie mir, was sagen Sie, die Aktien sind wieder gestiegen? Das ist ja sehr interessant. *Brandstetter hat das Telefon betrachtet; er legt seinen Schirm darauf.* Hallo! Weg ist er. *Er sieht den Schirm.* Ja, was fällt Ihnen denn ein, Sie kindischer Mensch? Sie haben mir ja die ganze Unterbindung verbrochen. Wie kommen Sie denn dazu, Ihren dummen Schirm da hinaufzulegen? *Er wirft ihn herunter.*

BRANDSTETTER: Ja, Sie legen ja des Ding aa drauf.

DER HERR GEHEIMRAT: Ja, das ist doch der Hörer. Haben Sie denn noch nie ein Tischtelefon gesehen?

BRANDSTETTER: Naa, i kenn des neimodische Glump net.

DER HERR GEHEIMRAT: Für was haben denn Sie's angeschaut?

BRANDSTETTER: Ich hab glaubt, des is a Waag.

DER HERR GEHEIMRAT: Blödsinn. Wen interessiert das schon, wieviel Ihr dummer Schirm wiegt.

BRANDSTETTER: Auf a halbs Pfünderl schätz i ihn schon.

Das Telefon läutet.

DER HERR GEHEIMRAT: So, jetzt sind Sie aber ruhig! Hallo, ach ja, Herr Siebenmeier, wir waren leider unterbrochen. Ich bin etwas nervös. Ich habe einen lästigen Besucher da. Aber Sie müssen mir die Sache unbedingt jetzt erzählen.

BRANDSTETTER *tupft mit dem Zeigefinger fünf-, sechsmal auf die Gabel.*

DER HERR GEHEIMRAT: Ja, was haben Sie denn schon wieder gemacht, Sie Idiot? Hallo! Jetzt ist er wieder weg. Was treiben Sie denn?

BRANDSTETTER: I hab ja bloß so hitupft.

DER HERR GEHEIMRAT: Ja, ist denn so was möglich? *Er wählt.* Sind Sie denn ganz von Sinnen?

BRANDSTETTER: Nein, von hier.

DER HERR GEHEIMRAT: Was fällt Ihnen denn überhaupt

ein! Ja, hier ist Geheimrat Müller. Ach, Herr Siebenmeier –

BRANDSTETTER: Ja, ist denn das so empfindlich? Wenn i da
hinlang – *er langt hin* –, dann saust der andere scho fort?

DER HERR GEHEIMRAT: Ja, zum Donnerwetter, das ist ja
zum Verrücktwerden!

BRANDSTETTER: Ja, wia woaß denn der andere des, daß i da
hintupf?

DER HERR GEHEIMRAT: Ja, bin ich denn verpflichtet,
Ihnen den Nutzen und Schaden des Telefons zu erklären?
Soll ich Ihnen vielleicht an Vortrag halten? Also, zur
Sache, was wollen Sie eigentlich?

BRANDSTETTER: Ja, wie gesagt. Der Kummer geht net aus.
Die Kinder müssen auch in die Schule, die Frau is auch
nimmer so, wie s' sein soll, mir können Sie's glauben,
Herr Geheimrat, von gestern auf heut habe ich vier
Nächte nicht geschlafen, und da hätt ich eben die große
Bitte an Sie, ob Sie mir nicht den Betrag von –

BUBI *(Liesl Karlstadt) im Matrosenanzug kommt mit der
Radiozeitung herein. Fanny begleitet ihn.* Fanny, gehen Sie
einmal in mein Zimmer, und holen Sie mir die große
Radiozeitung. Du, Papa, eben lese ich in der Radiozeitung, daß heute in Wien ein großer Fußballkampf ist, und
den möcht ich gerne hören. Aber mit meiner Apparatur
kann ich Wien nicht erreichen. Jetzt wollte ich mir eine
neue Antenne auf das Dach hinaufbauen, aber die Großmutter will mit mir nicht aufs Dach hinausklettern.

DER HERR GEHEIMRAT: Das kannst du auch nicht verlangen. Die Großmutter wird morgen siebenundachtzig
Jahre alt.

BUBI: Na ja, dann ist's doch nicht mehr so schad, wenn s'
runterfällt –

DER HERR GEHEIMRAT: Das darf man nicht sagen. Du
brauchst doch auch auf dem Dach keine Antenne. Das
geht doch so auch. Du hast jedenfalls nicht richtig eingestellt.

BUBI: Natürlich habe ich richtig eingestellt. Da kannst dich gleich selbst überzeugen –. *Er schaltet ein, es kracht.*

DER HERR GEHEIMRAT: Das klingt ja häßlich.

BUBI: Ja, meine Antenne ist eben zu schwach, ich habe nichts wie Störungen.

BRANDSTETTER *schneuzt sich sehr laut.*

DER HERR GEHEIMRAT: Das klingt aber schön!

BRANDSTETTER: Scheener tuat's wie Eahna Grammingfon.

BUBI: Das ist doch kein Grammophon, das ist doch ein Radioapparat.

DER HERR GEHEIMRAT: Da bestell ich dir eben jetzt eine Zimmerantenne. *Er telefoniert:* Hier Geheimrat Müller. Ich habe vor wenigen Wochen einen Apparat bei Ihnen gekauft, für meinen Jungen, und nun möchte mein Junge gern Wien hören, diesen Fußballmatch, aber es ist unmöglich. Er kann Wien nicht bekommen, er hat nur Störungen. Das kracht so furchtbar.

BRANDSTETTER: Wie bei mir; ich hab auch immer so Störungen, so Darmstörungen.

DER HERR GEHEIMRAT: Sind Sie doch ruhig!

BUBI: Stören Sie doch meinen Papa nicht.

DER HERR GEHEIMRAT: Ruhe! Also ist diese Dachantenne nötig oder nicht? Nicht. So, eine Zimmerantenne genügt auch. Sehr gut. Danke schön. Guten Tag, Herr Haring.

BRANDSTETTER: Des is a saudummer Name. No ja, allweil no besser, als wenn oaner Rollmops heißt –

BUBI: Haha.

DER HERR GEHEIMRAT: Sind Sie doch still mit dem Unsinn! Also du brauchst dir keine Dachantenne machen, nur eine einfache Zimmerantenne. Da ziehst du einfach einen Draht quer durch das Zimmer – und dann hast du eine Antenne.

BUBI: Ja, dann muß ich sofort meinen Draht holen, und ihr müßt das Zimmer frei machen, und dann baue ich mir meine Antenne. Ich komme gleich wieder. *Ab.*

DER HERR GEHEIMRAT: Mein Sohn, mein ganzer Stolz! Er ist so lebhaft. Er interessiert sich so sehr für Technik. Wissen Sie!

BRANDSTETTER: Ja, ja, alle Kinder san ganz narrisch mit dem Radio.

DER HERR GEHEIMRAT: Haben Sie auch Kinder?

BRANDSTETTER: Soso.

DER HERR GEHEIMRAT: Ich frage, ob Sie auch Kinder haben?

BRANDSTETTER: Ja natürlich! Ich bin ja Schreinermeister.

DER HERR GEHEIMRAT: Knaben oder Mädchen?

BRANDSTETTER: Das könnt ich Ihna gar net genau sagn.

DER HERR GEHEIMRAT: Aber erlauben Sie, das müssen Sie doch wissen!

BRANDSTETTER: Ja mei, i bin die meiste Zeit unten in der Werkstatt. Ja, a Tochter hab i halt, a Deandl, a Madl und a Kind.

DER HERR GEHEIMRAT: Soso. Sagen Sie, finden Sie, daß mein Sohn mir ähnlich sieht?

BRANDSTETTER: Ja – jünger is er halt.

DER HERR GEHEIMRAT: Natürlich kann er nicht älter sein.

BRANDSTETTER: Älter auf keinen Fall. Aber, wenn ich meine Meinung sagen darf, eigentlich schaut er mehr Ihrer Frau Geheimrat, Ihrer Alten, Ihrer geheimen Alten, Ihrer alten geheimen Frau Rat, Ihrer Geheimfrau –

DER HERR GEHEIMRAT: Meiner Frau? Kennen Sie meine Frau?

BRANDSTETTER: Nein, kennen tu ich sie nicht.

DER HERR GEHEIMRAT: Wie können Sie dann sagen, daß der Bub ihr mehr ähnlich schaut?

BRANDSTETTER: Der Wimmer Sepp kennt s'. Der hat s' ausgstellt gsehn.

DER HERR GEHEIMRAT: Was ausgstellt? Meine Frau? Ach, jetzt verstehe ich: bei dem Fotografen Sahm in der Türkenstraße.

BRANDSTETTER: Nein, ganz woanders, der alte Witz von

»Drüben beim Schweinmetzger Sieber mit an Zitronen-schnitzl im Mäu«.

DER HERR GEHEIMRAT: So eine Unverschämtheit!

BUBI *mit viel Antennendraht:* So, jetzt geht's los. Jetzt bau ich meine Antenne. Jetzt weiß ich bloß nicht, soll ich den grünen Draht nehmen oder den braunen.

DER HERR GEHEIMRAT: Was willst du denn mit dem alten Draht? Wirf ihn doch weg. Wo ist denn der neue?

BUBI *wirft den alten Draht Brandstetter vor die Füße:* Den neuen hab ich auch mitgebracht, aber ich glaube, daß der zu schwach ist.

DER HERR GEHEIMRAT: Der genügt vollkommen. Mach schnell. Sonst versäumst du den Fußballkampf.

BUBI *hakt das Drahtende links ein, geht an Brandstetter vorbei:* Wo ist denn mein Hammer? Ich kann meinen Hammer nicht finden. *Er geht um Brandstetter herum und um den Geheimrat und geht dann auf die andere Seite.* Natürlich, die Fanny hat ihn wieder verlegt.

DER HERR GEHEIMRAT: Da, Bubi, da liegt er ja!

BRANDSTETTER *spürt die Schlinge:* Hilfe! Hilfe!

DER HERR GEHEIMRAT: Bubi, schau, der erstickt ja, gib acht!

BRANDSTETTER, *nachdem die Schlinge von ihm entfernt wor-den ist:* Der Bua ist gelungen.

DER HERR GEHEIMRAT: Sie müssen Ihren blöden Kopf auch überall vornedran haben. Möchten Sie nicht dem Jungen seine Freude verderben!

BUBI: Ja, da wird doch meine Antenne kaputt, wenn Sie Ihren dummen Kopf da hintun. *Er hängt den Draht auf der anderen Seite ein, probiert das Radio, es kracht.*

DER HERR GEHEIMRAT: Schalt aus! Schalt aus!

BUBI: Jetzt klingt er genauso scheußlich wie vorher, Papa.

DER HERR GEHEIMRAT: Bau dir halt noch eine zweite Antenne. Die machst du da oben rüber, machst sie am Lüster fest und ziehst sie dann auf die andere Seite zurück.

Bubi: Ja, da wird mir aber der Draht nicht reichen. *Er steigt mit dem Draht auf den Stuhl, den Tisch und auf Brandstetters Kopf.*

Brandstetter: Der steigt mir direkt aufs Haupt.

Der Herr Geheimrat: Komm runter, Bubi. Du könntest mir sonst herunterfallen. Die Fanny soll dir die Leiter bringen. – Fanny, bringen Sie rasch die Leiter.

Bubi: Ja, die Leiter und einen Hammer. *Fanny bringt Leiter und Beil.*

Der Herr Geheimrat: Was wollen Sie denn mit dem Beil? Ich habe doch Hammer gesagt, Sie blöde Kuh!

Bubi: Da, nehmen Sie den Draht, Sie dumme Gans. Sie müssen weggehen! *Er zieht die Leiter auseinander, wirft Brandstetter herunter, der verwickelt sich in die Antenne und in den vielen Draht, der am Boden liegt; Brandstetter hängt seinen Schirm in die Antenne ein, spielt damit Schwebebahn und läuft seinem Schirm nach; er stellt seinen Stuhl in die Leitersprosse hinein. Bubi hat immer dabei geschrien.*

Der Herr Geheimrat: So bleiben Sie doch endlich sitzen, Herr Brandstetter!

Bubi *steigt auf die Leiter:* Weißt du Papa, so einen alten Esel hab ich noch nie gesehn. *Er hängt den Draht in den Lüster ein.*

Der Herr Geheimrat: Das sagt man nicht – aber der Junge hat recht, einen anderen Ausdruck kann er gar nicht gebrauchen. So, jetzt komm herunter und zieh deinen Draht ans andere Ende. Sonst versäumst du noch den Anschluß. *Bubi wirft den Draht auf Brandstetters Kopf und steigt dann herunter.*

Brandstetter: Zefix.

Der Herr Geheimrat: No, wegen dem kleinen Brettchen, Sie Tölpel! *Bubi hängt den Draht ein.* Tun Sie doch die Leiter hinaus, Fanny! Was halten Sie denn Maulaffen feil? *Bubi und Fanny ziehen die Leiter weg, Brandstetter bleibt hängen.* Halt, halt, bleiben Sie doch da, wo fahren Sie denn hin? *Brandstetter zuckt die Achseln.*

BUBI: Gehn Sie weg! *Er wirft ihn herunter. Brandstetter untersucht seinen Stuhl.*

DER HERR GEHEIMRAT: Was schauen Sie denn da?

BRANDSTETTER: I hab bloß gschaut, ob da net ein Montor drinnen ist.

BUBI: Montor, Montor – das heißt ja Motor!

DER HERR GEHEIMRAT: Gib dir doch keine Mühe, der wird's nie begreifen. – Kommen Sie endlich zur Sache. Was wollen Sie eigentlich von mir?

BRANDSTETTER: Meine Notlage ist eben so kompriminierend, und so würde ich Ihnen sehr empfehlen, mir ein bißchen unter die Arme zu greifen in Gestalt eines Darlehens von ungefähr, sagn mar –

BUBI *schaltet das Radio ein, die Musik ist so laut, daß die beiden sich nicht mehr verstehen können; er schaltet wieder aus.*

DER HERR GEHEIMRAT: So reden Sie doch lauter, was wollen Sie denn?

BRANDSTETTER: Ja, ich hab mir eben gedacht, ungefähr die Summe von –

BUBI *schaltet zum zweiten Mal ein – Musik – er schaltet aus:* Das ist jetzt schon Wien!

DER HERR GEHEIMRAT: Ja, so reden Sie doch lauter, ich versteh Sie nicht, wieviel wollen Sie denn von mir?

BRANDSTETTER: Ja, man hört ja nix mit dera Saumusik!

DER HERR GEHEIMRAT: Mein Bub macht keine Saumusik.

BUBI: Was, Saumusik? Das ist ja keine Saumusik, sondern eine Radiomusik. *Er schlägt Brandstetter mit dem Hammer auf die Hand.*

BRANDSTETTER: Au, au, au!

DER HERR GEHEIMRAT: Na, na, sind Sie nur nicht so empfindlich, wenn Sie der kleine Junge mit dem Hämmerchen auf die Hand schlägt. – Also kurz, ich habe keine Lust mehr, mit Ihnen noch länger zu verhandeln. Was wollen Sie denn haben? *Bubi schaltet zum dritten Male die Musik ein. Zugleich läutet das Telefon.* Bubi, schalt aus, schalt aus, das Telefon! *Bubi schaltet aus.*

Wenn der Herr Geheimrat sprechen will, spricht Brandstetter immer dazwischen: »Ich komm halt dann a andersmal.«

DER HERR GEHEIMRAT: So sind Sie doch endlich still, zum Donnerwetter! Kann man denn heute nicht telefonieren?

BRANDSTETTER: Ja, jetzt is er doch stad, der Grammophon.

DER HERR GEHEIMRAT: Ja, aber hier wird doch telefoniert! Schweigen Sie doch!

BUBI: Ja, schweigen Sie, mein armer Papa wird ganz nervös, sind Sie still! *Er schlägt ihn mit einer Papierrolle auf den Kopf.*

DER HERR GEHEIMRAT: Aber Bubi, sei doch ruhig. – Schweigen Sie!

BUBI: Ja, schweigen Sie! *Er schlägt mit der Papierrolle auf den Tisch und läuft ab.*

BRANDSTETTER: Bin i denn da zum Teifi reikumma?

DER HERR GEHEIMRAT *am Telefon:* Ja, ich verstehe, schön! Ich komme hernach zu Ihnen rüber, Herr Direktor. Ich werde gleich meinem Chauffeur Bescheid sagen. Sie können sich verlassen drauf. Auf Wiedersehen, Herr Direktor. *Er steht eilig auf.* Entschuldigen Sie einen Augenblick, bester Herr Brandmiller.

BRANDSTETTER: Brandstifter bitte, – a – a – Brandstetter.

DER HERR GEHEIMRAT: Sie wissen scheint's selbst nicht genau, wie Sie heißen.

BRANDSTETTER: I kannt ja vielleicht morgen wiederkumma.

DER HERR GEHEIMRAT: Nein, nein, um Gottes willen. Bleiben Sie, ich komme sofort wieder. *Ab.*

BUBI *läuft herein mit Werkzeugkiste und Isolierband:* So, jetzt muß ich mich aber beeilen, daß ich meine Antenne richtig in Ordnung bringe. Gehn Sie weg, bitte schön – *er wirft das Kistl auf den Boden und steigt auf die Leiter hinauf.* Ich muß nämlich jetzt meine Antenne isolieren, sonst gibt's Kurzschluß. Da können Sie mir gleich behilflich sein. Geben Sie mir einmal diese Kiste herauf, bitte schön.

Brandstetter: Des kannst dir denka – aber wenn i s' ihm net naufgib, dann gibt mir der Alt koa Geld.

Bubi: Sie sollen mir diese Kiste heraufgeben, Sie altes Trampeltier.

Brandstetter: Obischlagen tua i di jetzt von der Loater. *Er gibt ihm die Kiste hinauf – es fällt alles heraus.*

Bubi *wirft die Kiste auf ihn:* Nicht einmal diese Kiste können Sie heraufgeben, Sie altes Kamel.

Brandstetter: Jetzt werd's mir z' dumm!

Bubi: Ich sag's schon meinem Papa!

Brandstetter: Wo ist denn dei Papa hingangen?

Bubi: Der ist in die Garage. Der muß dem Chaffeur Anweisung geben.

Brandstetter: Kommt er gleich wieder?

Bubi: Nein!

Brandstetter: Na san ma ja ganz alloa?

Bubi: Ja, wir sind allein!

Brandstetter: Des is recht. Da kimm amoi runter. *Bubi steigt rasch von der Leiter, schreit nach Papa und Fanny.* Du Saubua, du dreckater, was erlaubst dir denn du alles gegen an alten Mann? Du hast a nette Bildung.

Bubi: Papa! – Fanny! – Sie, werden Sie ja nicht frech! *Er wirft ihm Papiere hinauf.*

Brandstetter *läuft ihm nach:* Was, frech, du Rotzkrippi. *Er packt ihn, gibt ihm Ohrfeigen, schlägt ihn mit dem Teil. Bubi schreit, schlüpft unter den Schreibtisch und weint laut. Brandstetter wirft ihm alles mögliche unter den Schreibtisch und schlägt mit dem Schirm hinein.* Du Herrschaftskrüppel, du wampeter. Zwoamal hast mi übern Stuhl nuntergschmissen, mit'n Draht hättst mi bald derdrosselt, an Hamma hast ma auf d' Pratzen naufghaut, und du möchst a Herrschaftskind sei? Du Galgenhund, du ausgschamter.

Bubi: I sag's schon meinem Papa!

Brandstetter: Oa Wort wennst halt sagst, dann reiß i dir deine Ohrwaschel raus aus deinem Saukopf. Mir wennst ghörn tatst, dir tat i a Bildung lerna. Alle Tage tat i di auf a glühade Ofenplatten naufsetzen, du Schafottpflanzerl, du Salonstrizzi.

BUBI: Wenn mein Papa kommt, dann können Sie was erleben.

BRANDSTETTER: 's Maul halt, sag i! Du Galgenbua, du unzeitiger!

DER HERR GEHEIMRAT *von außen:* Warten Sie unten mit dem Wagen, ich fahre sofort weg. *Er kommt herein.* So, das ist erledigt. – Ja, wie sieht es denn hier aus, in meinem Zimmer? Wo ist denn der Bubi, wo ist mein Sohn?

BRANDSTETTER: Das weiß i net. Also auf Wiedersehn! I komm lieber morgen!

DER HERR GEHEIMRAT: Bleiben Sie hier! Was ist denn hier los? Bubi!

BUBI: Hallo, hallo! Hier bin ich!

DER HERR GEHEIMRAT: Das ist er ja unterm Tisch! Ja, der weint ja, was hat er denn?

BRANDSTETTER: Kuckuck hat er gspielt, und na hat er sich angsteßen am Kopf.

BUBI: Uih, das ist gar net wahr, der lügt dich an!

DER HERR GEHEIMRAT: Der kommt mir ganz verändert vor. Bubi, komm heraus, was hast du denn?

BUBI: Ich kann nicht herauskommen, weil ich mich fürchte.

DER HERR GEHEIMRAT: Was fürchten! Komm heraus!

BUBI: Ich trau mich nicht, ich hab soviel Angst!

DER HERR GEHEIMRAT: Komm heraus. *Er zieht ihn heraus.* Also, was ist los, rede!

BUBI: Der Mann hat – *Brandstetter schaut ihn böse an, aber in dem Augenblick, in dem der Herr Geheimrat sich umschaut, macht er ein freundliches Gesicht.* Schau, wie mich der anschaut.

DER HERR GEHEIMRAT *dreht sich um:* Also rede!

BUBI: Ja, der hat – jetzt droht er mir sogar!

DER HERR GEHEIMRAT: Also, was ist hier passiert? Ich will wissen, was jetzt hier vorgegangen ist.

BUBI: Ja, das war so – jetzt schaut er schon wieder so!

Der Herr Geheimrat: Also heraus damit!

Bubi: Ja, jetzt sag ich aber auch alles, und wenn Sie mir auch drohen. Ich fürcht mich nicht mehr vor Ihnen. Weißt du, Papa, wie du draußen warst, da war ich ganz still und brav. Da hat mich der Herr von der Leiter heruntergeworfen, hat häßliche Wörter zu mir gesagt und hat mich ins Gesicht und auf den Kopf geschlagen.

Der Herr Geheimrat: Was, Sie haben mein Kind geschlagen?

Brandstetter: Mein Herz denkt nicht daran.

Bubi: Jawohl, er hat mich geschlagen, mit dem Beil und mit dem Regenschirm, und eine Menge Ohrfeigen hat er mir gegeben.

Brandstetter: Ist nicht wahr!

Der Herr Geheimrat: Sie hören doch. Mein Junge sagt es, und der Junge hat noch nie gelogen.

Brandstetter: Ja, wenn Sie Ihrem Rotz... Ihrem Herrn Knaben mehr glauben als wie einem alten Mann –

Bubi: Jawohl, Sie haben gesagt, ich bin ein Rotzbankert und ein wampeter Herrschaftskrüppel. Jawohl. Und dann hat er gesagt, wenn ich dir ein Wort erzähle davon, dann wird er mir alle beide Ohren wegschneiden und mich auf eine glühende Ofenplatte hinaufsetzen.

Der Herr Geheimrat: Ja, Sie Harmann! Sie ausgewachsener! Meinem Kinde solche Scheußlichkeiten zu sagen, das ist der Gipfel einer verruchten Phantasie.

Bubi: Ja, und dann hat er noch gesagt, ich bin eine Schafottpflanze und ein Salonstrizzi.

Der Herr Geheimrat: A – a – a – a – und Sie wagen es, mich zu bitten um ein Darlehen von –

Brandstetter: Von einhundertfünfzig Mark, wenn ich bitten darf.

Der Herr Geheimrat: Schweigen Sie! Sie kommen als Bittsteller und führen sich hier auf wie ein Straßenräuber. Nehmen Sie sich in acht. Aber ich gebe Ihnen das Geld. Kommen Sie her! Aber nur, damit ich Sie endlich los-

werde. Bitte unterschreiben Sie da. Sie bekommen einhundertfünfzig Mark auf die Dauer von drei Monaten,
verpfänden zur Sicherheit Ihre Werkstätte mit Inventar
und zahlen eine Kleinigkeit Zinsen, sagen wir fünfzehn
Mark. So, und nun unterschreiben Sie. *Legt ihm die Quit-
tung vor. Brandstetter nimmt den Bleistift, unterschreibt.*

BUBI *reißt ihm den Bleistift aus der Hand:* Das ist mein Bleistift.

DER HERR GEHEIMRAT: Der Bub hat ganz recht, da, nehmen Sie den Federhalter. *Brandstetter schreibt.*

BUBI *stößt ihn von hinten, er wirft dabei die Tinte um:* Meinen
Sie, ich leihe Ihnen meinen Bleistift auch noch?

DER HERR GEHEIMRAT: Sind Sie wahnsinnig, über meine
wichtigen Schriftstücke die Tinte auszuschütten? Sie
Esel, Sie dummer. Und ich hab auch noch reingegriffen,
ich bin auch noch voll geworden.

BRANDSTETTER: Da sind S' auch noch voll. *Er wischt ihm
mit dem Löscher im Gesicht herum, der Geheimrat schimpft,
Brandstetter wischt sich die Hände an einem Zierdeckchen ab.*

DER HERR GEHEIMRAT: Wollen Sie das unterlassen, Sie
Schweinepelz! *Er öffnet die Schublade, nimmt Geld heraus.*

BUBI: Jetzt hab ich mir was ausgedacht, dem tu ich jetzt was
an, weil er gar so frech war zu mir. *Er bindet ein Schnur-
ende an Brandstetters Arm, das andere Ende an eine wertvolle
Nippesfigur.* So, das ist jetzt die Strafe, weil er gar so unge-
zogen war zu mir. *Er läuft zum Herrn Geheimrat.*

BRANDSTETTER *hebt während des Schnuranbindens die Arme
in die Höhe und sagt:* Wissen S', Herr Geheimrat –

DER HERR GEHEIMRAT: Sind Sie ruhig! *Er zählt ihm das
Geld hin.* So, und jetzt machen Sie, daß Sie rauskommen.

BRANDSTETTER: Dank schön, Herr Geheimrat, nix für
ungut.

DER HERR GEHEIMRAT: Ja, ja, ja, gehn Sie nur! *Er hält ihm
die Hand hin.* Leben Sie wohl!

*Brandstetter greift nach der Hand, die Schnur spannt sich, und
die Figur fällt herunter. – Großes Schweigen.*

BUBI *springt auf den Tisch:* Uih, der hat die herrliche Figur heruntergeworfen.

BRANDSTETTER: Ich??

DER HERR GEHEIMRAT: Jawohl, Sie haben die Figur zerbrochen.

BRANDSTETTER: Ich?? Vielleicht is a Lastauto vorbeigfahrn drunt!

BUBI: Ha, Lastauto!

BRANDSTETTER: Ja, ich hab mich doch gar net vom Platz grührt.

DER HERR GEHEIMRAT: Wollen Sie vielleicht behaupten, ich bin's gewesen?

BUBI: Oder wollen Sie gar sagen, ich sei es gewesen?

BRANDSTETTER *entdeckt die Schnur an seinem Arm:* Da schaun S' her, Herr Geheimrat, Ihr saubers Früchterl hat mir –

DER HERR GEHEIMRAT: Aber Bubi, das kann ich gar nicht glauben!

BUBI: Ha, ha, ha. Diese Schnur hat er sich selbst herumgebunden um den Arm.

BRANDSTETTER: Du Saubua!

DER HERR GEHEIMRAT: Was? Ich?

BRANDSTETTER: Nein, der hintere!

DER HERR GEHEIMRAT: Sie, werden Sie mir ja nicht gewalttätig, sonst ruf ich das Wasserfall – a, das Überfallkommando. Wissen Sie denn überhaupt, was diese Figur kostet? Dreihundert Mark, die müssen Sie mir ersetzen.

BRANDSTETTER: Ja, wie soll denn i als armer Mann dreihundert Mark zahlen könna? I kannt Eahna höchstens hundertfünfzig Mark ozahln, di wo S' mir grad gebn ham, und des andere halt dann in Raten – *er legt das Geld auf den Tisch* – o mei, o mei!

DER HERR GEHEIMRAT: Wie man sich nur in einer fremden Wohnung so aufführen kann! Machen Sie, daß Sie nauskommen!

Radio-Signal.

BUBI: Still, das ist jetzt der Fußballmatch.

Lautsprecher spricht weiter: »Vor der Übertragung des inter-
nationalen Fußballwettkampfes in Wien folgt noch ein
Vortrag von Professor Knigge: ›Wie erziehe ich meine
Kinder.‹«
BRANDSTETTER: Da horcha S' zua, Herr Geheimrat, da
könna Sie aa no was lerna!

Im Photoatelier.
Von Karl Valentin und Liesl Karlstadt, München

*Die Bühne ist ein kleines unmodernes Photoatelier mit Einrich-
tung. Verschiebbare Wolken – Bühnenhintergrund mit Türe und
Oberlichtfenster, seitliche Türe zur Dunkelkammer – Photogra-
phischer Hintergrund – 2 Tische
Fauteuil – Photoapparat. Requisiten.*

PERSONEN
Der Meister, 50 Jahre alt – mit Spitzbart, echter Photogra-
phentyp – streng
Photogehilfe Heinrich............ Karl Valentin
Photolehrling Alfons............. Liesl Karlstadt
Frau mit Kind, ältere dicke unmoderne Frau mit altmo-
discher Unterwäsche
Scharfrichter, grosser, starker, furchtbar energischer Mann
mit lauter Stimme.
Braut (Zwerg) sehr kleine hässliche Frau oder Mann
Bräutigam (Riese) Grösse über 2,10 mt. (Schauspieler)
Ein Helfer hinter der Bühne für Kindergeschrei, Ohrfeige,
Balkenkrachen
MEISTER *(steht allein auf der Bühne und betrachtet eine Photo-
platte – ruft):* Heinrich komm heraus, was ist mit dieser
Platte wieder los?

HEINRICH: *(kommt – nimmt Platte – betrachtet sie)* Die is nicht ganz entwickelt, die hat der Fonse ausgewickelt – a entwickelt.

MEISTER: Fonse, da komm raus

ALFONS: Ha, was is denn?

MEISTER: Was ist mit dieser Platte?

ALFONS: Des geht ja mich nix an – des is ja net mei Arbeit *(z. Heinr.)* des hast ja du g'macht.

MEISTER: Na, einer von Euch zwei muss sie doch gemacht haben!

HEINRICH: Naa, oaner von uns drei hat's g'macht.

ALFONS: Ah, des is ja de – de ham na ja mitanander entwickelt. Da wars ganz schön, aber der spielt immer mit der Platten so *(wirft sie)* na is heut mittag in Kartoffelsalat neig'fall'n.

MEISTER: Also nicht lange reden, die Platte muss nochmal gemacht werden

HEINRICH: Ja, ob uns der halt nochmal hergeht, des glaub i kaum.

ALFONS: Des glaub i a net, der war bei der Aufnahme schon so ekelhaft.

HEINRICH: Ah, des is ja der Herr Ding, der braucht nimma kemma, den fotografier i auswendig.

MEISTER: Da muss eben hingeschrieben werden, dann kommt er schon. Also und dass ihr wisst, ich fahre nun auf zwei Tage weg, habe eine geschäftliche Angelegenheit zu erledigen und in zwei Tagen bin ich wieder zurück.

HEINRICH: Auf Wiedersehen!

MEISTER: Dass ihr mir gut aufpasst, wenn ich nicht da bin, ich hoffe, das ich mich auf euch verlassen kann. Das Material wisst ihr ja, es ist alles draussen in der Dunkelkammer, und seid vorsichtig mit dem Sublimat.

ALFONS: Ja, des hat der scho amal g'suffa statt Limonad.

HEINRICH: Hat mir aber gar nix g'macht.

MEISTER: Ja, Unkraut verdirbt nicht.

HEINRICH: Oder soll'n wir die zwei Tage nicht lieber zusperrn?

MEISTER: Das tät euch so passen, für was seid ihr denn da?

ALFONS: Da san mir ja nimma da, wenn ma zusperrn.

MEISTER: Wenn jemand kommt, dann habt ihr die Aufnahme zu machen.

HEINRICH: Mir könna ja gar koane Aufnahmen machen. Sie hab'n uns ja nia was machen lassen, mir ham ja bloss allweil mit dem Schachterl da entwickeln könna.

MEISTER: Aber gesehn habt ihr's doch von mir, ihr seid ja lange genug da, ihr habt doch immer zugeschaut!

ALFONS: Ja, da ham mir aber nia obacht geb'n.

HEINRICH: Ja, wenn aber recht viel Leut komma zum Photographieren?

ALFONS: Zu uns kommt doch niemand!

MEISTER: Warum soll da niemand kommen?

ALFONS: Das müsst a Zufall sein.

HEINRICH: Wenn aber a ganzer Gesangverein kommt, soll'n ma den a aufnehmen?

MEISTER: Natürlich!

ALFONS: Na, er moant ja, wenn gleich recht viel kommen – a paar tausend gleich –

MEISTER: Ach, ein paar Tausend kommen nie!

HEINRICH: Na – er meint ja nur, wenn's komma taten.

MEISTER: Na wir haben doch schon oft Gruppenbilder gemacht, ihr müsst einfach die Kundschaft anständig bedienen, schöne Posen stellen, damit es auch schöne Aufnahmen werden. Und dann noch was, dass ihr mir ja nicht raucht. Also, ich gehe jetzt, in zwei Tagen bin ich wieder zurück.

HEINRICH: Auf Wiedersehen!

MEISTER: Pressiert's Ihnen so?

ALFONS: Der is manchmal gelungen.

MEISTER: Ja, dir fehlt schon auch nichts. Also, dass mir alles klappt. Auf Wiedersehen.

ALFONS: Ich mach schon zu, bitte.

MEISTER: *(Ab)*

ALFONS: Jetzt hörn mir aber glei s'arbeiten auf – was tean ma jetzt?

HEINRICH: Nix mehr – deck ma glei d'Arbeit zu, dass ma's nimmer sehn. Jetzt mach ma zwoa Tag Urlaub. Anrührn tean ma nix mehr, *(zündet sich eine Zigarette an und setzt sich auf den Stuhl)* So aufmachn tean ma von jetzt an überhaupt nimmer, bis er kommt, d'Hausmoasterin war heut scho da und sonst kommt ja neamand. Der Briefträger wirft sei Sach ins Briefkastel nei. Und du gehst nunter und lasst dir an Gramaphon leihen und Lampions häng ma auf, dann mach ma a italienische Nacht. Und i telefonier meiner Henna!

ALFONS: Und wenn sich wer photografieren lassen will, de solln einfach zu an andren Photografen geh'n.

(Es läutet)

ALFONS: Soll i aufmachen?

HEINRICH: Net aufmacha! *(es läutet)* Wer wird's denn sein? SSSSSS! *(es klopft)*

HEINRICH: Also ausg'schamte Leut gibt's!

MEISTER: *(von aussen)* Heinrich – Alfons – warum macht ihr nicht auf?

ALFONS: Ui, der Alt *(macht schnell auf)* Mit deine Tanz allawei!

MEISTER: Ja was ist denn das? Warum macht ihr nicht auf? – habt ihr denn des Läuten nicht gehört?

HEINRICH: Wann – heut?

MEISTER: Ja, jetzt im Moment.

ALFONS: Na – mir habn nix g'hört, gar nix.

MEISTER: So – und ich hab sechsmal hintereinander geläutet.

ALFONS: Na – dreimal wars blos.

MEISTER: Ah, da kommt ihr wieder auf.

HEINRICH: *(winkt wegen dem Tischtuch)*

MEISTER: Was soll denn das bedeuten?

ALFONS: Zudeckt hab ich's, weil wie sie nausgangen sind, ist auf amal so a Wind gangen, hätt bald alles nunterg'weht.

MEISTER: Was, a Wind?

ALFONS: A Sturm war's eigentlich.

MEISTER: So auf einmal geht da herin ein Wind.

ALFONS: Ja wir warn selber ganz baff. *(Schneidet dem Heinrich die Zigarette ab – der Stummel fällt auf den Boden und raucht weiter)*

MEISTER: Was ist denn das? Da schau mal her.

ALFONS: Wo?

MEISTER: Da – was ist des?

ALFONS: Ui, was is denn des?

HEINRICH: A Glühwürmchen

ALFONS: Ja, pfeilgrad!

MEISTER: Das raucht ja!

ALFONS: Dann is's a Rauchwürmchen

MEISTER: Wie kommt die Zigarette daher?

ALFONS: Die Buben tuns immer zum Fenster reinwerfen, Schneeball'n, Stoana u.s.w.

MEISTER: Wo ist da ein Fenster?

ALFONS: Wer hat denn das Fenster zug'mauert?

HEINRICH: Aber in unserem früheren Atelier war a Fenster.

MEISTER: Das kann ja recht nett werden, die zwei Tage!

ALFONS: Na, wenn mir g'wusst hätten, dass 's Sie warn, hätten mir glei aufg'macht.

HEINRICH: *(gibt ihm einen Wurf)*

MEISTER: So, und wenn es eine Kundschaft gewesen wäre?

HEINRICH: 'S war ja koa Kundschaft, warn ja Sie.

MEISTER: Wenn's aber eine gewesen wäre?

HEINRICH: Es war doch koane.

MEISTER: Na es ist gut, dass ich's weiss, zufälligerweise musste ich noch einmal zurück, weil ich meine Brieftasche vergessen habe.

HEINRICH: In der Dunkelkammer liegt's drin.

ALFONS: Ja 7 Mark fünfzig Pfennig san drin.

MEISTER: So, habt ihr da auch schon wieder hineingeschaut?

HEINRICH: Ich weniger oft, aber er.

ALFONS: Ja weil ich g'meint hab, dass 's mei Brieftasch'n is, aber er hat mir erst hernach g'sagt, dass i gar koane hab.

MEISTER: Da ist einer wie der Andere *(geht zur Dunkelkammer – schaut plötzlich um)*

HEINRICH: *(macht ihm ein Gesicht nach)*

MEISTER: Was war denn das jetzt?

HEINRICH: Jch kann mich nicht mehr erinnern.

MEISTER: *(geht in die Dunkelkammer)*

ALFONS: *(leise)* Sei Brieftasch'n hat er vergess'n.

MEISTER: Also, jetzt geh ich, ich sage euch, dass ihr mir sofort aufmacht, wenn es läutet, das Geringste wenn ich hören muss, wenn ich zurückkomme, dann könnt ihr was erleben.

ALFONS: Kommen Sie jetzt dann nochmal z'rück?

MEISTER: Frag nicht so frech, sonst hau ich dir eine runter *(wirft ihm seine Koffer nach, dann ab.)*

HEINRICH: So, jetzt san mir richtig nei'tanzt.

ALFONS: Du warst so g'scheidt, du hast g'sagt, mir solln net aufmachen, is er glei mit oaner italienischen Nacht daherkommen, i dank schö.

HEINRICH: Am Läutn kennt mas doch net, wer's is, für eahm sollt halt a Extraglocken da sein – jetzt hat er's gspannt, dass mir nicht aufmachen.

ALFONS: Ja, jetzt is scho z'spät, jetzt denk i mir nix mehr und jetzt brauchst a nimmer aufmachen, jetzt kommt er nimmer. *(es läutet)*

ALFONS: Scho wieder. *(es läutet)*

HEINRICH: (achselzuckend) Jetzt soll ma's halt wissen. *(Es klopft fest – –)*

MEISTER: *(von aussen)* Heinrich – Alfons – was ist denn das?

ALFONS: Ui – des is er wieder *(macht auf)*

MEISTER: Ja zum Donnerwetter, was ist denn das? Warum wird denn da wieder nicht aufgemacht?

ALFONS: Ich war jetzt grad net da, ich war jetzt draussen in der Dunkelkammer.

HEINRICH: Ich war draussen in der Dunkelkammer.

ALFONS: I war drauss, lüag net a so *(wollen sich gegenseitig stossen und treffen den Meister)*

HEINRICH: Ich werd wohl wissen, wo ich grad war.

ALFONS: Na, g'wiss war ich drauss, es kann ja möglich sein, dass er auch draussen war, da hab ich ihn halt net gsehn, weils so finster is.

MEISTER: So, und g'hört habt ihr auch nichts?

HEINRICH: Wenns so finster is draussen.

MEISTER: Wie stellt ihr euch denn das vor, wenn das nun eine Kundschaft gewesen wäre?

HEINRICH: 's war ja keine, warn ja wieder Sie.

MEISTER: Wenns aber eine gewesen wäre?

HEINRICH: Niemals!!!

MEISTER: Was heisst »Niemals« – das kann ja nett werden, es ist nur schade, dass ich unbedingt fort muss, sonst würde ich euch auf der Stelle hinauswerfen, aber am Ersten fliegt ihr alle beide.

ALFONS: *(schleicht sich leise hinaus)*

MEISTER: Ja, schleich dich nur hinaus, scheinheiliger Tropf.

HEINRICH: Auf Wiedersehen!

MEISTER: Bande *(ab)*

HEINRICH: *(schüttet ihm Fixierwasser nach)* Kommt der Zigeuner no amal daher!

ALFONS: Mir san ja glei so dumm, alle zwoa, des hätt ma uns doch denka könna, dass der no amal kommt. Der is ja so raffiniert, werst sehn, der kommt schon noch a paarmal, den kenn i doch, den Bruadern!

HEINRICH: Das kann scho sein, aber da garantier i dir, dass uns der nimmer drankriegt, weil in dem Moment, wo es jetzt läut, ist die Tür auf, lieber mach i's scho vorher auf.

ALFONS: Ja, ich stell mich jetzt daher bis morg'n auf d'Nacht und wart bis er kommt und wenn's läut, reiss ich auf. *(es läutet)*

ALFONS: *(reisst mit Wucht die Tür auf, Heinrich steht mit einer Wanne daneben, die Türe haut ihn fest auf den Kopf,*

er lässt die Wanne fallen – hinter der Bühne Ohrfeigen-
imitation)
FRAU: *(mit Kind, kommt herein*.............
Alfons und Heinrich lachen
FRAU: Bin ich da recht beim Photografen?
HEINRICH: Der is net da – warum – was wolln's denn?
FRAU: Mei Enkelkinderl möcht i photografieren lassen.
HEINRICH: Hams sie's dabei?
FRAU: Daaa
HEINRICH: Des is noch z'jung zum photografieren.
FRAU: Ja also wolln's des Kind photografieren?
HEINRICH: Der Photograf is net da momentan.
FRAU: No ja, dann wart i halt, bis er kommt *(setzt sich nieder)*
BEIDE: *(schauen entrüstet)*
FRAU: Kommt er bald, der Photograf?
HEINRICH: Ja, übermorgen in der Früh.
FRAU: Was übermorgen – i kann doch net bis übermorgen
da warten!
ALFONS: Warum hams ihnen dann hing'setzt?
FRAU: Ja also, wolln's jetzt das Kind photografieren oder net?
HEINRICH: Genga's doch zu an andern Photografen – der
Ding in der Amalien-Strass, der macht wunderbare Bilder.
ALFONS: Der is auch viel billiger als wie wir.
FRAU: Da will ich aber nicht hingeh'n, denn Ihr Geschäft
ist mir gerade empfohlen worden.
HEINRICH: Von wem denn?
FRAU: Von an guten Bekannten.
HEINRICH: Der soll sei Maul halten, s'nächste Mal.
ALFONS: Des derfst doch net sag'n, de Frau sagt's unserm
Alten, dann schmeisst er uns no amal naus.
FRAU: Ja, also, was is jetzt?
HEINRICH: Ja mach's doch du, wennst so g'scheidt bist.
ALFONS: Da is doch nix dabei, des photografieren mir jetzt,
des gibt a Gaudi....
HEINRICH: So, de jungen Kinder san viel schwerer zum
photografieren, wie de Alten.

ALFONS: Du bist a so a Schuaster – des geht scho – wo soll i's denn hinsetzen, des Kind – am Stuhl oder am Boden?

HEINRICH: Na, in's Fell legt er's immer nackert nei.

ALFONS: Jessasja – stimmt – Also Frau, bitte ausziehen.

FRAU: Ausziehn???

ALFONS: Ja, nackert –

HEINRICH: Da tua a Platten einleg'n, 13 x 17!

ALFONS: *(ab)*

FRAU: *(zieht sich aus bis auf die Schlupfhose)*
Alfons und Heinrich schauen ihr zu

HEINRICH: Wia ham mas denn da? Was tenn's denn da?

FRAU: Ausziagn ham's g'sagt.

HEINRICH: 's Kind solln's ausziagn

FRAU: Jaso – 's Kind *(zieht das Kind aus)*

HEINRICH: Auf eahna san ma net scharf.

ALFONS: *(richtet das Kind her. Kind schreit)*

HEINRICH: Geh hör auf mit der Sirena

ALFONS: *(zerrt das Kind am Fuss)*

HEINRICH: *(richtet das Kind mit Popo zum Publikum)*

ALFONS: *(richtet das Kind mit Popo zum Objektiv)*

HEINRICH: *(deckt das Objektiv zu – geht zum Kind – haut es mit der Zeitung)* Hör doch amal dei Plärrn auf, du wirst doch bloss photografiert, das tut dir doch net weh, sei doch net so kindisch.......... *(er richtet mit einer Stange die Wolken, haut zum Schluss der Frau den Hut herunter und knipst dann)*

ALFONS: *(richtet Apparat und sagt eben beim Knipsen zur Frau)*: So Frau sie müssen jetzt weggehn, sonst kommen's auch drauf.

FRAU: *(geht ab)*

HEINRICH: Ja solln denn Sie net drauf kommen?

FRAU: Ja woher?

HEINRICH: Jch hab aber schon geknipst, i hab g'moant, Sie san d' Muatter

FRAU: Ah woher, das soll doch a Ueberraschung wern, i bin ja d' Grossmuatter.

HEINRICH: Des is ja wurscht, wenn Sie auch grösser san, deswegn hättens halt weggehn solln.

FRAU: Des kann doch i net wissen.

ALFONS: Ja, jetzt san's scho drauf

FRAU: Na müassen S'halt noch amal a Aufnahme machen.

HEINRICH: Des könnens Ihna denken, dass wir wegen dem Schratzen nochmal a Platten ansetzen.

ALFONS: Mir habn Ihna gleich gsagt, sie solln zu an richtigen Photografen gehn. Da hams Ihna Kind wieder, machens, das weiter kommen.

FRAU: Des is amal a saubers G'schäft, des wer ich mir aber merken, so eine Bruchbude, da hört sich doch alles auf, eine solche Unverschämtheit ist mir auch noch net passiert, no ja, euer G'schäft kann ma ja empfehl'n. *(sie geht ab)*

HEINRICH: Mir ham koa Bierg'schäft – sie brauchn uns net empfehln, mir san froh, wenn niemand kommt.

ALFONS: *(stellt sich vor die Tür hin)*

HEINRICH: De war ja guat, de Frau.

SCHARFRICHTER: *(reisst die Türe auf und stürzt herein, wobei er Alfons einen Stoss gibt)* Guten Tag – ein Bild will ich haben –

HEINRICH: Wer hat denn den da reing'schmissen?

ALFONS: Was wolln Sie?

SCHARFR.: Ein Bild!

ALFONS: Ein Knie- oder Brustbild?

SCHARFR.: Das ist egal, schnell ein Bild.

HEINRICH *(mischt die Bilder wie Karten und zeigt sie ihm)*

SCHARFR.: *(haut sie ihm aus der Hand)* Gehn Sie weg mit ihrem Blödsinn – ein Bild muss ich haben – sie wissen scheinbar gar nicht, wer ich bin. – Mein Name ist Meier – Scharfrichter.

BEIDE: Uuuuuuuuuuuu

ALFONS: Da derfst scharf einstellen, bei dem.

HEINRICH: *(fährt dem Scharfrichter mit dem Apparat in den Bauch)*

SCHARFR.: Was erlauben Sie sich?

ALFONS: Tu ihn amal a bisserl hinrichten.

HEINRICH: *(rührt ihn an)* Ich möcht Sie hinrichten.

SCHARFR.: Hinrichten tu ich, ich bin der Scharfrichter.

HEINRICH: *(spuckt in die Hände und richtet den Bart)*

SCHARFR.: Unapetitlicher Kerl, spuckt in die Hände und greift nach meinem Bart!

ALFONS: Schau, dass d'fertig wirst, dass man nausbringen.

HEINRICH: Bitte darf ich Sie freundlich ersuchen, recht freundlich zu schauen?

ALFONS: Ja, etwas lebhafter, bitte!

SCHARFR.: Das kann ich nicht.

HEINRICH: A bisserl lächeln!

SCHARFR.: Ich kann nicht und will nicht lachen.

HEINRICH: Bei uns müssen's lachen, das ist ja zum lachen.

SCHARFR.: Ich lach nicht

HEINRICH: Ja das passt auch net zu sei'm Beruf – aber so könna mas net machen.

ALFONS: So geht's net, so schaun's aus wie a alter Seehund.

SCHARFR.: Frecher Kerl!

ALFONS: Jetzt lacht er gleich – 1 – 2 –3 – Jetzt kommt a' Vogerl raus

SCHARFR.: Weg mit dem Unsinn, fahr ab, Idiot!

ALFONS: Ah der lacht net, dann mog i auch nimmer.

HEINRICH: Der reagiert net auf solchene Sachen *(nimmt Glöckchen)* Lalalala – *(knipst)*

ALFONS: Jetzt hat er g'lacht – danke – fertig.

SCHARFR.: Bis wann kann ich die Bilder haben?

HEINRICH: Bis in acht Tagen

SCHARFR.: Das ist mir zu spät

HEINRICH: In sieben Tagen in 6 – 5 – 4 – 3 – 2 –1 – 0 – gestern

SCHARFR.: Also morgen!

HEINRICH: Jawohl.

SCHARFR.: Und dass mir die Bilder gut werden, dass Sie sich Mühe geben.

HEINRICH: Ja ja, bei Ihnen b'sonders, weil wir net wissen, ob wir Ihna net amal brauchen könne.

SCHARFR.: Guten Tag! *(ab)*

HEINRICH: *(zur Tür hinaus)* An schöna Gruss an die Geköpften.

ALFONS: Geh, lass ihn doch stehn, sei froh, dass er draussen ist – des war fei der Scharfrichter – dass' des net kennt hast?

HEINRICH: Ja mei – g'schäftlich hab ich mit eahm no nia was z'tun g'habt.

ALFONS: Aber gell, heut geht a G'schäft, weil der Alt net da is?

Es läutet draussen – vor der Tür steht ein Brautpaar – vom Bräutigam ist der Kopf nicht zu sehen.

HEINRICH: Ah, der hat wahrscheinlich was vergessen. *(er macht die Tür auf – erschrickt, und haut sie gleich wieder zu)* Jess Maria!

ALFONS: Was ist denn?

HEINRICH: A Geköpfter steht draussen

ALFONS: Wia, lass'n sehn – *(Er schaut hinaus)* – Ahhh! – *(Er haut wieder zu)*

HEINRICH: Gel, weil wir g'frevelt habn, da steht oaner ohne Kopf draussen.

ALFONS: Wia, schaun ma nomal hinaus *(er tut es)*. Freili hat er an Kopf, aber ganz da drob'n. *(macht die Türe auf)* Bitte gehn's rein.

BRÄUTIGAM: Das geht ja nicht, die Türe ist zu klein.

ALFONS: Ui, der kann net rein, weil er so lang ist.

HEINRICH: Häng die Oberlichtern aus!

ALFONS *hängt sie aus*

BRÄUTIGAM: Das geht ja noch nicht!

HEINRICH: Halt, i hol d'Säg, na schneiden wir an Türstock durch *(er holt die Säge – sägt die Querlatte an der Tür ab)*

BRAUTPAAR *kommt herein*

HEINRICH: Sie wünschen, bitte?

BRÄUTIGAM: Wir möchten Brautbilder haben.

ALFONS *(zur Braut):* Sie auch?

HEINRICH: Wieviel?

BRÄUTIGAM: Ein halbes Dutzend, bitte

HEINRICH: So viel wern ma gar net ham *(nimmt Bilder und zeigt sie her)*

BRÄUTIGAM: Von uns wollen wir doch Bilder haben, das sind wir ja gar nicht.

HEINRICH: A so, von Eahna wolln's welche ham, ja die müssten aber extra angefertigt werden.

BRÄUTIGAM: Natürlich, das wollen wir ja!

HEINRICH: Ja ja, aber de hätten's halt billiger kriegt, weil die san net abg'holt worn, die flacka scho jahrelang bei uns umanander.

ALFONS: Bitt schön, möchtens Ihna aus dem Album was raussuchen?

HEINRICH: Diese Firmlingsbilder wern sehr gern gekauft – oder soll's was in Uniform sein?

ALFONS *(zeigt das Album her):* Das wär mehr so Massenaufnahme. *(läßt es fallen)*

BRÄUTIGAM: Das ist nichts für mich, wir beide wollen uns doch bloss photografieren lassen.

ALFONS: Na müassten's halt noch a paar Bekannte holen schliesslich.

HEINRICH: Sehn's, das ist ein direktes Brautbild –

BRÄUTIGAM: Ja – das möchten wir haben.

HEINRICH: Werden Ihnen de net z'teuer sein?

BRÄUTIGAM: Warum, was kosten denn die?

HEINRICH: Das weiss ich nicht – der Alt is net da und der hat uns in die Preis net eing'weiht.

ALFONS: Des steht doch hinten drauf –

HEINRICH: De kosten vierzig

BRÄUTIGAM: Was 40?

HEINRICH: Ja des wiss' ma eb'n net – entweder 40 Stück oder 40 Mark.

ALFONS: Ich glaub, 40 Stück eine Mark – nein das stimmt auch nicht.

HEINRICH: *(legt das Bild halb zusammen)* Oder mach ma vielleicht die Hälfte?

BRÄUTIGAM: Ja so – aber die andere Hälfte

HEINRICH: Jetzt wissen's was, wir machen jetzt amal die Aufnahme und an Preis können's dann mit unsern Meister ausmachen, wenn er kommt.

ALFONS: Na mach ma liaber die Kleinern, weil wenn's dann nix wern, is net so viel Geld hin. Bitte stellen Sie sich amal daher.

HEINRICH: *(richtet den Apparat)* Weiter zurück, bitte –

BRÄUTIGAM: Aber schöne moderne Bilder solln's werden.

ALFONS: Da können's ihnen verlassen, des werden Prunkbilder *(zieht den Arm der Braut heraus, hängt Zylinder drauf – dann tut er Zylinder wieder weg und lässt die Braut mit dem Zeigefinger zum Bräutigam deuten)*

HEINRICH *(geht mit dem Apparat die Bühne hinunter in den Zuschauerraum, schreit)*: Den bring i net auf d'Platten nauf.

BRÄUTIGAM: Was ist den los?

ALFONS: Er bringt Sie net auf d'Platten drauf. Sie san z'lang, sagt er, wir haben keine so langen Platten.

HEINRICH *(kommt mit dem Apparat)*: Muss der Kopf unbedingt drauf sein?

BRÄUTIGAM: Was ist das für eine Frage? Natürlich muss der drauf sein.

ALFONS: Machst'n halt bis daher und dann an Kopf extra, den papp ma dann unten hin.

BRÄUTIGAM: Ich glaube, Sie können überhaupt nicht photografieren.

HEINRICH: Ich kann Sie schon photografieren, aber da müssten Sie sich niederknien – niederkniegeln.

BRÄUTIGAM: Was, niederknien! – das habe ich aber noch nicht gesehn!

HEINRICH: Mir ham so an langhaxeten a no net g'sehn.

BRÄUTIGAM *(kniet sich nieder)*

ALFONS: So is besser, da kommt wenigstens er drauf.

HEINRICH: Jetzt ist aber sie zu gross, das ist nichts! *(zur Braut)* Knien sie sich auch nieder!

BRAUT *(kniet sich nieder)*

ALFONS: Das is Gschmacksache

HEINRICH: G'fällt mir nicht.

BRÄUTIGAM: Mir auch nicht.

HEINRICH: Warum hams 's denn g'heirat?

BRÄUTIGAM: Die Stellung gefällt mir nicht.

HEINRICH: *(zum Bräutigam)* Setzen Sie sich lieber nieder *(setzt sich an den Boden)* Bräutigam zur Braut: Setz dich auch hin Herzerl. *(Braut setzt sich)*

HEINRICH: So ist's gut. – Einen Moment bitte *(knipst)* danke schön.

BEIDE: *(stehen wieder auf)*

HEINRICH: Das ist eine seltene Aufnahme geworden.

ALFONS: Die ist wirklich gut geworden *(schaut in die Kasette)* Du Heinrich, mir ham kei Platte drin g'habt *(nimmt die Platte vom Tisch)*

BRÄUTIGAM: Was ist denn los?

HEINRICH: Nichts, wir habn nur eine Kleinigkeit vergessen. Nochmal, bitte schön!

ALFONS: *bringt Schaukelpferd!* Setzen sie sich einmal da drauf, das wird eine Sportaufnahme.

HEINRICH: *will Fuss vom Bräutigam in den Steigbügel stecken, setzt ihn dann aufs Pferd, hängt ihm die Braut um die Schultern und sagt:* So, Sie hängen ihnen hint drauf, wie bei einem Motorradl. Hier wird auch Kunstlicht verwendet. *(knipst)* Danke!

ALFONS: So, das ist sicher etwas geworden, die werd ich gleich entwickeln, dann können 's ihnen gleich anschaun *(er geht in die Dunkelkammer Pause ...... man hört die Platte fallen – er kommt ganz kleinlaut heraus.)*

HEINRICH: Depperter Depp, jetzt lasst er wieder die Platte fallen!

BRÄUTIGAM: Jetzt wirds mir aber bald zu dumm – Sie können scheints wirklich nicht photografieren, jetzt machen

Sie noch rasch ein Kniebild von meiner Braut und dann gehen wir. *(die Braut setzt sich auf den Stuhl)*

HEINRICH: Ein Kniebild – ist recht. *(Er hebt den Rock der Braut auf)*

BRÄUTIGAM: *haut ihm mit Zylinder auf den Kopf, daß es kracht.* Was fällt Ihnen ein, den Rock meiner Frau aufzuheben, das erlaub ich nicht.

HEINRICH: Wie kann ich denn ein Kniebild machen, wenn der Rock darüber ist.

BRÄUTIGAM: Das ist eine Gemeinheit von Ihnen.

ALFONS: Wenn er so ekelhaft ist, dann machst einfach a Brustbild von ihr.

HEINRICH: Wie kann ich denn a Brustbild machen, wenn's koa Brust hat *(er langt hin)*

BRÄUTIGAM *(schlägt ihm wieder mit Hut auf den Kopf)*: Sie unverschämter Kerl.

HEINRICH: Was glaubn denn Sie eigentlich – mit Ihnen tu i jetzt nicht lang rum, stellns ihnen mal da rüber, Sie wackeln auch die ganze Zeit. *(gibt ihm Ständer, derselbe rutscht runter)* – auweh, da is wieder die Schraubn kaput – geh, halt'n Sie selber das Stangl *(gibt ihm Stangl in die Hand)*

ALFONS *(hängt den Schleier der Braut über den Ständer)*: Die Braut gehört doch auf die rechte Seit'n nüber, stellen's ihna nüber *(legt Bräutigam noch Hand am Kopf)* – grad als ob's sagen täten: Herrgott, bin i a Rindviech, dass i heut g'heirat hab. *(Nimmt das Bukett, legt es Braut zu Füssen, steckt's dann Braut in das Kleid, dann in den Mund)* So ist's gut – einen Moment... *(Alfons hat während dieser Zeit den richtigen Zylinderhut des Bräutigams vor das Objektiv gehängt, und knipst)* Jessas, jetzt hängt der Hut wieder da – jetzt is wieder nix.

BRÄUTIGAM: Ihr seid ja zwei Idioten – da hört sich doch alles auf, komm, wir gehen jetzt.

HEINRICH: Sie sind einfach zu lang zum Photografieren, wegen Ihnen braucht ma a Photoatelier wia de Kegelbahn.

BRÄUTIGAM: Ach Unsinn, sie können beide nichts.

ALFONS: Da können doch mir nichts dafür, dass Sie so lang san, ausser wir machen eine Queraufnahme, wissens was, legn's Ihnen mal hin.

BRÄUTIGAM: Was legen? *(Er legt sich hin)*

HEINRICH: *(legt den Photoapparat auch auf den Boden und sich dazu)*

ALFONS: Das wird eine Queraufnahme – *Er stellt Fuss der Braut auf des Bräutigams Bauch, hält ihre Hand mit dem Strauss in die Höhe, die andere Hand aufs Herz.* Einen Moment bitte......

MEISTER *reisst Türe auf und fällt gleich in Ohnmacht:* Allmächtiger Gott!

Vorhang.

Der reparierte Scheinwerfer

Scene von Karl Valentin und Liesl Karlstadt.

DIREKTOR *kommt aufgeregt auf die Bühne, zum Beleuchter:* Sie was ist denn mit dem Scheinwerfer los, haben Sie denn nicht richtig eingeschaltet? Die Vorstellung soll doch anfangen, was ist denn mit dem Licht, wo sind denn die Elektrotechniker? *(sucht hinter der Bühne)* Kommens schnell raus und bringen Sie den Scheinwerfer in Ordnung.

VALENTIN: Ja wir können doch net vor de Leut an Scheinwerfer machen.

DIREKTOR: Das ist jetzt egal, genieren Sie sich nicht, kommt nur raus alle beide und schaut was da los ist.

Beide kommen auf die Bühne.

DIREKTOR: So lang der Scheinwerfer nicht brennt, können

wir mit der Vorstellung nicht anfangen. Schauns doch schnell was da los ist, der brennt nicht mehr.

VALENTIN: Warum brennt er nicht?

DIREKTOR: Das müssen doch Sie wissen, Sie sind der Fachmann.

VALENTIN: Ja ich schon aber der nicht, das ist noch ein Fachlehrbub.

DIREKTOR: Ja macht nur schnell, dass wir wieder weiter spielen können.

VALENTIN: Warum hams uns denn das net gestern gsagt, dass er net brennt?

DIREKTOR: Weils grad passiert ist. Vor a paar Minuten.

VALENTIN: Ja mei mir kennen eben das System nicht, unsere Spezialität sind Marinescheinwerfer.

DIREKTOR: Das ist mir gleich, der Scheinwerfer muss gemacht werden, schauns'n halt amal an.

SIMMERL: Ja mei, mitn Anschaun wird er nicht brennen.

VALENTIN: Was fehlt denn eigentlich?

SIMMERL: Vielleicht ist er hin?

DIREKTOR: Ja natürlich, sonst tät er doch brennen.

SIMMERL: Brennt er überhaupt nicht mehr?

DIREKTOR: Nein

SIMMERL: Wirft er keine Scheine mehr?

VALENTIN: Halt doch 's Maul

DIREKTOR: Das wird halt an der Leitung liegen, also macht so schnell wie möglich, dass er fertig wird. In drei Minuten schau ich wieder nach.

VALENTIN: Ja zu so einer Reparatur brauchen wir immer drei bis zwölf Tage.

DIREKTOR: Aber hier doch nicht, da kann doch nicht viel fehlen. Beeilen Sie sich, dass wir in fünf Minuten anfangen können. *(ab)*

VALENTIN: Müss' ma halt nachschaun *(horcht an der Wand)* Ja, da ist ein kurzer Schluss da. *(misst mit Meterstab)* Geh amal in d'Werkstatt nüber und hol den andern Meterstab.

SIMMERL: In d'Werkstatt kann ma net nei, dö is zug'sperrt.

VALENTIN: Wo ist denn der Schlüssel?

SIMMERL: Der liegt drinn in der Werkstatt.

VALENTIN: Was für ein Rindvieh hat denn da zug'sperrt?

SIMMERL: Ich!!!!

VALENTIN: Und der Schlüssel liegt drinn, ja wie bist denn da rauskomma?

SIMMERL: Ja zuerst bevor ich zug'sperrt hab, bin ich noch schnell rausgangen.

VALENTIN: Da müss' ma an neuen Kabel legen, da dürf ma glei anfanga, *(schreibt ins Notizbuch die Zeit, wenn er anfängt)* Also, jetzt fang ma an.

SIMMERL: Ja fang ma gleich an – dann hol ich gleich d'Brotzeit.

VALENTIN: Da hast a Geld, holst a Mass Bier und zwoa Regensburger, oane warm –

SIMMERL: Und dö ander kalt.

VALENTIN: Neinnnnn – dö ander auch warm, oder nimmst glei alle zwoa warm, und vier Bretzen und an Schlagrahm.

SIMMERL: Zu was ghört denn da Schlagrahm?

VALENTIN: Der Schlagrahm? Brauchst blos an Rahm bringa, an Schlag kriagst dann von mir. Also woasst alles?

SIMMERL: Ja, a Mass Bier und zwoa warme Würst –

VALENTIN: Kalt wärn's ma eigentlich lieber.

SIMMERL: Dann hol ich zwoa kalte – oder ich verlange zwoa ganz hoasse und geh langsam, dann wers a so eiskalt bis ich rüberkomm.

VALENTIN: Ja dös geht auch, und sollns zu eiskalt sein, dann könna mas immer wieder warm machen. Also geh zua!!!!!

SIMMERL: Ja wo soll ich denn dö Würst hintragn?

VALENTIN: Nach Harlaching nauf, wenn ma da arbeiten.

SIMMERL: Na ich mein ob ich alle zwoa da her tragn soll, weil doch oane mir g'hört, dö kannt i glei am Weg dann essen.

VALENTIN: Schwing dich, schau dass'd weiter kommst – – – darenn die fei net!

SIMMERL: Na, ich gib schon obacht. *(ab)*

VALENTIN: Das ist a Kreuz mit dem Buam, er ist ja a guater Kerl, aber furchtbar dumm. Eigentlich hätt ich'n ja gar net braucht, aber sei Vater hatts haben wollen, drum hab ich ihn g'nomma. Zuerst war er ja bei einem Metzger in der Lehr, aber da hat er alle Würst die er gmacht hat, selber z'samm g'fressen. Bis ihn sein Vater zu an Nagelschmied getan hat, dann war a Ruah. – Jetzt ist er bei mir, ich hätt zwar gar kein Lehrbuben braucht denn mein Geschäft geht momentan nicht unbedeutend gut, und ausser mir hab ich so wie so keinen Lehrbuben, da hab ich mir denkt, jetzt geht's auf den einen auch nimmer drauf z'samm.

SIMMERL: *(kommt mit Bier und heissen Würsten)* Ah Blumendraht, san dö hoass, ich hab mir mei ganze Pratzen verbrennt.

VALENTIN: *(nimmt die Würste)*

DIREKTOR: So, seid Ihr nun fertig?

(Beide verstecken die Brotzeit) (Valentin hat die heissen Würste in der Tasche) (brennt sich)

DIREKTOR: Ja was ist denn los, haben Sie Bauchweh?

VALENTIN: Jaaaaa Bauchweh – – – – – – – – –

DIREKTOR: Da müssens halt heisse Umschläg machen.

VALENTIN: San ja so so heiss.

DIREKTOR: Und wie steht denn der da? Warum tut der die Händ nicht vor? Vorwärts, nimm deine Hände vor!

SIMMERL: Das geht nicht!

DIREKTOR: Warum denn nicht?

SIMMERL: Weil ich an Masskrug hinten hab.

VALENTIN: Hundsbua, hab ich was gsagt von de Würst?

DIREKTOR: Sooo also Brotzeit macht Ihr, statt der Arbeit. Ich meine, Brotzeit könnt man hernach auch machen.

VALENTIN: Ja mei, schliesslich vergess' ma hernach drauf.

DIREKTOR: Das glaub ich kaum, dass Ihr auf das vergesst. Also, was ists jetzt mit dem Scheinwerfer, ist er jetzt fertig?

VALENTIN: Nein, wir haben eben kein Werkzeug dabei.

DIREKTOR: Dann holen Sie sich doch Ihr Werkzeug, wo ist denn Ihre Werkstatt?

VALENTIN: In Haidhausen!!!!!

DIREKTOR: So lang können wir nicht warten, nehmens halt von uns was, wir haben doch auch alles da.

VALENTIN: Ja das geht auch, denn wenn man den Scheinwerfer macht, muss er gleich richtig g'macht werden. Wissens mit einem Scheinwerfer ists genau so, wie mit etwas anderm. Das muss glei richtig in d'Hand gnomma wern.

DIREKTOR: Also beeilen Sie sich.

SIMMERL: Wir nehmen jetzt blos einen kleinen Imbiss zu uns und dann fang ma an.

DIREKTOR: Jetzt gibts nichts zu essen, suchens schnell das Werkzeug was Sie brauchen und machens das Licht endlich.

VALENTIN: Ja wir gehen jetzt und kommen dann vielleicht bestimmt wieder *(beide ab)*

DIREKTOR: Das ist doch was Schreckliches mit den Leuten, bis die einmal anfangen – – die Herrschaften entschuldigen schon, wir werdens jetzt bald haben. *(ab)*

Beide *kommen wieder mit Leiter, Stangen, und Werkzeugkistl.*

VALENTIN: *(lässt die Stangen auf einen Gast fallen, die Leiter steht auf der Litze, beide ziehen hin und her)* – –

VALENTIN: Ja mit Gewalt gehts gar nicht. – Da braucht man ja blos d' Leiter aufheben, *(tut es und zieht dann die Litze unnötigerweise wieder durch die Leiter)* Sooooo!!!!

SIMMERL: *(stellt die Leiter auf)*

VALENTIN: Net da hin, da schimpft der Herr Cherubin.

SIMMERL: *(lehnt sie an den Vorhang)* Da gehts auch nicht, dö ham ja a samtne Haustür.

VALENTIN: Da bräuchten wir eine runde Leiter um den Turm herum.

SIMMERL: Das ging schon, wenn die Leiter höher wär, oder wenn das weiter herunt wär –

VALENTIN: Da müssten wir höchstens a kleines Gerüst machen, dass ma da ein Brett nüber legen.

SIMMERL: Ja wie lang soll das Brett sein? Dann hol ich eins, fünf Meter ungefähr?

VALENTIN: Wart, ich mess' ab. *(sein Meterstab klappt immer um) (Er merkt sich mit dem Finger die Stellen, der Meterstab kommt ihm immer aus – er macht mit dem Bleistift einen Strich in die Luft) (Währenddessen sagt er zum Simmerl):* Was schaugst'n so blöd?

SIMMERL: I muass doch obacht gebn dass i was lern.

VALENTIN: Also ein Meter 85 muss das Brett lang sein.

SIMMERL: Ja jetzt geh ich schnell in d'Werkstatt und hol es. *(lässt die Leiter auf einer Seite zuklappen, zwickt dem andern die Finger ein).*

VALENTIN: Depperter Depp, depperter, sigst denn net, dass i meine Finger drin hab.

SIMMERL: Da kann i a nix dafür, für was müassen Sie Ihre Bratzen überall neidoa. *(steigt auf die Leiter hinauf).*

VALENTIN: Schau amal ob ma da an Anschluss habn!

SIMMERL: I kann gar nix segn, weil i zweit weg bin; da müassn ma z'erst 's Brett rüberlegen, vielleicht genga Sie schnell heim und hol'ns 's Brett, dann wart ich daweil da.

VALENTIN: Dir geh i dann glei heim, geh runter.

SIMMERL: *(geht runter, steigt ihm auf die Hand hinauf)*

VALENTIN: Auuuu, so geh doch runter, du stehst ja drobn!

SIMMERL: Wooo? Auf der Leiter?

VALENTIN: Na auf der Ding.

SIMMERL: Auf der Sprossen?

VALENTIN: Nein auf der – – – – – – – Mir fallt ja der Nama net ein – – – auf meiner Hand! *(haut den Lehrbubn),* daschlagn tua i di no amal, sigst denn net?

SIMMERL: Mit de Schuhsohln kann i doch net segn, überhaupts werd i amal windig werden, dann hau Ihna i 's Werkzeugkistl nauf, dann könnas a Lied singa, o Haupt voll Blut und Wunden.

VALENTIN: Na gfreu di nur, heut nach Feierabnd. Hama denn überhaupt an Strom, da probier amal die Lampe aus, obs brennt!

SIMMERL: *(zündet mit einem Streichholz die Lampe an)* Na, die brennt net.

VALENTIN: Was tuast denn wieder? *(reisst ihm die Lampe aus der Hand, verbrennt sich daran)* – Herrgott Saprament, geh amal in den Turm nauf, damit i di nimmer siech.

SIMMERL: *(geht hinauf)*

VALENTIN: *(pfeift)* Bist scho drobn?

SIMMERL: *(pfeift auch)* Bin scho da.

VALENTIN: Da herin pfeift ma doch net, du gscheerter Lump. – – – – Obacht, jetzt wirf i dir den Draht nauf, *(wirft ihn ganz hinauf)* halt, ich brauch ja oa End.

SIMMERL: I trags nunter.

VALENTIN: Nein, wirfs runter. – Wart – *(steigt in eine Schüssel Schlagrahm hinein)*

SIMMERL: Uuuuu, Sie san in den ganzn Batz neitretn! *(wirft die Litze hinunter einer Dame auf den Kopf)*

VALENTIN: *(erwischt den Hut der Dame mit der Litze, reisst Federn aus)*

GAST: Ja, was fällt Ihnen denn ein, können Sie nicht besser obacht geben.

VALENTIN: Das ist mir gleich, ich muss arbeiten. *(wirft den Draht wieder hinauf)* So, jetzt ziag o.

SIMMERL: *(zieht den ganzen Draht hinauf)*

VALENTIN: Jetzt hat ern wieder drobn, pass doch auf, *(steigt wieder auf den Tisch)*

GAST: Was fällt Ihnen ein, Sie sehen doch, dass wir essen.

VALENTIN: Um de Zeit frisst ma a net. – So Simmerl, jetzt wirfst ma den ganzen Draht runter, du brauchst blos ein End bhalten.

SIMMERL: *(schneidet mit der Scheere ein End ab, wirft den Draht hinunter wieder auf den Kopf der Dame)*

GAST: Alles was recht ist, Herr Ober einen andern Platz!

VALENTIN: Sie habn aber auch den ungünstigen Platz da

herin. – Ja jetzt hat er mir wieder den Draht runter gworfn, ich hab doch gsagt, 's End sollst drobn bhalten.

SIMMERL: Das hab ich ja, ich habs doch extra weggschnitten, i hab ma denkt: Ende gut, Alles gut!

VALENTIN: Hundskrippl, mistiger, wo hast denn dein Saukopf?

SIMMERL: Da.

VALENTIN: *(wirft ihm eine Windnudel ins Gesicht).*

GAST: *(schimpft).*

VALENTIN: Dann machn Sie an Scheinwerfer, wenn Ihnen was net passt. So, jetzt wirf'st ma a Messingschräuberl runter.

SIMMERL: Obacht, Schräuferl! *(es fällt in den Busen der Dame)*

DAME: *(schreit)*

VALENTIN: Wo ists denn hingfalln?

GAST: Da hinein.

VALENTIN: *(wills herausholen)*

GAST: Das geht doch nicht, hier vor allen Leuten!

SIMMERL: Sie, dö soll aufstehn, dann fällt's unten raus.

GAST: *(schimpft)*

DAME: *(steht auf, Herr gibt ihm das Schräuberl)*

VALENTIN: Ahh dös is no ganz warm, – so Bua, jetzt klemmst die Litze in Scheinwerfer nei, und dann schalt'st ein.

SIMMERL: Ja ist schon recht. *(kommt runter)* So jetzt brennt er schon.

VALENTIN: Der brennt nicht, warum lügst denn schon wieder? *(haut ihm eine runter)*

SIMMERL: Ja der brennt schon, der Andere, auf der andern Seiten.

VALENTIN: Ja gibts denn sowas auch, den hamm mir g'richt und der Andere brennt.

DIREKTOR: So, sinds jetzt so weit, brennt er jetzt?

VALENTIN: Ja, der brennt auf der andern Seite. *(lacht)*

DIREKTOR: Lachens doch net so blöd.

Simmerl: der kann ja net anders.

Direktor: Der nützt mich nichts, den muss ich haben.

Valentin: Ja den hamma ja g'richt', aber der hat brennt.

Direktor: Den kann ich aber nicht brauchen, der nützt mich nichts. – Mein Gott, den brauch ich, der muss brennen. *(ab)*

Valentin: Ja, na müss' ma halt *den* richten.

(Beide ab)

Der Theaterbesuch

Der Schauplatz der Handlung ist ein altmodisches, kleinbürgerliches Mansardenzimmer mit vergilbter, billiger Tapete aus Großvätertagen. Über dem geschweiften Plüschkanapee zur Linken hängt in kitschigem Goldrahmen ein Blumenstück im Vierfarbendruck. Die beiden Fenster im Hintergrund scheinen auf irgendeine Brandmauer hinauszugehen; jeder Flügel ist in drei Scheiben geteilt. Lange nicht gewaschene cremefarbige, helle Vorhänge ohne Übergardinen sind zu beiden Seiten der Fenster gerafft, zwischen beiden Fenstern ein altmodisches Frauenbild in ovalem Rahmen, darüber ein unförmig großer Geschäftskalender, der als Datum eine große Acht trägt oder irgendein anderes Datum, das weit zurückliegt, so daß man erkennt, wie lange er nicht abgerissen worden ist. Rechts vom Fenster auf einem Wandbrett ein Vogelbauer, in der Ecke ein Kachelofen mit Blechrohr nach oben, an dem eine Wäscheleine mit Wäsche zum Trocknen festgemacht ist, auf der oberen Ofenkante eine Kaffemühle, in der Durchsicht eine bauchige, runde, tönerne Kaffeekanne, in der offenbar Kaffee gewärmt wird. Eine altmodische Kommode steht zwischen den Fenstern, darauf ein Radio und mehrere Nippsachen. In der Bühnenmitte ein viereckiges Rohrtischchen, das mit einer weißen Klöppeldecke bedeckt ist, darauf ein Blumenstrauß

in einer billigen Vase. Vor dem Kanapee ein runder Tisch mit
Plüschdecke und leuchtender Posamentenkante. In der schrägen
Seitenwand ein Dachfenster.

DIE FRAU *(Liesl Karlstadt) trägt über ihrem Kleid eine blaue*
Schürze mit weißer Kante.

DER MANN *(Karl Valentin) hat einen struppigen Vollbart und*
eine Glatze, die nur durch wenige zur Seite gekämmte Haare
gegen die Stirn abgegrenzt ist. Seine weite dunkle Hose schlägt
Falten, die helle, oft geflickte Weste ist aufgeknöpft. Sein Che-
misett hat einen niedrigen, breiten Gummiumlegekragen,
unter dem eine altertümliche schwarze Binde, wie sie früher
die Handwerker trugen, durchgezogen ist.
Beim Aufgehen des Vorhangs sieht man den Mann am Tisch
sitzen und Zeitung lesen.

DIE FRAU *kommt eilig herein:* Du, Alter, denk dir nur, jetzt
geh ich eben über die Treppen rauf, da begegnet mir
unsere Hausfrau und hat mir schon wieder was gschenkt
– rat amal, was s' mir geschenkt hat?

DER MANN: Sei net kindisch, sag's halt.

DIE FRAU: Da schau her, zwei Theaterbilletten für'n Faust
– was sagst denn du dazu?

DER MANN: Dankschön! Warum geht s' denn net selber
nei, des alte Luada?

DIE FRAU: Ja mei, sie wird halt koa Zeit ham.

DER MANN: Soso, sie hat keine Zeit, aber wir müssen
schon Zeit habn.

DIE FRAU: Aber sei doch net so undankbar.

DER MANN: Da siehst doch ganz deutlich, daß die Frau
irgendwas gegen uns hat, sonst tat s' doch net ausgerechnet uns die Karten schenken.

DIE FRAU: Aber sie wollte uns doch nur eine Freude berei-
ten.

DER MANN: Sie uns?! Haben wir vielleicht ihr schon mal
eine Freude bereitet?! – Niemals!

DIE FRAU: Also willst mitgehn? Ja oder nein?

DER MANN: Wann geht denn des an?

DIE FRAU: Des weiß i net – i geh nunter und frag s' noch amal.

DER MANN: Des geht halt um halb acht Uhr an.

DIE FRAU: Jetzt is's ja schon dreiviertel sieben Uhr, da tät ma nimmer fertig werden! Aber die Theater gehn doch meistens erst später an – um acht Uhr.

DER MANN: Naa, zwischen halb acht und acht Uhr gehn s' an.

DIE FRAU: Naa, vor acht Uhr auf keinen Fall; immer gehn die Theater erst später an; weißt noch, vor vier Wochen warn ma amal in an Frühschoppen, der ist erst um zehn Uhr angegangen.

DER MANN: Ja, was mach ma denn da?

DIE FRAU: Überleg dir's halt net lang, komm!

DER MANN: Gegessen ham ma auch noch nicht.

DIE FRAU: Das Essen ist fertig.

DER MANN: Ja, i werd scho fertig, kampelt bin ich gleich.

DIE FRAU: Das kannst hernach machen, jetzt eß ma zerst. *Sie geht ab. Der Mann nimmt einen Spiegel und stellt ihn auf den Tisch; der Spiegel fällt immer wieder um. Die Frau kommt mit Tellern und Besteck.* So, jetzt schaun ma, daß wir weiterkommen. Ja, gibt's denn des auch – stell 'n halt auf. *Der Spiegel bleibt stehen, aber nur verkehrt herum.*

DER MANN: Ich kann doch net soo neinschaun.

DIE FRAU: Dreh ihn halt um.

Der Mann dreht den Spiegel um, aber nun bleibt er wieder nicht stehen, sondern fällt immerzu um. Die Frau stellt ihn richtig hin. Der Mann kämmt sich.

DIE FRAU: Jetzt möcht ich bloß wissen, was 's da zu kämmen gibt – da kannst doch keinen Scheitel mehr machen, aus der Mordstrumm Plattn.

DER MANN: Das bin ich noch so gewöhnt von früher her.

DIE FRAU: Wie nur der Mensch so eitel sein kann – für wen richtst dich denn gar so schön zsamm, mir gfallst, und wem andern brauchst net gfallen.

DER MANN: Vielleicht sitzt im Theater ein sauberes Madl neben mir.

DIE FRAU: Die wird dann grad dich anschauen, die schaut doch den Faust an!

DER MANN: I mein ja, in der Pause.

Die Frau geht und bringt das Essen, eine Schüssel mit Kraut und Würstchen.

DER MANN: Schon wieder Eintopf!

DIE FRAU: Bei uns hat's doch noch nie was anderes gebn. *Jeder kriegt eine Wurst, er nimmt sie, zieht sein Metermaß aus der Hosentasche, mißt beide Würste, gibt der Frau die kleinere und behält die längere für sich; dann fahren beide hastig mit ihren Gabeln ins Kraut, die Gabeln verfangen sich ineinander, sie ziehen vergeblich jeder nach seiner Seite daran. Endlich schlägt er die Gabeln mit seinem Messer auseinander. Während des Hin- und Herziehens schaut er auf den Regulator an der Wand.*

DIE FRAU: Da, jetzt ist die krumm, jetzt weiß ich wenigstens, wer unsere Gabeln immer so kaputt macht. Jetzt eß ma aber schnell.

DER MANN: Schnell soll man nicht essen, das ist ungesund.

DIE FRAU: Da hast a Kraut! *Sie steht auf und gibt ihm Sauerkraut auf seinen Teller.*

DER MANN *wirft es zornig mit der Hand zurück.* Ich nimm mir mei Sach scho selber. *Er nimmt sich Sauerkraut. Er schaut in den Spiegel.*

DIE FRAU: Mach doch keine Geckerl, unterm Essen brauchst doch nicht in den Spiegel schaun.

DER MANN: Gerade da – dann hat man zwei Portionen. Was mach ma denn mit unserem Buben, wenn er von der Arbeit heimkommt?

DIE FRAU: Da hab ich schon drandenkt. – 's Essen müss ma ihm warmhalten, und bevor mir fortgehen, müss ma ihm an Zettel schreiben – iß nur du weiter, den schreib ich gleich. *Sie holt aus der Kommode Papier und Tinte.* Dann schreib ich, daß wir nicht daheim sind.

DER MANN: Des brauchst ihm net schreiben, das sieht er ja selber – aber des mußt ihm schreiben, daß wir fortgegangen sind.

DIE FRAU: Das mein ich ja! Ich schreibe ihm, daß wir nicht da sind, weil wir abwesend sind.

DER MANN: Schreib: München, den –

DIE FRAU: Nein, ich schreib: Lieber –

BEIDE: Ja, wie hoaßt jetzt der?

DIE FRAU: Du als Vater wirst doch wissen, wie der Bub heißt.

DER MANN: Du als Mutter mußt es viel eher wissen.

DIE FRAU: Weil man eben immer Bub zu ihm sagt, ja wie heißt er denn?

DER MANN: Wart – ich frag die Nachbarin.

DIE FRAU: Naa – da wern ma doch selber draufkomma, Jeßmarandjosef – ah, Josef heißt er. Also: Mein lieber Josef –

DER MANN: Das kannst net schreiben, weil er mir auch gehört.

DIE FRAU: Dann schreib ich halt unser lieber Josef, daß d' a Ruah gibst. – Unser lieber Josef…

DER MANN: Sehr geehrter Herr, unser lieber Josef –

DIE FRAU: Dein Essen steht in der Küche am Ofen, mach es dir warm, weil es schon kalt ist…

DER MANN: Es ist bereits Dezember.

DIE FRAU: Ich mein doch's Essen – kalt ist und weil wir ins Theater gehen müssen.

DER MANN: Wenn ma net mögen, müss ma net.

DIE FRAU: Dann schreib ich dürfen – können – wollen – sollen –

DER MANN: – werden.

DIE FRAU: Dann sind wir doch schon fort, wenn er den Zettel liest.

DER MANN: Dann schreibst: Gegangen sind.

DIE FRAU: Sollte das Theater aus werden, dann kommen wir vielleicht bestimmt nach Hause. Es grüßt Dich –

DER MANN: Hochachtungsvollst –

DIE FRAU: Deine fortgegangenen Eltern nebst Mutter.

DER MANN: Bei die Eltern ist doch d' Mutter schon dabei!

DIE FRAU: Dann mach i halt an Punkt, sonst liest des Rindviech weiter.

DER MANN: Jetzt schreib noch hin: Solltest Du aber das Essen lieber kalt mögen – dann brauchst Du es nicht warm zu machen.

DIE FRAU: Weil es sonst zu heiß wird. So, den legen wir jetzt am Tisch her. Oder vielleicht sieht er ihn da net glei – er geht doch meistens bei der Tür herein, dann legen wir den Zettel am Boden her.

DER MANN: Dann tritt er drauf mit die schmutzigen Stiefel und kann ihn nicht mehr lesen.

Er stellt den Brief auf das Seitentischerl, wo er ihn an die Blumenvase lehnt.

DIE FRAU: Das ist nichts da, mit dem Blumenbukett, da meint er ja, er hat Namenstag.

DER MANN: Er hat aber kein Namenstag.

DIE FRAU: Aber das irritiert ihn – also das ist nichts.

DER MANN *lehnt den Brief an den Spiegel:* Das ist großartig, da schau her, jetzt wenn er kommt, stellt er sich daher, schaut in den Spiegel hinein und denkt sich, was ist denn das für ein Zettel? Dann sieht er ihn.

DIE FRAU: Wir schauen freilich nei, weil wir wissen, daß da ein Zettel liegt – aber er hat ja keine Ahnung, jetzt, wenn er nicht neinschaut?

DER MANN: Das ist Grundbedingung, daß er neinschaut.

DIE FRAU: Wenn er aber nicht neinschaut, dann hast den Zettel umsonst hingestellt.

DER MANN: Ja so, halt, ich hab's – jetzt schreibst noch mal an Zettel: Wenn Du heimkommst, schaue sofort in den Spiegel.

DIE FRAU: Also: Wenn Du heimkommst, schaue sofort in den Spiegel hinein, dann siehgst Du was – schreib ich. So – jetzt ham ma uns so lang mit der Schreiberei aufgehalten

– jetzt geht's auf sieben Uhr – is gut, daß das Theater erst um acht Uhr angeht.

DER MANN: Um halb acht Uhr geht's an.

DIE FRAU: Ich mein, abspülen tu ich erst morgen früh, sonst wird's zu spät. *Sie serviert ab.*

DER MANN *sucht überall herum, zieht die Schubladen auf und schüttelt den Kopf.* Fanny, wo hast denn mei Kragenknöpferl?

DIE FRAU: Jetzt geht wieder d' Suche nach dem Kragenknöpferl an, hunderttausend Kragenknöpferl hab ich dir schon ...

DER MANN: Des is zuviel – oans brauch ich bloß.

DIE FRAU: Ich möcht bloß wissen, wo du die Kragenknöpferl immer hinbringst, ich glaub, du frißt sie direkt. *Sie nimmt die Knopfschachtel und zeigt sie ihm. Der Mann stürzt auf sie zu, beide stoßen mit ihren Köpfen zusammen, er wühlt in der Schachtel, endlich findet er ein Kragenknöpferl und hält es ihr triumphierend unter die Nase.*

DIE FRAU: Jetzt mach ich mich fertig – ah, in d' Küch muß ich noch mal. *Sie geht ab.*

DER MANN *ruft ihr nach:* Wo ist denn mein Kragen?

DIE FRAU: Wos d'n gestern hinglegt hast.

DER MANN *quält sich mit dem Umbinden des Kragens ab, bringt es aber nicht fertig, das Kragenknöpferl durch das zweite Knopfloch des Bündchens zu schieben:* Fanny, mach mir mein Kragen ein, bevor ich narrisch werd.

DIE FRAU *stürzt mit der Brennschere im Haar wieder herein.* Du mußt mir schon mei Ruh lassen, sonst werd ich auch nicht fertig – was soll ich denn tun?

DER MANN: Mein Kragen sollst mir einmachen, sonst wirf ich ihn hintern Ofen.

DIE FRAU: Da, halt amal d' Scher! *Sie faßt die Lockenschere an den Holzgriffen und hält ihm das heiße Eisenteil hin.*

DER MANN: Au – dumme Gans, gibt s' mir die heiße Schere so in d' Hand.

DIE FRAU: Ja, wie soll ich dir's denn sonst geben? Ich kann

dir's doch net so geben! *Sie faßt die Schere am Metallteil an. Au!*

DER MANN *läßt sein Kragenknöpferl auf den Boden fallen:* Jetzt hab ich mei Knöpferl hinuntergeworfen. *Er reißt ein paarmal die elektrische Zuglampe herunter und stößt sich dabei den Kopf an.*

DIE FRAU: Jetzt hat er wieder kein Knöpferl – also wennst so weitermachst, dann kommen wir viel zu spät, das sag i dir glei. *Sie sucht das Knöpferl.* Vielleicht ist's unterm Diwan?

DER MANN: Der is ja hingemaln, da unter der Kommode ist es hingfalln! *Sie bückt sich suchend, er hebt die Kommode etwas auf, das Geschirr und die Nippsachen fallen herunter.*

DIE FRAU: Jessasmarandjosef, mei schöns Geschirr! *Sie schimpft wütend weiter.*

DER MANN *lacht:* Da is ja 's Knöpferl! Wo is denn mei Kragen –?

DIE FRAU: Jetzt hat er wieder koan Kragen – da ist er ja!

DER MANN: Nein, an Kragen ... da is er ja.

DIE FRAU: Ich zieh mich jetzt an, dann is wenigstens eins fertig; soll ich das schwarze Kleid anziehn?

DER MANN: Ja.

DIE FRAU: Oder das braune?

DER MANN: Ja.

DIE FRAU: Ich kann doch net zwei Kleider anziehn!

DER MANN: Dann friert's dich net.

DIE FRAU: Wenn man nur dich um was fragt – jetzt ziag i amal 's braune an – dann sehn ma's schon, 's schwarze kann i dann immer noch anziehn. *Sie geht ab.*

Der Mann hat inzwischen Kragen und Krawatte umgebunden. Er sucht seine Schuhe und findet sie. Während er den einen anzieht, stellt er den anderen auf den Tisch. Beim Zuschnüren ärgert er sich über die Schuhbänder.

DIE FRAU *kommt in einem braunen Kleid hereingestürzt.* Geh, mach mir amal mei Kleid ein, das kann ich net allein.

DER MANN: Auweh – jetzt kommen wieder die fünfhundert Hakerln alle.

DIE FRAU: Nein, brauchst koa Angst ham, i hab ja an Reißverschluß hinmachen lassen. *Der Mann macht den Reißverschluß zu.* Des war doch früher furchtbar; wenn man ein Hakerl zugemacht hat, dann is das andere wieder aufghupft, und beim Ausziehen, wenn man eins aufgmacht hat, is des ander wieder zughupft.

DER MANN: Jetzt red net lang, schau, daß d' fertig wirst. *Das Schuhband reißt ihm ab, er schimpft und flucht vor sich hin.*

DIE FRAU: Sei doch net so nervös! Ich weiß net, andere Leut gehn doch auch ins Theater.

DER MANN: Das sind auch keine Schuhbandln.

DIE FRAU: Das nächste Mal zieh ich dir a paar Drahtseil ein – aber die reißt du auch noch ab. *Sie geht ab.*

Der Mann knüpft das Schuhband zusammen, steht dann auf, stampft ein paarmal mit beiden Füßen und zieht dann Weste und Jackett an.

DIE FRAU *kommt mit ihrem Hut in der Hand wieder herein:* Ich weiß net, der Hut, find ich, paßt net recht zu dem braunen Kleid.

DER MANN: Setz an andern auf – schick dich! *Er setzt seinen Hut auf und ist fertig.*

DIE FRAU: Und der macht mich furchtbar frech.

DER MANN: Der hat mir noch nie gfalln.

DIE FRAU: Ich setz das Theatertuch auf, das steht mir auch besser.

DER MANN: Das tust – aber geh – mach – wir kommen zu spät. *Er trippelt nervös hin und her.*

DIE FRAU *sucht ihren Pompadour und ihren Fächer:* Jetzt muß ich noch a bisserl aufräumen.

DER MANN *schimpft:* Ja, d' Stiegn tät ich noch putzen und d' Fenster putzen, langweiliges Frauenzimmer.

DIE FRAU *schimpft auch:* Ja, sei nur net so grantig! Ich kann doch auch nichts dafür, daß i zwei Billetten gschenkt kriegt hab.

DER MANN: Des Mistviech soll 's nächste Mal selber ins Theater gehn und andere Leut net damit belästigen.

DIE FRAU: Ich darf mich nur amal auf was gfreun, bei uns is amal a so, zum Arbeiten bin i 's ganze Jahr guat gnua, aber –

DER MANN: Und i zum Verdienen.

DIE FRAU: Jetzt geht's scho wieder dahin, i kenn di schon, jetzt hört's wieder nimmer auf, jetzt wird an ganzen Weg gstritten, und im Theater drin wird gstritten, und die halberte Nacht hernach wird aa noch gstritten! Aber das sag ich dir, auf a solches Vergnügen verzicht i von vornherein. Da bleib i lieber daheim, und du gehst allein ins Theater.

DER MANN: Wie kann ich denn mit zwei Billetten allein ins Theater gehn?

DIE FRAU *weint und setzt sich:* Ich kann doch schließlich nichts dafür, wenn mir wer zwei Billetten schenkt.

DER MANN: Auf das hab ich gwart, marsch! Vorwärts ins Theater!

DIE FRAU: Ich hab mich so aufgregt, du weißt, ich kann die Anschreierei nicht vertragen, ich will nicht mehr fortgehn, und ich kann nicht mehr fortgehn; meinetwegen gehst ins Theater, mit wem du magst! Ich zieh mich jetzt aus und geh ins Bett, ich hab soviel Kopfweh kriegt, jetzt –

DER MANN: Dann nimmst a Kopfwehpulver! *Er gibt es ihr.*

DIE FRAU: Da brauch ich dich net dazu, geh hin, wos d' magst, i geh ins Bett. *Sie schluckt die Arznei und geht ab.*

DER MANN: Halt, hast as schon runtergschluckt? Schluck's rauf!

DIE FRAU: Hast mir was Falsches gebn?

DER MANN: Weils d' aber auch alles nunterfrißt!

DIE FRAU: Red, was hast mir denn gebn?

DER MANN: Leopillen zum Abführen.

DIE FRAU: Da hast ja jetzt was Saubers angstellt, des sind ja Leo-Laxierpillen! Da steht's: Prompte Wirkung binnen einer Stunde! Jetzt is's halb acht Uhr, da sitz ma dann grad im Theater um halb neun Uhr, und da geht's dann los.

DER MANN: Um halb acht Uhr geht's los.

DER MANN: Ich mein ja bei mir; aber dann genga ma halt jetzt, vielleicht sind wir bis dahin wieder daheim. Ich möcht bloß wissen, ob's bei andere Leut auch so zugeht, wenn s' fortgehn, wie bei uns.

DER MANN: Genauso!

DIE FRAU: So kann's ja gar nirgends zugehn!

DER MANN: De sagn s' bloß net. Also gehn ma.

DIE FRAU: Und gschlampert bist wieder anzogn, des kann ma dir nimmer abgwöhna, ja, was hast denn du für a Hemd an?

DER MANN: A Herrnhemd.

DIE FRAU: Mit dem Hemd wirst doch net ins Theater gehn wolln, das ist ja dein ältestes, das hast ja schon vierzehn Tag an.

DER MANN: Des sieht ma doch net!

DIE FRAU: Nein, mit dem Hemd geh ich nicht fort, keinen Schritt, wenn dich da wer sieht, de Leut meinen ja, ich bin a Drecksau.

DER MANN: Des macht ja nichts.

DIE FRAU: Nein – du ziehst jetzt ein anderes Hemd an! *Sie holt eins aus dem Wäscheschrank.*

DER MANN: Aber den Tag werd ich mir merken; nie mehr, nie mehr ins Theater.

DIE FRAU: Komm, ich helf dir! *Er zieht sich aus bis aufs Hemd, im selben Moment kommt die Nachbarin herein. Sie hält eine Tasse in der Hand. Wie sie den ausgezogenen Mann sieht, schreit sie vor Schreck auf und läßt die Tasse fallen.*

DIE FRAU: Warum klopfen S' denn net an, und du stehst nackat da! – Geh ins Schlafzimmer! *Er schlurft ab.* Wir haben keine Zeit, wir gehen ins Theater.

DIE NACHBARIN: Ah, bittschön, a kleins bisserl a Salatöl wenn S' mir leihen könnten.

DIE FRAU: Sie kommen aber immer im ungünstigsten Augenblick daher, allaweil brauchen Sie was anders. *Sie holt die Ölflasche.* Also, wieviel wolln S' denn?

DIE NACHBARIN: A kleins Tröpferl bloß. *Die Frau gibt ihr Öl in die Tasse. Inzwischen ist der Mann wieder hereingekommen. Er trägt seine Hose noch in der Hand und stößt seine Frau an den Ellenbogen, während sie gerade beim Einschenken ist.*

DER MANN: Wo hast denn mei Hemd? *Das Öl rinnt der Frau aufs Kleid.*

DIE FRAU: Jessas, das auch noch, das schöne Kleid, gleich weinen könnt ich.

DIE NACHBARIN: Das ist mir aber peinlich.

DIE FRAU: Da hab ja i nichts davon – das Kleid is kaputt – is guat, daß's bloß a Öl ist, des gibt wenigstens keine Flecken. Langt Ihnen das? Da! *Sie gibt ihr die volle Tasse.*

Radlerpech

Von Karl Valentin München.

Strassenlärm – Trambahngeräusch u.s.w.

STIMMEN: Obacht, obacht, jessas, jessas, auh, auh, (Schrei)

VALENTIN: Jessas jessas lauft mir des saudumme Frauenzimmer direkt ins Radl nei – i ko nix dafür – ja hörn denn sie net, wenn i scho a halbe Stund läut – sie narrisch G'wachs sie!

KARLSTADT: Geh redens doch net so unverschämt daher, sie ham ja überhaupt nicht glittn, was wollns denn, Sie sind mir direkt mit ihrm Radl zwischen d' Füass neig'fahrn.

VALENT: Ich hab schon g'litten, ich hab schon g'litten, sie ham mich nicht nicht g'hört – dös ist nicht wahr, wer hat net g'litten, ich hab schon g'litten – ich hätt net g'litten, für was hab ich denn an mein Radl a Glockn dran – Herr Nachbar, sie san Zeuge, hab ich an mein Radl a Glockn dran oder nicht?

ZEUGE: Das stimmt, da muss ich dem Herrn Radfahrer recht geben, der Herr hat an seim Rad a Glockn dran.

KARLST: Das glaub ich schon, dass er a Glockn dran hat, aber g'litten hat er net mit der Glockn.

ZEUGE: Geh Frau, redens doch net so dumm daher, was hätt denn dö Glockn an dem Herrn sein Radl für an Zweck, wenn er net läuten tät damit.

VALENT: Ja dös glaub i a.

KARLST: Ach Unsinn, was verstehn denn Sie? Da, schauns her wie ich ausschau, den ganzen Rock hat er mir zerrissen.

VALENT: So, hättens halt kein Rock anzog'n.

KARLST: Das tät Ihnen so passen, gell!

VALENT: Ja mir schon, mir schon

KARLST: Sie Herr Schutzmann, wo sinds denn – Herr Schutzmann sinds so gut, kommas amal her da bitte, da kommas amal her Herr Schutzmann.

VALENT: Ja da brauchas dann an Schutzmann dazua – da kommas glei immer mit'n Schutzmann daher.

SCHUTZM: Ja was ist denn hier los?

VALENT: Dö Frau is mir direkt...

KARLST: Schauns amal her, ist nicht wahr, lassens mich zuerst reden.

VALENT: Lassens mich reden, die Frau ist mir...

KARLST: Dieser Herr ist mir soeben mit seiner Glocken in mein Rock neigfahr

VALENT: Ah ist gar nicht wahr, schauns Herr Schutzmann ich bin mit meim Radl auf der Strass'n g'fahrn und hab mit der Glock'n g'litten, die Frau hat mich nicht g'hört und mei Glock'n auch nicht und ist mir direkt in d'Füass nei... dö Herrn hams alle g'sehn

KARLST: Ah – ja wia ma nur so lüagn kann, das ist ja alles gar nicht wahr was der sagt, das ist nicht wahr Herr Schutzmann – – – Sie sind ja ein Schwindler

VALENT: Ich bin kein Schwindler, ich bin ein Radfahrer

KARLST: Ist nicht wahr, ich bitte Sie Herr Schutzmann, schauns, schauns lassens mich doch auch reden, ich bin gewiss eine anständige Frau nicht wahr..

VALENT: Ja dös sieht man, sie wern a anständige Frau sein

KARLST: Ich bin grad im Moment so allein auf der Strass ganga

VALENT: Da ham mas ja

SCHUTZMANN: Na na, wenn sie schon einmal allein auf der Strasse gehn, dann sind sie keine ganz anständige Frau

VALENT: Ja, dös denk i mir eben aa

KARLST: Ja bitte so lassen Sie mich doch zuerst ausreden nicht wahr, ich bin grad auf der Strass gegangen, auf einmal kommt der Depp mit seim Radl daher gsaust und fahrt mir mit 40 klmt. Geschwindigkeit direkt zwischen d' Füss nei, schauns mich doch an, wie ich ausschau, mein ganzer Rock ist dafetzt.

VALENT: Ich gib ihna nacha an Depp – ah – ich bin ganz langsam g'fahrn

KARLST: Ich verlang von dem Herrn ein Schmerzensgeld

VALENT: So – ham sie vielleicht an eahnan Rock Schmerzen?

KARLST: Ah Schmarrn – aber Sie als Schutzmann – ich bitte Sie, Sie haben doch die Pflicht, dass Sie diesen saubern Herrn Radfahrer sofort aufschreiben, das kann ich von Ihnen verlangen, jawohl!

VALENT: Ja mich natürlich, weil Sie mir neig'laffa sind.

SCHUTZM: Ja ja das mach ich sowieso – aber zuerst ihre Personalien – sie heißen?

KARLST: Maria

SCHUTZM: Wie noch?

KARLST: Huber

SCHUTZM: Geboren?

KARLST: Den 23.

SCHUTZM: Was 23.

KARLST: No ja November

SCHUTZM: Ah ja weiter weiter, was für ein Jahr? Diktieren Sie doch schneller, ich hab nicht so viel Zeit – ich muss heute noch mehr Radler aufschreiben, schneller, also los

KARLST: Was schneller, so schnell könna sie nicht schreiben, wie ich reden kann.

SCHUTZM: Ah kümmern Sie sich nicht um mich – also schneller los los.

KARLST: Ja also bitte dann schreiben Sie: Ich heisse Maria Huber, geboren den 23, November 1892 zu Ingolstadt an der Elbe als Tochter eines verheirateten Kehrrichttonnenabfuhrchauffeurs, meine Mutter war eine geborene Karolina Dünndipfeldick aus Wallersdorf bei Rosenheim, Bezirksamt Oberbayern

SCHUTZM: Halt halt, da komm ich ja nicht mehr mit, etwas langsamer doch *(Alles lacht)*

KARLST: Gell gell, ich habs ja g'wusst, ich habs Ihnen ja gleich g'sagt dass Sie nicht nachkommen, ich hab's Ihnen doch g'sagt, dass Sie nicht so schnell schreiben können, wie ich reden kann.

SCHUTZM: Na ja bei dem Mundwerk......

Alle lachen...... Jetzt kommt er nimmer nach.... jetzt kommt er nimmer nach

....

Die Erbschaft

Komödie für Bühne und Film

Personen:	DER MANN, LORENZ GEIER	*Karl Valentin*
	DIE FRAU, BABETTE GEIER	*Liesl Karlstadt*
	DER HAUSMEISTER JUNIOR	
	DER HAUSMEISTER SENIOR	
	EIN ZWERG	
	EIN GERICHTSBOTE	

Das erste Bild spielt im etwas primitiv eingerichteten Wohnzimmer (alte, häßliche Möbel) der Familie Geier.

HERR GEIER *sitzt mit seiner Gattin beim Morgenkaffee, schimpft und tobt, weil er sich gestern abend am Stammtisch über seinen besten Freund fürchterlich geärgert hat. Zur Frau:* Dem schreib ich aber jetzt einen Brief! – Haben wir Briefbögen zu Hause? Hole einen – auch die Tinte und Federhalter!

FRAU GEIER: Also, was soll ich schreiben?

MANN: Datum, den soundsovielten...

FRAU: Also, ich schreib: »Sehr geehrter Herr«...

MANN: Nix geehrter Herr, geehrter weglassen...

FRAU: Na hoaßt 's ja bloß »Sehr Herr«.

MANN: Des is Wurscht – schreib jetzt: »Es ist schon kaum unglaublich, daß Sie sich erdreisteten, einen Freund, wie wir zu Ihnen sind, vielmehr waren, in so einer unverschä...« naa, so können wir net schreibn – nimm an neuen Briefbogen!

FRAU: Diese Überschrift?

MANN: Ja – schreib: » Wenn Sie mir binnen – wenn Sie mir binnen –«, hast du's geschriebn?

FRAU: Ja –

MANN: Naa – so können wir auch net schreibn, »binnen« ist eine ganz alte Schreibart. – Nimm an neuen Briefbogen! – Hast'n? Schreib: Nix, gar keine Überschrift. – »Hinsichtlich Ihres gegen uns erzeugten Benehmens Ihrerseits, wo es sich um Familieneinmischungsdifferenzen handelte – handelten, werden Sie zukünftigerseits gegenseitiges Erachtens – Intriguen ignoriert – keinesfalls –«, naa, da kennt er sich net aus – nimm an neuen Briefbogen!

FRAU: Ja mei, mir ham fei bloß mehr a paar Dutzend Briefbogen daheim.

MANN: Die reichen schon – schreib! »Glauben denn Sie, Sie hundsgemeiner Sauhund, daß Sie...«

FRAU: Um Himmels willen, Lorenz, so dürfen wir ihm

net schreibn, der verklagt dich ja sofort wegen Beleidigung!

MANN: Stimmt – ja – des ist etwas zu derb – nimm an neuen Briefbogen!

FRAU: Des is jetzt schon der fünfte Briefbogen, den mir wegen dem Dreckkerl verpatzt ham –

MANN: No, no, no, Babette, tu dich etwas mäßigen in deinen Ausdrücken, schließlich sind wir ja bessere Leute! – Wir müssen ihm so schreiben, daß er sich sagt: Nach dem Brief nach zu schließen, können das keine gewöhnlichen Menschen sein.

FRAU: Ja – ganz richtig! Schöne Zeilen sollen wir ihm servieren, denn schließlich war er ja doch dein ehemaliger Freund, und du hast schon schöne Stunden mit ihm verlebt.

MANN *in weinerlichem Ton:* Ja, o mei, da derf i gar net drandenken, da könnt i glei weinen...

FRAU: Na, na, Lorenz, vergiß dich nicht!!!

MANN: Schreib: »Mein lieber, guter, alter Freund! Die Wunde, die mir das so jäh zerrissene Freundschaftsband, welches sich einst um uns geschlungen hat, verursacht hat, blutet heute noch. Auch Du, lieber alter Freund, wirst es nie vergessen, als wir in lauer Sommernacht im Hofbräuhauskeller unter duftenden Kastanienbäumen unsere Maßen schlürften und wir dann in der Sternennacht schwer beladen, aber selig, heimtorkelten. Ein Strauß himmelblauer Vergißmeinnicht sollen das Zeichen unserer Freundschaft wieder...« Halt, halt, halt, naa, naa, nix, ja des waar ja der reinste Liebesbrief!

FRAU: Ja, des hab ich mir auch grad denkt!

MANN: Zerreiß sofort den Schmarrn!

FRAU *zerreißt den Brief:* Jetzt wird's aber bald Zeit, daß du dich entschließt, was wir ihm eigentlich schreibn. Ich hab ja noch a andere Arbeit auch.

MANN: Jetzt weiß ich, was ich ihm schreib: – kurz und bündig! Nimm an neuen Briefbogen und schreib: »Geehrter

Herr! Ich beschließe nun mein Schreiben und erachte die ganze Angelegenheit für erledigt. Hochachtungsvoll! Lorenz und Babette Geier.«

Es läutet – die Frau öffnet.

DER BOTE *gibt einen Brief ab vom Nachlaßgericht und bittet um Empfangsbestätigung. Ab.*

FRAU: Da schau her, Lorenz – ein Brief vom Nachlaßamt! – Was wird denn das sein?! *Öffnet den Brief und liest ihrem Mann vor:*

»Der Nachlaß der vor längerer Zeit verstorbenen Eheleute Anton und Johanna Heizer, bestehend aus einer Schlafzimmereinrichtung, trifft die gerichtlich festgestellten Erben. Das Mobiliar muß heute noch vom Lagerplatz Bahnhofstr. 25 abgeholt werden.« – A Schlafzimmer ham mir geerbt, juchhu! – ausgerechnet a Schlafzimmer!

MANN: Was?! Ich hab a Nasn! Kannst dich noch erinnern? Vor acht Tagen hab ich zu dir gsagt: Unser Schlafzimmer kann ich nicht mehr anschaun; kaufen wir uns doch ein neues Schlafzimmer! – Und jetzt erben wir eins – das ist ein Schlafzimmer-Zufall!!!

FRAU: Ein seltener Zufall – und des alte verkaufen wir sofort!

MANN: So schnell kannst du die Möbel nicht verkaufen; die müssen ja heut noch aus dem Zimmer, denn die geerbten Möbel müssen heute nachmittag schon geholt werden –

FRAU: Vielleicht kauft s' der Hausmeister?

MANN: Der wird sich hüten – des alte Glump mag der nicht einmal gschenkt! – Geh hinunter zu ihm, hol ihn rauf und sag, wir schenken ihm die ganze Schlafzimmereinrichtung, aber er muß uns dafür vom Lagerhaus die geerbten Möbel herfahren und rauftragen.

FRAU *schreit zum Fenster hinunter:* Herr Hausmeister, kommen S' doch zu uns rauf!

HAUSMEISTER JUN. *von der Ferne:* Komm glei!

FRAU: Er kommt gleich rauf. *Spricht eine Minute mit ihrem Mann – Der Hausmeister kommt herein.*

HAUSMEISTER: Was ist los, Frau Geier?

Frau und Herr Geier erklären dem Hausmeister umständlich, wo die alten und neuen Möbel hinkommen, bis der Herr Geier ins Geschäft geht und Frau Geier alles allein erklärt. Endlich versteht der junge Hausmeister, daß er Möbel holen soll, und als Lohn bekommt er dafür die alten Schlafzimmermöbel.

HAUSMEISTER: Des alte Glump! Da geben Sie mir zwei Liter Bier, das ist mir lieber, nehmen kann ich das Zeug schon, des soll der Vater heut nachmittag zusammensägen als Brennholz für'n Winter.

FRAU: Des können S' machen, wir brauchen's nimmer, weil wir heut nachmittag schon unsere neue Einrichtung kriegen. Wissen S', ich möcht halt mit der ganzen Arbeit bis am Abend sechs Uhr fertig sein, damit mein Mann a rechte Freud hat, wenn er vom Geschäft heimkommt.

HAUSMEISTER: Ist schon gut, ich komm gleich mit meinem Vater rauf, dann tragen wir die alten Möbel in den Hof nunter, der Vater schlagt dieselben gleich zu Brennholz zusammen, und ich hol mit meinem Freund Toni die Möbel, die Sie geerbt haben. Wo muß ich die holen?

Die Frau gibt ihm den Zettel vom Amtsgericht.

HAUSMEISTER: Ah, Bahnhofstraße 25, Lagerhaus. *Zur Frau:* Und Sie tun, bis wir Möbel bringen, 's Zimmer putzen.

FRAU: Jawohl, so wird 's gmacht! *Sie beschäftigt sich mit dem Abnehmen der Bilder von der Wand usw.*

Inzwischen sieht man, wie Herr Geier in irgendeiner Fabrik (Schachtelfabrik oder dergleichen) mit seinen Kameraden von dieser Erbschaft spricht. Herr Geier ist durch die Freude so verwirrt, daß er allerlei verkehrt macht an seiner Arbeitsstätte.

Hierauf erscheinen Hausmeister junior und senior und tragen das ganze alte Mobiliar in den Hof hinunter, und der alte Hausmeister beginnt sofort mit der Zerkleinerung der Möbel. Einstweilen hat der junge Hausmeister den Zweiräderkarren geholt und einen Freund dazu und fährt in die Bahnhofstraße 25, um die neuen Möbel zu holen. – Die Frau putzt inzwi-

schen ihre Wohnung, und in zwei Stunden kommt der Haus-
meister jun. mit lachender Miene zur Frau und sagt: Sind
schon da!

FRAU: Die Möbel?

HAUSMEISTER: Ja, die Möbel, wir bringen s' gleich –
schöne Möbel, da werden S' schaun!

FRAU: I bin neugierig, ich freu mich schon wie ein Kind!
Läuft vor Freude händereibend in der Wohnung auf und ab;
gleich darauf kommen die beiden Möbeltransporteure mit den
Möbeln und stellen dieselben in das Zimmer und lachen aus
Leibeskräften. Um Gottes willen, was sind denn das für
Möbel?

BEIDE: Liliputaner-Möbel!

FRAU *ist einer Ohnmacht nahe:* Raus mit dem Kinderspiel-
zeug! Sofort unsere alten Möbel wieder rauftragen!

HAUSMEISTER: Ja, die sind nimmer da, die hat der Vater
schon alle zu Brennholz zerhackt.
Zwischenbild: Im Hofe an der Mauer liegt Brennholz aufge-
stapelt.

FRAU: Ja um Gottes willen, was wird da mein Mann sagen,
wenn der um sechs Uhr heimkommt! Ja, ich bin unschuldig, er hat selber zu mir gsagt: Schenkst gleich die alte
Einrichtung her! – so, so, der wird schaun!
Um sechs Uhr kommt der Mann heim. Als er in das Zimmer
tritt und seine neue Einrichtung sieht, glaubt er, er ist verzau-
bert, er kennt sich nicht mehr aus. Bis seine Frau aber erklärt
hat, daß die alte Einrichtung nicht mehr existiert, werden
ergebnislose Versuche mit dem kleinen Mobiliar gemacht, und
als sich der Mann in das winzige Bett hineinlegt, welches nur
einen Meter lang ist, hängen seine Beine einen Meter über das
Bett hinaus – eine furchtbar komische Situation!!! Da läutet es
draußen, und herein kommt der rechtmäßige Erbe, ein LILI-
PUTANER, *der dann unter Aufregung erklärt, daß da ein*
Irrtum vorgefallen sei: er heiße Anton Geier, und auf dem
Lagerzettel steht: Alfons Geier. Die Möbel werden wieder
abgeholt, und das Ehepaar steht im leeren Zimmer.

MANN: Siehst du, Babette, hier ist wieder das alte Sprichwort zutreffend: »Man soll nie etwas wegschmeißen, nur
– beiseite stellen!«

Das Clownduett oder die verrückten
Notenständer

Valentin und Karlstadt treten auf, von beiden Seiten der Bühne,
kommen zusammen, und sagen »Ah da sind sie ja« *und schüt-*
teln sich die Hände – sagen zugleich: Wie gehts Ihna denn
immer? *(zugleich)* Danke gut.

LIESL KARLSTADT: Da hams recht – da kann man nichts
machen.

KARL VALENTIN: Was sagns?

L. K.: Nein ich hab blos gsagt, da kann man nichts machen.

K. V.: So so, das hab ich auch schon amal ghabt.

Beide schauen sich schweigend an.

L. K.: Sie – könnt ich sie einen Moment sprechen?

K. V.: Um was handelt sichs denn?

K. V.: Ist nur eine Kleinigkeit, ist fast gar nicht wert, dass
man davon red.

K. V.: Privat oder geschäftlich?

L. K.: Nein – beides nicht – sagen sie, sind sie beleidigt,
wenn ich sie auf etwas aufmerksam mache?

K. V.: Nein, absolut nicht.

L. K.: Ich möcht sie nur ersuchen, ob sie meine Hand nicht
wieder auslassen möchten, die ham sie noch vom Grüss-
gott sagen, in der Hand.

K. V.: *(Lässt aus)* Da hab ich ganz vergessen drauf. Entschul-
digens bitte.

L. K.: Macht nichts.

Beide legen ihre Notenbücher auf den Tisch, gehen mit den Trompeten vor.

K. V.: Anläßlich des Einzuges Kaiser Ludwig des Bayern zum Isartor im Jahre 1312 gestatten wir uns nachträglich noch ein Duett zu blasen, auf zwei Trompeten, ein sogenanntes halbes Quartett, wir beginnen mit dem Anfang. *(Beide blasen die erste Stimme.)*

K. V.: Halt, jetzt ham wir alle zwei die erste Stimme geblasen, bei einem Duett muss doch einer die erste und der andere die zweite Stimme blasen.

L. K.: Das ist doch klar, das hättens aber vorher schon wissen können.

Beide blasen die zweite Stimme, hören wieder auf. Jeder sagt: Jetzt blast er auch die zweite.

K. V.: Ich hab doch ausdrücklich gesagt, einer die erste und der andere die zweite.

L. K.: Ja ist ja recht, und da hab ich den einen gmacht.

K. V.: Den einen hab ich gmacht, sie hätten den andern machen solln. Mir ists gleich, ich kann die erste und die zweite blasen.

L. K.: Ja – dann kann ja ich heimgehn, dann brauchens mich überhaupt nicht.

K. V.: Nein ich mein so, ich kann die erste und kann aber auch die zweite blasen.

L. K.: Das ist eben bei mir leider auch der Fall.

K. V.: Sinds doch froh.

L. K.: Ja also was wollns denn jetzt für eine blasen?

K. V.: Ah wissens was, blas ma gar nicht. Oder blasen die erste und ich die zweite – oder umgekehrt?

L. K.: Oder mach mas so, wie sie wolln.

K. V.: Ja so gehts auch – ja – wie willn sie?

Beide streiten noch lange – herum, dann sagt Karlstadt, wissen sie was, Sie blasen jetzt die zweite, dann brauche ich nur mehr die erste blasen.

K. V.: Ja, so mach mas.

L. K.: Können sie sichs merken?

K. V.: Nein, merken kann ich mir gar nichts – da kann ich eher noch blasen.

L. K.: Da brauchen sie sich auch gar nichts merken, sie blasen einfach die zweite Stimme, und das was ich tu, das geht sie gar nichts an.

K. V.: So, dann geht sie das auch nichts an, was ich tu, merken sie sichs.

Beide blasen, aber gleich falsche Töne.

KAPELLM: Hörns doch auf, das ist ja ganz falsch.

K. V.: Das hörn wir schon selber, mischen Ihna nicht in andre Leut nein, mischens sie sich lieber in sich selbst nein – sie sind der allerjüngste, schämen sie sich, dass no so jung sind.

KAPELLM: Ham sie denn keine Noten?

K. V.: Freilich, aber nach Noten können wir doch nicht auswendig blasen.

KAPELLM: Das braucht es auch gar nicht, nehmen sie doch Noten

Beide nehmen ihre Noten. Valentin das kleine – Karlstadt das grosse Buch.

L. K.: *(kann das grosse Buch nicht halten, Valentin hilft halten, beide blasen. Valentin bläst aber nur immer den gleichen Ton.)*

L. K.: Sie blasen ja immer den gleichen Ton!

K. V.: Ich kann ja nicht mehr blasen, weil ich nicht auf die Klapperl hindrücken kann.

L. K.: Warum könnens da auf einmal nicht mehr hindrücken?

K. V.: Weil ichs Buch in der Hand habe, *(lasst es aus.)* Ich hab eine andere Idee schauns her, ich häng Ihnen mein Buch da hinten nauf, und sie hängen Ihr Buch ihm nauf – mir.

L. K.: Ah, sie meinen wahrscheinlich so, dass einer dem andern hint neinschaun kann.

Beide wollen blasen – Valentin sagt: Da müssen sie vor mir stehen.

L. K.: *stellt sich vor ihm auf –* jaaa – jetzt ists falsch, sie müssen vor mir stehn, sonst kann ja ich nicht dahinten neinschaun.

K. V.: Jaso – da war ich jetzt im Irrtum ..... ja jetzt ists wieder nichts wie kommt jetzt das. – Das ging schon, aber das geht nicht.

THEATERM: Jetzt möcht ich blos wissen, wie lange sie den Blödsinn noch machen wollen, glauben sie, das Publikum schaut Ihnen noch lang zu?

K. V.: Fünftens ist das kein Blödsinn – wir wollten da was machen, wir haben zwei Trompeten, zwei Notenbücher, wir sind zu zweit, und keiner kann dem andern hintneinschaun, wie kommt das?

THEATERM: Wissen sie, was sie brauchen? Notenständer.

K. V.: Wir haben aber keine.

THEATERM: Aber ich hab welche.

K. V.: Ja, gebns uns a paar.

THEATERM: Sie können dann gleich a paar haben, von mir.

L. K.: Dann teilen wirs zusammen. Jetzt können sie das Buch wieder runter tun, wenn der Notenständer bringt, das hat sie so nicht gut gekleidet, da hams ausgschaut, wie a Segelflugzeug.

THEATERM: *bringt einen ganz grossen und einen ganz kleinen Notenständer h[e]rein.* So – da ham sie einen, und da sie.

K. V.: *nimmt den grossen Ständer, sein kleines Buch fällt immer durch.*

L. K.: *nimmt den kleinen Ständer, aber das grosse Buch hat nicht Platz.*

MEIST: So geht das freilich nicht – sie müssen doch die beiden Ständer tauschen.

(Beide tauschen die Notenständer, aber blos betreffs Platz, jeder hat wieder seinen gleichen Notenständer. Alles fällt wieder durch, wie vorher)

MEIST: Jetzt gehts ja wieder nicht – sie müssen doch tauschen.

L. K.: Das haben wir doch getan.

MEIST: *(zu Karlst)* Sie haben das grosse Notenbuch, sie

nehmen den grossen Notenständer. *Zu Valent:* Sie haben das kleine Notenbuch, sie nehmen den kleinen Notenständer.

K. V.: Das ist doch klar, da wärn wir aber selber auch drauf kommen, da hätt sie nicht braucht dazu.

L. K.: *(Kann das schwere Buch nicht auf den Ständer hinaufbringen)*

K. V.: Da werdens Ihna aber schwer tun mit dem Buch.

L. K.: Natürlich, wenn nur wenigstens einer da wäre, der mir helfen könnte.

K. V.: Es ist schon niemand da auch –

L. K.: *Hebt das Buch hinauf, sagt* Danke.

K. V.: Bitte bitte.

Beide wollen blasen .... Valentin fällt der Hut immer nach vorn hinunter. Karlstadt fällt der Hut nach hinten nunter.

K. V.: Sie das geht nicht, der Notenständer ist für mich zu nieder, wenn ich das blas, fällt mir immer der Hut vorn hinunter.

L. K.: Bei mir ists grad das Gegenteil, wenn ich da hinauf schaue, dann fällt mir der Hut immer hinten nunter, und bei mir ists noch dazu, furchtbar unapettitlich, mir lauft der Saft von der Trompete immer so runter..... Möchten nicht sie daher gehen tauschen mit dem Platz. *Karlst: setzt sich zum kleinen Notenständer auf den Boden ...... Valent. sieht das, setzt sich auf den Boden zum grossen Notenständer.*

MEIST: *(holt die beiden Ständer und schimpft)*

Beide schauen ihm nach. Jetzt ham ma gar nichts mehr, der hats uns nur leihweise geliehen. *Beide stehen auf........*

MEIST: *(bringt hupfenden Notenständer)* So, da hams jetzt an andern.

L. K.: Der ist für sie zu klein, den kann man höher machen, da brauchens nur das Ding da raustun *(hupft hinauf)*. Sie da ist was passiert.

K. V.: Der ist hinauf gfalln.

THEATERM: So – ganz von selbst?

L. K.: Ja, wir ham nur naufgschaut, dann ist er schon davon ghupft.

MEIST: Sie müssen doch alles kaput machen – da hams an andern *(bringt den kleinen wackligen)*

BEIDE: Sie, den kann man nicht brauchen, der ist zu weich.

MEIST: *(bringt elektrischen) Beide blasen.*

L. K.: Blasens doch nicht immer daher, da ziehts ja.

K. V.: Jetzt hab ichs gsehn, mitn Fuss hams hingstossen. *Beide versuchen immer wieder zu blasen, aber Ständer dreht sich immer, beide laufen um den Ständer herum ..... Sie der* fliegt davon.

MEIST: Ach Unsinn – da hams an andern *(bringt den doppelten Ständer)*

Beide blasen, Ständer wird immer länger – Beide holen sich einen Stuhl, steigen hinauf, blasen weiter, Orchester spielt auch weiter.

K. V.: *Schreit* So hörns doch auf, sehns denn nicht, dass er wachst.

BEIDE: z. *Publikum* Haben sie das gesehen, wir haben jetzt da geblasen jetzt ist der Notenständer immer länger geworden, wenn wir jetzt keinen Stuhl hätten, könnten wir gar nicht mehr auf unsere Noten schauen. *(Währenddessen ist der Notenständer wieder klein geworden. Beide steigen wieder vom Stuhl herab, und sagen* »Jetzt weil wir am Stuhl droben gstanden sind, jetzt ist der Notenständer wieder ganz herunter, jetzt brauch ma kein Stuhl mehr ....« *Währenddessen ist der Ständer wieder gross geworden ....*

Beide schauen ganz erstaunt – L. K.: Sie da herin spuckts.

K. V.: *(spuckt aus)* L. K.: *sieht die Schnur.* ... Ahhhhhh jetzt hab ichs gsehn, gehns her, ich sag Ihnen was, können sie sich das denken, wie das geht mit dem Notenständer?

K. V.: Ja, der hat vielleicht an Kunstdünger hingschmiert, und dadurch wachst der Ständer.

L. K.: Nein, ein Schnürl hat er hinghängt, und da zieht er immer an, dadurch wird der Notenständer immer länger und kürzer.

K. V.: Dem schneiden wir das Schnürl ab – *(Während der Zeit hat Theaterm. den Ständer geholt, und einen andern dafür hingestellt, beide haben nichts bemerkt, weil sie auf der Seite gestanden sind, ...*

L. K. Passens auf, da muss ein Schnürl liegen, obacht tretens nicht drauf, so ein kleines längliches Schnürl ists.

K. V.: *(sieht das Schnürl am Notenständer – zieht an, Ständer schiesst und fällt herunter).*

Beide schreien auweh *und laufen ab.*

2.

K. V.: Als nächstes erlauben wir uns ein Duett vorzutragen auf zwei den verschieden artigsten Instrumenten der Welt – hier – die kleinste Mundharmonika – und hier die grösste Trommel der Welt.

L. K.: *(bringt Trommel)*

K. V.: Die kleine Mundharmonika hat 60 Pfennig gekostet – die haben wir bar bezahlt – die grosse Trommel kostete 600.– Mark, auf diese sind wir noch einige Mäuse schuldig.

L. K.: Raten . . . .

K. V.: Zum Vortrag gelangt »Fridericus Rex Marsch«. Wir ersuchen bei diesem Vortrag um die grösstmöglichste Ruhe, dass man die Trommel gut hört.

Beide blasen »Fridericus Rex Marsch« ohne Orchester und zwar 3 Takte Vorspiel mit Mundharmonika, dann setzt grosse Trommel ein, spielen 18 Takte Marsch. Verbeugen sich . . . .

K. V.: Wir erlauben uns noch einen Vortrag vorzutragen, betitelt Da capo.

L. K.: *(stellt Notenständer so hin, dass er baumelt und wackelt)*

Beide schauen zu – lachen.

K. V.: Variationen über das bekannte Volkslied Lang lang ists her, für Klarinette und Pomperton. *(setzt sich auf Stuhl, rutscht mit Bombardon über Stuhl nach vorwärts)*

L. K.: *(hilft – er fällt nach links – dann nach rechts – Dann hustet er in den Bombardon hinein – schaut zum Mundstück hinein – steckt Taschentuch wie ein Geiger in den Kragen . . . . .)*
Beide blasen C dur Akkord.
K. V.: *hält tiefen Ton aus – imitiert das Brummen des Zeppelins – sagt:* Zeppelin.
Beide blasen: »Lang lang ists her« bis zum vorletzten Ton . . . . .
K. V.: *blättert um – Beide blasen . . . . . . den letzten Ton.*

Im Schallplattenladen

Original – Scene von Karl Valentin.

Personen:
Ein Kunde: Karl Valentin
Eine Verkäuferin: Käthe Schürzinger
Deren Mann: Josef Rankl.

(Vorhang geht auf, auf der Bühne stehen die Verkäuferin und deren Mann und beschäftigen sich.)
VALENTIN: *(tritt auf)* Guten Tag! Ich krieg eine Schachtel III. Sorte.
VERKÄUFER: Ja bei uns gibt es keine Zigaretten zu verkaufen.
VALENTIN: Was gibts denn dann?
VERKÄUFER: Bei uns gibt es nur Schallplatten und Gramaphone.
VALENTIN: So? Dann geb'ns mir halt ein' Gramaphon!
VERKÄUFERIN: Nun, dann schauens Ihnen den da mal an, das ist ein sehr schöner Apparat.
VALENTIN: Aber der ist ja kaputt, der hat ja ein Loch! *(deutet auf die Schallöffnung)* Und dann möcht ich einen, der da vorne einen Reissverschluss hat.

VERKÄUFERIN: Einen Reissverschluss gibt es doch an einem Apparat nicht!

VALENTIN: So ein Apparat ist aber recht unpraktisch. Wenn man da den Finger hintut und fällt der Deckel zu, dann kann man sich leicht einzwicken.

VERKÄUFERIN: Ja da muss man halt Obacht geben.

VALENTIN: Wenn man aber nicht Obacht gibt? Und dann sticht man sich auch sehr leicht an dem Stachel da! Hättens nicht einen solchen mit einem Trichter?

VERKÄUFER: Nein, mit Trichter gibt es keinen Apparat mehr. Die sind ja unmodern.

VALENTIN: Aber grad so einen möcht ich haben.

VERKÄUFERIN: Ja warum denn?

VALENTIN: Wissens, ich hab nämlich noch eine ganze Flasche Sidol zu Haus und die möcht ich aufbrauchen.

VERKÄUFERIN: Nun, da werden Sie doch einen anderen Zweck dafür finden.

VALENTIN: Ja freilich, ich hab so Schnallen z'haus.

VERKÄUFER: Wie meinen Sie? Was für Schnallen?

VALENTIN: So Türschnallen halt!

VERKÄUFER: Ach so!

VERKÄUFERIN: Also wie steht es mit dem Gramola da? Der wäre sehr billig und gar nicht teuer.

VALENTIN: Also unteuer! Was kostet denn der?

VERKÄUFER: Wir könnten Ihnen den Apparat sehr preiswert überlassen. Ich mache Ihnen ein günstiges Angebot. Sie bekommen den Apparat zum Preise von Mk. 85.– Also sehr billig! Und dabei verdienen wir hier an diesem Apparat nur 5.– Mark, denn der kostet uns selbst im Einkaufspreis 80.– Mark.

VERKÄUFERIN: Du Josef! Der Apparat hat uns aber nur 30.– Mark gekostet.

VERKÄUFER: Aber nein! Der doch nicht!

VERKÄUFERIN: Du irrst Dich, der hat uns nur 30.– Mark gekostet.

VERKÄUFER: Nein, wenn ich Dir sage, der hat uns immer schon 80.– Mark gekostet *(stösst sie mit dem Fuss)*

Verkäuferin: Warum stösst Du mich denn?

VALENTIN: Die harmoniern auch net z'samm.

VERKÄUFER: Weil der immer schon 80.– Mark gekostet hat.

VALENTIN: Natürlich, Frau, sonst müsst er doch 55.– Mark daran verdienen. Sagens mal, haben Sie den Apparat nicht mit Dampfbetrieb.

VERKÄUFERIN: Mit Dampfbetrieb gibt es keinen, aber mit elektrischem Betrieb, z. B. der hier, das ist ein ganz moderner Apparat mit Lautverstärker.

VALENTIN: Was kostet denn der?

VERKÄUFERIN: Ja der ist eminent teuer.

VALENTIN: Der ist mir auch zu eminent teuer.

VERKÄUFER: Wissen Sie denn, was der Apparat kostet?

VALENTIN: Nein!

VERKÄUFERIN: Der kostet 500 Mark.

VALENTIN: Mit der Nadel?

VERKÄUFERIN: Wollen Sie sich mal das Reisegramola ansehen? Das wäre sehr billig, das kostet nur 20.– Mark.

VALENTIN: Mit Reise?

VERKÄUFERIN: Nein, natürlich ohne Reise.

VALENTIN: Aber ich reise ja fast selten nie, ich bin noch ganz selten gerissen.

VERKÄUFERIN: Sie können ja den Apparat zu Hause auch spielen lassen.

VALENTIN: Geht der zuhause auch?

VERKÄUFERIN: Natürlich!

VALENTIN: Und auf der Reise?

VERKÄUFERIN: Und auf der Reise!

VALENTIN: Zu gleicher Zeit?

VERKÄUFERIN: Nein, entweder zu Hause oder auf der Reise.

VALENTIN: Ah, dann ist das ja ein Entweder Apparat. Sagen's amal, kann man den Apparat auf der Strassenbahn auch spielen lassen?

VERKÄUFERIN: Aber auf der Strassenbahn wäre doch die Strecke zu kurz.

VALENTIN: Auf der Ringlinie?

VERKÄUFERIN: In der Strassenbahn spielt doch kein Mensch Gramola.

VALENTIN: Na also, dann werd ich mich zu einem von den drei beiden entschliessen.

VERKÄUFERIN: Und dann machen wir auch Reparaturen.

VALENTIN: Bevor man schon einen kauft? Das muss ja ein gutes Fabrikat sein.

VERKÄUFERIN: Nein, falls mal irgendwie Bedarf wäre an Reparaturen.

VALENTIN: Ja, Sie, ich habe einen bekannten Freund, der hat auch so einen Apparat und der gibt jetzt immer so unreinliche Töne. Wissens, der wohnt schon 3 Jahre im Waschhaus und da ists so feucht und da ist ihm der Zacken da eingerostet.

VERKÄUFERIN: Die Nadel? Ja und was soll man da machen?

VALENTIN: Ja, da hat er gmeint, ob man die Nadel da nicht spitzig machen könnt.

VERKÄUFERIN: Nein, das geht nicht. Da soll sich halt Ihr Freund ein Schächterl neue Nadeln kaufen.

VALENTIN: Ja das hab ich ihm auch gsagt.

VERKÄUFERIN: Und dann hätten wir noch sehr schöne Sachen in Schallplatten.

VALENTIN: Die wären mir eigentlich viel lieber als ein Gramaphon.

VERKÄUFERIN: Was sollen das dann für Platten sein?

VALENTIN: So runde dunkelschwarze Platten.

VERKÄUFERIN: Ja, ich meine, wollen Sie Schallplatten mit Musik oder Gesang?

VALENTIN: Nein, nur mit Schall, mit billigem Schall.

VERKÄUFERIN: Gut, wir werden Ihnen mal was vorspielen.

VALENTIN: Ja, sind's so frei!

VERKÄUFER: *(bringt eine Platte)* So, sehen Sie, da ist z.B. ein sehr schöner Marsch.

VALENTIN: M – – – arsch *(wiederholt das öfters)*

VERKÄUFER: *(lässt den Marsch spielen)*

VALENTIN: *(pfeift dazu, nachdem die Nadel abgesetzt)* I pfeif auf jede Platten.

VERKÄUFER: Also, was sagens dazu, die ist doch schön?

VALENTIN: Ja das schon, aber das war doch nicht Caruso?

VERKÄUFERIN: Ja, Sie wollen Caruso hören?

VALENTIN: So !!! ???

VERKÄUFER: Wollen Sie denn eine Platte hören von Caruso? Das können Sie natürlich auch *(legt eine Caruso-Platte auf)*

VALENTIN: *(hört zu, bis zum Lachen des Bajazzo, bevor Nadel abgesetzt wird)* Jetzt lacht er, jetzt freut er sich selber, weil er naufkommen ist.

VERKÄUFERIN: Was sagen Sie jetzt?

VALENTIN: Ja, die Caruso-Platten sind schön, aber man kann doch auf diese Platte nicht tanzen.

VERKÄUFERIN: Auf eine Caruso-Platte tanzt auch kein Mensch.

VALENTIN: Nicht auf der Platte, ich mein halt so, so nach der Platte.

VERKÄUFERIN: Ach, Sie wollen eine Tanzplatte haben?

VALENTIN: Mit Schall!

VERKÄUFER: Ach ich verstehe Sie schon, Sie wollen eine Schallplatte hören, nach der man tanzen kann.

VALENTIN: Ja!

VERKÄUFER: *(legt einen Ländler auf)*

VALENTIN: *(bevor die Musik schon spielt)* Ja der ist recht. *(hört einige Takte an)* So was mein ich, das ist die Richtige! Was kostet die?

VERKÄUFERIN: 1.50 M das Stück.

VALENTIN: Ist mir zu teuer, die Hälfte wäre halt recht.

VERKÄUFERIN: Ja auseinanderschneiden kann ich Ihnen die Platte nicht.

VALENTIN: Nicht von der Platte die Hälfte, vom Preis mein ich.

VERKÄUFERIN: Wir haben schon billigere Platten, wenn ich nur wüsste, was Sie wollen?

VALENTIN: Sagen's amal, haben Sie die Platte von der Freiwilligen Sanitätskolonne, das »Sanitätslos« oder so ähnlich?

VERKÄUFER: Wie meinen Sie, das Sanitätslos?

VALENTIN: Ja, das Sanitätslos!

VERKÄUFER: *(Sieht im Katalog nach)* Wie soll das heissen? Das Sanitätslos?

VALENTIN: Nein, das Sanitätslos – allein.

VERKÄUFER: Das Sanitätslos allein?

VALENTIN: Ohne allein.

VERKÄUFER: Nur »Das Sanitätslos«?

VALENTIN: Ohne das!

VERKÄUFER: Nur Sanitätslos?

VALENTIN: Ohne Nur!

VERKÄUFER: Also Sanitätslos!

VALENTIN: Ohne Nur und ohne also.

VERKÄUFER: Sanitätslos!

VALENTIN: Ja ! ! – Die mein ich!

VERKÄUFER: Nein, eine solche Platte gibt es nicht.

VALENTIN: Doch, ich weiss ja genau.

VERKÄUFERIN: Vielleicht wollen's einmal die Melodie pfeifen oder singen?

VALENTIN: Der Refrain geht so *(singt die letzte Strophe von Seemannslos)*

VERKÄUFERIN: Ach, Sie meinen ja »Seemannslos«.

VALENTIN: Ja, stimmt »Seemannslos« heisst's, ja, so heisst's.

VERKÄUFER: Die haben wir natürlich auf Lager, die können Sie haben *(bringt dieselbe herein und gibt sie der Verkäuferin, diese hält Valentin die Platte hin, Valentin schlägt sie mit dem Stocke entzwei)*

VERKÄUFERIN: Um Gotteswillen, was machen Sie denn da?

VALENTIN: Die will ich nicht haben. Die Platte spielt meine Hausfrau seit Jahren jeden Tag, zum Hals wächst mir die Platte raus, Hemmungen hab ich bekommen, dem Irrsinn war ich schon nahe. Diese Platte rotte ich aus, die kauf ich überall auf, Rottiwürfel mach ich daraus.

VERKÄUFERIN: Aber beruhigen Sie sich doch. Nehmen Sie doch Platz!

VERKÄUFER: Aber Sie brauchen diese Platte doch nicht zusammenschlagen.

VALENTIN: *(hat sich gesetzt)* Sie, sagen Sie mal, wo ist denn jetzt eigentlich die Lehne?

VERKÄUFERIN: Wie meinen Sie? Was für eine Lehne? Bei uns war noch nie eine Lehne! Vielleicht in unserem Hauptgeschäft, bei Häring, ich glaube, da ist eine Lehne, so ein grosses schwarzes Fräulein?

VALENTIN: *Die* Lehne mein ich!

VERKÄUFERIN: Ach, die Stuhllehne!

VALENTIN: Der Stuhl ist hier und die Lehne ist im Hauptgeschäft! Haben Sie vielleicht diese Himbeer – Heidelbeer – Brombeer – Preisselbeer Platten?

VERKÄUFER: *(wiederholt)* Himbeer – Heidelbeer – Brombeer, Preisselbeer Platten? Nein, die gibts nicht!

VALENTIN: Halt – Meyerbeerplatten meine ich.

VERKÄUFERIN: Nein, die haben wir z.Z. nicht mehr, die sind ausgegangen.

VALENTIN: Wohin?

VERKÄUFERIN: Kommen Sie mal hier an den Tisch, dann zeig ich Ihnen noch verschiedene Platten.

VALENTIN: Gestorbene Platten?

VERKÄUFERIN: Sehen Sie mal hier, da hab ich was für Sie, das sind biegsame Platten in allen Farben. Da hol ich Ihnen noch welche *(ab)*

VALENTIN: *(allein)* Ja was's net alles gibt, biegsame Gramaphonplatten. So ein Glump erfinden's, aber für'n Katharrh haben's heut noch nix! *(vergleicht die Wachsplatten auf Biegsamkeit, bricht einige Platten, bis die Verkäuferin entsetzt auf die Bühne kommt)*

VERKÄUFERIN: Ja, was machen's denn da? Sie haben mir da 3 Platten zerbrochen?

VALENTIN: Vier!!!!

VERKÄUFERIN: Aber die sind doch nicht biegsam, das müssen Sie doch sofort bemerkt haben.

VALENTIN: Sofort !!!!

VERKÄUFERIN: Aber das geht doch nicht! Kommen Sie mal da rüber, dann zeig ich Ihnen was anders *(nimmt eine Platte, legt sie auf den Hocker, auf dem Valentin gesessen ist, führt ihn an den Tisch rechts)* Sehen Sie, das hier, das sind Kristallplatten!

VALENTIN: Um Gotteswillen! Die sind ja noch empfindlicher *(Geht zurück zum Hocker und setzt sich auf die dort liegende Schallplatte, welche hörbar zerbricht)*

VERKÄUFERIN: Um Gotteswillen, jetzt haben Sie mir schon wieder eine Platte zerschlagen.

VALENTIN: Was heisst »zerschlagen«. Zersetzt hab ich sie! – Sie sagen Sie mal, früher hat es doch auch so kleine Platten gegeben, ach, da haben's Sie's ja *(nimmt die kleinen Platten in die Hand)* Was kostet denn da das Pfund?

VERKÄUFERIN: Die gehen nicht pfundweise, da kostet das Stück – – –

VALENTIN: *(hat sich mit dem Stock auf den Ladentisch gelehnt)*

VERKÄUFERIN: *(sieht das)* Aber ich bitt Sie, nehmen Sie doch den Stock da weg *(schlägt Valentin den Stock vom Ladentisch, Valentin fällt neuerdings auf eine Schallplatte, die wieder kaputtgeht)*
So – jetzt ist schon wieder eine Platte kaputt!

VALENTIN: Der saudumme Stock *(nimmt den Stock auf und wirft ihn hinter die Bühne, Fensterscheibengeklirr deutet an, dass die grosse Auslagenscheibe zerschlagen ist)*

VERKÄUFERIN: *(eilt hinaus, holt den Stock, Verkäufer kommt mit herein)* Um Gotteswillen, Josef, schau nur, was der gemacht hat. Ja schauen's nur grad. Jetzt haben Sie uns die Auslagenscheibe auch noch zusammengeschlagen!

VALENTIN: Wie wärs mit einer biegsamen Auslagscheibe?

VERKÄUFER: Aber das geht nun doch zu weit. Was wollen Sie denn eigentlich hier im Laden?

VALENTIN: Einen Gramaphon kaufen!

VERKÄUFER: Also, was ist dann mit dem hier?

VALENTIN: Das ist doch der, bei dem Sie nur 5 Mark verdienen, das will ich nicht.

VERKÄUFER: Und mit dem da, wie stehts da *(Reisegramola)?*

VALENTIN: Ja ich reise ja nie!

VERKÄUFER: Ja was wollen's denn dann? *(wird wütend)*

VALENTIN: Wieso dann? Haben Sie Kaufzwang?

VERKÄUFER: Was heisst hier Kaufzwang?

VALENTIN: Ich kann mir doch in einem Laden einen Gramaphon ansehen und kann ihn erst zu Weihnachten kaufen. Das kann ich doch machen, wie ich will!

VERKÄUFER: Ja das können Sie. Aber Sie haben kein Recht, mir einen derartigen Schaden zuzufügen, haben Sie mich verstanden?

VALENTIN: Das ist vergessen! Und übrigens, heute ist die Zeit nicht mehr, dass man in einen Laden hineingeht und kauft sich ganz einfach einen Gramaphon, heute kommt zuerst die Magenfrage!

VERKÄUFERIN: Dann hätten Sie in einen Wurstladen gehen müssen!

VALENTIN: Das kann Ihnen wurst sein!

VERKÄUFER: Nein, das ist nicht der Fall. Wo kämen wir denn hin, wenn wir lauter Kunden hätten, die uns einen derartigen Schaden anrichten?

VALENTIN: Dann gingen'S zu Grund!

VERKÄUFER: Na also! Wie stehts jetzt, was wollen'S nun hier im Laden?

VALENTIN: Ja wie gesagt, das liebe Geld halt. Was kostet eine Schallplatte?

VERKÄUFER: 3 Mark!

VALENTIN: Ja schaun's, um 3 Mark, da krieg ich schon einen Hut! Und was kosten Gramaphonnadeln?

VERKÄUFERIN: *(zeigt ihm verschiedene Arten von Nadeln)* So ein Schachterl kostet halt 60 Pfennig.

VALENTIN: Eine Nadel bräucht ich eigentlich nur. Gebns Sie's nicht stückweise her?

VERKÄUFER: Nein, das geht dann doch schon nicht, das wären nette Geschäfte!

VALENTIN: Also so ein Schächterl kostet 60 Pfennig. Und der *(deutet auf den grossen Gramaphon mit Lautverstärker)* der kostet 500 Mark?

VERKÄUFER: Ja !!!!!

VALENTIN: *(Sieht am Tisch Kataloge, nimmt einen und frägt)* Sie, was kostet denn so ein Katalog?

VERKÄUFERIN: Der kostet nichts!

VALENTIN: Wie, der kostet nichts?

VERKÄUFER: Nein! Den bekommen Sie gratis, umsonst!

VALENTIN: Umsonst? So? Dann nehm ich einen Katalog! *(Geht ab)*

VERKÄUFER: *(ihm nachgehend, während Vorhang fällt):* Da hört sich doch Alles auf!

München, 12. VII. 35
Rankl Josef.

Umzug in Giesing

Dramatische Szene von Karl Valentin

ALOIS GREININGER *(zu seiner Frau):* Anni, schaug amal zum Fenster no, ob unser Möbelwag'n scho drunt steht.

FRAU GREININGER: Oiwei steht er scho drunt und a Haufa Neugierige a, dö müassens natürli genau wissen, wer da heut ausziagt, und grad wichtig hams es, aber am allernotwendigsten hat's natürli wieder d' Gruaberin, de oit Millibritsch'n!

ALOIS GREININGER: Anni, reg di net auf, mach du die anständigere und tua's ignorier'n.

FRAU GREININGER (*schreit zum Fenster hinunter*): Es neugierige Bande da drunt'n, habts es scho wieder g'rocha mit euera Hundsnas'n, daß mir heut ausziagn, weil's alle vor der Haustür stehts und zareißts enk 's Mai über unsere Übersiedlung in d' Schwanthalerhöh'.

FRAU GRUABER (*hinaufschreiend*): Vielleicht brauchen mir a behördliche Erlaubnis, daß mir bei eiern Umzug zuaschaun derfa. Bei eierm Mobilar woaß mas ja a so net, handelt sich's da um a Entrümpelung oder um an Möbeltransport.

FRAU GREININGER: Du sollst di a no über unser Wohnungseinrichtung aufhalten, sag liaber dein'm chronisch b'suffan Ehegatten, er soll si net oiwei, wenn er bsuffa hoamkimmt, vor unsa Wohnungstür hinflagga! Miet's eich doch a Parterrwohnung, daß er eher hoamfindt mit seine Riesenhepfan.

FRAU GRUABER: Reg' de nur grad net auf, du wamperte Krucka, und tua zuerst deine lausigen Kinder a Bildung beibringa, daß s' net oiwei zum Fenster obaspeim, wenn d' Leut vorbeigenga. De ganz Nachbarschaft kanns ja scho gar nimmer dawarten, bis ös ausziagts. A sochene Zigeunerbande hot ja no nie in dem Haus g'wohnt, solang Giesing existiert.

FRAU GREININGER: Du Mistviech, du rinnaugerts, gell, da war i dir scho recht, daß i dir dein Pfandschein ausg'löst hab für dei Bettstatt, sunst hättst den ganz'n vorigen Summa mit dein'm schelchhaxerten Alisi auf'm Fuaßboden schlummern müassen.

ALOIS GREININGER (*zu seiner Frau*): Anni, Anni, mass'l doch net oiwei, trag liaba die leichten Sachen oba, woaßt as scho, um zehne müaß ma furt sei, bevor der Hausherr kimmt, damit die andere Rasselbinderbande rei ko, woaßt as scho, wenn der Hausherr kimmt, na laßt der an Möbelwagn net eher furtfahrn, bevor mir net an Zins zahlt ham.

FRAU GREININGER: Der soll uns samt sein Zins in Huat

einisteign – Alisi – du werst doch net moana, daß mir dem oan Pfennig zoihn.

ALOIS GREININGER: Was konnst'n da macha, wenn er uns net aufladn laßt?

FRAU GREININGER: Dann sperr'n man in Kleiderkasten eini und nehma'n mit, und in der neuen Wohnung laß man wieder außa und dünst man auf, dann kann er betrübt wieder hoamwandeln.

ALOIS GREININGER: Da geh her, Anni, tragn ma amal z'erst an Kleiderkastn obi, pack man hochkanti, dann geh i arschlings. – Hast'n zuag'sperrt, net daß unterm Trag'n d' Tür aufgeht?

FRAU GREININGER: Hab'n scho! –

ALOIS GREININGER: Ho ruck! *(Bums – Glasgeklirr. Türe ist aufgegangen und der Spiegel ist in Trümmer.)*

FRAU GREININGER: Jessas! Jessas! Jessas!

ALOIS GREININGER: Denkt hab i mas – geh ma aus de Aug'n, sunst wirf i di mitsamt'n Kleiderkasten über d' Stiagn obi, i sag's ja, wer a Holzwoll im Schädel hat statt a Hirn, der is scho von Geburt an dappi! – – Fritzä, geh her, pack du an Kasten!

FRITZÄ *(hebt Kasten zu hoch und stößt Zimmerlampe ein, daß die Glühbirne zerbricht. – Glasgeklirr).*

ALOIS GREININGER: Ja, Fritzä, siegst denn net, blöder Hund, haut er mir d'Zimmerlampn oba, du bist genau so hirnrissi wia de Oit.

FRITZÄ: Ja, trag doch dei Glump na selber owi! Servus!

FRAU GREININGER: So, jetzt hast as, jetzt is der Fritzä ganga, weilst'n so saudumm o'gredt hast.

ALOIS GREININGER: Ja, der soi se doch schwinga, moanst, daß i eahm nachdepfa tua, dem Hanswurstn, dem beleidigten!

FRAU GREININGER: Ja, wer hilft uns dann ausziagn, i kann de schwaren Trümmer net schleppn, mir gangst ja, daß i mir an Leistenbruch zuaziag, so groß wia a Kinderköpfi.

ALOIS GREININGER: Tua net lang schnabeln, pack an Kasten, sunst g'lang i dir oane hin an d'Wange, daß d' miau schreist! – Hastn?

FRAU GREININGER: Ja, habn scho!

ALOIS GREININGER: So geh nur grad zua, b'sinn di net so lang; obacht, daß ma's Stiagnglander net dakratzn, geh no zua, jetzt geh rechts ummi, rechts!!! Woaßt denn net, was rechts und links is – mehra links! – – So, und jetzt schutz man nauf auf'n Zwoaräderkarrn – he ruck! Genga S', Herr Nachbar, halten S' den Karr'n a weni, daß er uns net umschnappt, wenn ma an Kast'n aufifleg'n.

FREMDER: Hab koa Zeit, i muaß in d'Arbat geh, i bin so scho spät dran.

ALOIS GREININGER: Aba zuagaffa kost scho, da hast scho d'Zeit dazua, gscherts Ruamloch, schwing di, sunst speib i dir a Aug aus! – Da geh her, Kloaner, heb an Karrn! – So, Anni, jetzt schutzn nauf, an Kastn – he ruck – so – drobn war er.

HAUSHERR *(kommt und ist erstaunt über den heimlichen Auszug):* Ja, wia ham mas denn da mit der heimlichen Übersiedlung! – Da werd nix aufgladn, z'erst muaß i mein Zins ham für den Monat und der Kasten kimmt eiligst oba, aber im Berliner Tempo, sunst is in fünf Minuten 's Schutzmanndä do, oder i hanteln selber oba vom Karrn.

ALOIS GREININGER: Der Kastn kimmt net oba, der bleibt am Karrn drobn. Bloß oglanga tuan, nur oglanga, na glang i di a o und in a Stund drauf kriagst de Letzte Ölung, da garantier i dir dafür.

(Neugierige haben sich angesammelt. – Gemurmel.)

HAUSHERR: Der Kasten kummt oba!

FRAU GREININGER: Du stinkata Hausherrnprotz, den letztn Zins kannst dir auf dein Nobe auffischreibn; den san ma ja gar net schuldi, weil mir des Jahr scho um 45 Mark Insektenpulver kauft ham, denn die Wohnunga in dein Haus des san ja lauter Filialen vom Zoologischen Garten.

HAUSHERR: Meine Wohnungen san einwandfrei und sauber, und wenn Wanzen drin war'n, dann habtas es selba mitbracht! – runter mit dem Kasten!

ALOIS GREININGER *(zum Hausherrn):* Wennst die jetzt net sofort schleichst, dann kriagst a solchene Riesenschelln, daß dein baldiges Ende zu erwarten ist.

HAUSHERR: Geh hör auf, oida Feigling, deine Offertn kenn i scho! Gib mir halt a Watschn –– bitte –– da is mei Gsicht, hau her, wennst a Schneid hast!

ALOIS GREININGER: Da brauchst net warten, de kannst glei in Empfang nehma! *(Zuschauer lachen.)*

HAUSHERR: Ja, i bin ja schon zum Empfang bereit, du alta Aufschneider!

ALOIS GREININGER: Dir gib i glei an Aufschneider, no a solchene Bemerkung, nacha hau i dir oane nauf auf dein Rüassel, daß d' moanst a Elefant is dir ins Gsicht neitretn! *(Zuschauer lachen.)*

HAUSHERR: Ja, oita Sprüchbeutl, du hast mir ja die erst no net gebn!

ALOIS GREININGER: Ja, de kriagst scho no, laß dir nur Zeit. *(Zuschauer lachen.)*

SCHUTZMANN *(kommt):* Bitte schön – auseinanda da, was ist denn hier los? Schaun S', daß da weiterkommen!

HAUSHERR *(zum Schutzmann):* Herr Wachtmeister, einen Moment, die Familie Greininger da möcht hoamlich ausziagn, meuchlings möchten sie sich entfernen, san aber noch zwei Monat Zins schuldi und bevor i mein Zins net hab, kemma mir de Möbe nicht aus mein Haus.

SCHUTZMANN *(zu Greininger):* Sofort die Möbel wieder in die Wohnung hinauftragn! –– Und die Neugierigen da solln sich sofort zerstreuen!

ALLE ZUSCHAUER: Gehts weiter –– zerstreun ma uns!

Volkssänger in der Ritterspelunke

Die Programmfolge in der Ritterspelunke
vom 6. Dezember 1939 bis 5. Juni 1940

ZAGLER: *(Begrüßt. Hinweis auf die vorzügliche Kapelle. Sieht auf die Uhr und entschuldigt sich, dass er seine Rede unterbrechen muß, aber Dienst ist Dienst. Zagler beginnt an der kleinen Trommel zu trommeln.)*

SCHMIED: *(Kommt gelassen herein und fragt erstaunt):* Was machst den?

ZAGLER: Trommeln! Hört man das nicht?

SCHMIED: Das schon, aber jetzt schon und ganz allein!

ZAGLER: Schau mal auf Deine Uhr?

SCHMIED: *(Schaut auf die Uhr)* Jööö! Ja was is dees, höchste Zeit. Aber die andern sind auch noch net da!

ZAGLER: Das ist mir gleich. Ich fang an. Ich laß mir nichts nachsagn.

SCHMIED: Nacha fang i auch an. Was spieln ma den?

ZAGLER: Den Doppeladler in K Moll *(Beide trommeln unentwegt)*

VALENTIN: *(Kommt ebenfalls erstaunt mit Zigarette rein. Nimmt den Bombardon, wirft die Zigarette oben rein, stößt sich den Mund an und blast).*

ROTH: *(Kommt langsam herein)* Was, is schon Zeit? *(Packt umständlich seine Klarinette aus)*

VALENTIN: *(Ruft durch das Bombardon)* So fang schon amal an, steh net rum do!

PIANIST: *(Kommt wortlos ans Klavier und beginnt zu spielen).*
Nach Schluß des Marsches geht Schmied an die kleine Trommel.
Zagler steht auf um anzusagen, wird von Valentin angesprochen:

VALENTIN: Was wart's den net bis alle beinand sind, es zwei Stiften. Da fangens mit zwei Trommeln allein an, die Wichtigmacher, nur damit der Wirt sieht dass da sind. Lieber machens den Leut a Saumusi vor mit zwei Trommel!

ZAGLER: Ist das Ernst oder Spaß?

VALENTIN: Das ist Ernst! I mach keine Spaß. Das liegt mir nicht!

ZAGLER: Ja aber im Vertrag steht zwanzig Uhr dreissig!

VALENTIN: I richt mich net nach einen Vertrag!

ZAGLER: *(Zieht seine Uhr)* Hier es ist aber Zeit!

VALENTIN: I richt mich auch net nach der Uhr. Nach deiner schon garnet. I hab selber a Uhr. I brauch des net was willst den! I wohn in der Nähe vom Isartor, da ist die große Turmuhr drobn und wann ich da in der Früh vorbei geh' merk ich mirs fürn ganzen Tag!

ZAGLER: Das ist ja eine wunderbare Logik! Ich stell mich hieher, erzähl den Herrschaften wass wir für eine wunderbare Kapelle sind...

VALENTIN: *(Unterbricht)* Drum soll man vorher keine Sprüch machen!

ZAGLER: Sprüch machn! Weiß ich daß ihr kommts wenn ihr wollt's?

VALENTIN: Wolln! Wolln! ...wolln tun wir überhaupt nicht. Meinens, daß i da hergangert wenn i net müßt, wann's net wegen die zwei Mark fuchzig wär. Kein Mensch bringert mich bei der Finsternis raus. I brauch mein Hirn zum Denken und net zun einrennen.

ZAGLER: Aber der Mensch muß ein Pflichtgefühl haben!

VALENTIN: Hast du eins?

ZAGLER: Gott sei Dank!

VALENTIN: Paß auf dass dirs keiner nimmt, sonst hast auch keines. Was willst den überhaupt? ich hab mich halt verspätet Herr Werkführer.

ZAGLER: Das haben wir gemerkt Herr Gefolgschaftsmitglied!

VALENTIN: An was? leicht weil i spät kommen bin?

ZAGLER: Weil ihr daherschleicht einer nach den andern!

VALENTIN: Na ja ich war halt beim Mittagessen und da hab ich mich verspätet.

ZAGLER: Lächerlich! Mittagessen bis um halb neun Uhr auf d'Nacht!

VALENTIN: Das geht Dich garnix an wie lang i zu Mittag eß! *(Zu Roth)* Weißt i es alleweil da drüben in der kleinen Wirtschaft in der Neuhauser Krone. Schon seit ersten September eß ich dort jeden Tag und alle Tag lauter Semmelknödel. Seit ersten September lauter Semmelknödel!

ZAGLER: Warum lauter Semmelknödel?

VALENTIN: Weil i halt s'Fleisch momentan net so gern mag! *(Zu Roth)* Die Semmelknödel waren immer so schön hell, so gelb, so gelblichhell, schon rund aa, so hellgelblichrund!

ZAGLER: So ein Unsinn! Hellgelblichrund! Wie halt Semmelknödel sind!!!

VALENTIN: Ja so!!! Und heut hab ich welche kriegt, die warn so greußlich, so dunkelfinster, wie die Mauer da. Jetzt hab i den Wirt gfragt warum die Knödel heut so schwarz sind, so unappetitlich, ob er vielleicht a schwärzers Mehl zuteilt kriegt hab, könnt ja leicht möglich sein. Sagt der Wirt nein, er hat noch dasselbe Mehl und die gleichen Zutaten wie früher. Nur die Köchin, sagt er hat keine Seife mehr!

ZAGLER: *(Zum Publikum)* Sie werden inzwischen festgestellt haben, dass wir uns tatsächlich in einer Ritterspelunke befinden und da gehört es dazu, dass wir ein Ritterlied singen. Wir haben eines. Die Melodie ist tausende Jahre alt und der Text neuerer Zeit. Wenn sie wollen können sie beim Kehrreim etwas mitsingen damit...

VALENTIN: *(Unterbricht)* Tuns doch die Leut net aufhetzen. Droben müßens eine Mark siebzig Eintritt zahlen und herunten müßens um eahna eigenes Geld singen.

ZAGLER: Kein Mensch hat gesagt das sie müßen, nur wenn sie wollen!

VALENTIN: Das sehn's ja das net woll'n! Kein Mensch singt!

ZAGLER: Die Leute wissen doch noch gar nicht wass sie singen sollen!

VALENTIN: Das macht nix! Wenn's singen wollen, könnens so auch singen!

ZAGLER: Da ist gar nichts dabei wenn die Leute mitsingen. Da werden wir warm!

VALENTIN: *(Entrüstet zu Roth)* Ho Ho hab'ns das g'hört was der g'sagt hat! *(Zu Zagler)* Das dürfens doch net sag'n, sonst bekommen wir wieder Anstände von der Polizei. Mich und den Schwarz Ferdl hab'ns sowieso dick!

ZAGLER: Unsinn! Die Leut solln nur mitsingen, damit wir wach und munter werden!

VALENTIN: Wach! das ist was anders! Aber sie hab'n g'sagt warm!

ZAGLER: Meingott! das darf man nicht so wörtlich nehmen!

VALENTIN: Sie haben's aber wörtlich g'sagt!

ZAGLER: *(Zum Publikum)* Das versteht er nicht!

VALENTIN: Na i werd das net verstehn! Grad i net!

ZAGLER: Da ist nichts dabei wenn die Leute mitsingen! In München wird doch soviel gesungen!!!

VALENTIN: G'suffa! München ist doch eine Bierstadt und keine Gesangsstadt!

ZAGLER: Ja wird da überhaupt nicht gesungen?

VALENTIN: G'sungen wird scho aa, beim Oktoberfest oder beim Salvator. Aber erst bei der dritten Maß wenns b'suffa san. Bei der fünften Maß wird ja schon grafft. Mir Münchner sind net so sangesfreudig, mir habn a schwereres Blut. Die Ding die sind wieder ganz anders die Engländer.. a halt aus die Engländer sagt i ... die Rheinländer wollt i sagn. So a Blödsinn komm i aufeinmal auf d'Engländer... na ja weil man a nix anders mehr hört als wie d'Engländer, d'Engländer! Die Rheinländer mein ich die sind sangesfreudig, die haben ein flockigeres Blut. Wenn die um sechse in der Früh aufstehn so schreins schon Ha! Ha! Junge! Junge! Das werdens bei uns net hör'n. Wenn mir Münchner um sechse aufstehn müßn sind wir scheißgrantig!

ZAGLER: *(Zum Publikum)* Meine Lieben ich werde ihnen nun den Text vorsagen der für sie zum mitsingen bestimmt ist. *(Sagt den Text vor)* Und nun blasen wir mal die Melodie, damit Sie sie ins Ohr bekommen *(Blasen)* Nun singen Sie bitte alle mit. Die Dame welche am schönsten singt, wird nacher von ihm *(Valentin)* zu küssen herumgereicht!

VALENTIN: *(Zum Publikum)* Sie haben falsch verstanden. Nicht ich soll geküßt werden, ich reiche nur jemand zum küssen herum. Ich möcht ja von Ihnen gar net geküßt werden, ja mir wars gnua, i hab mei Sach daheim und auswärts hab i auch noch a wengl was!

(Nun wird das Couplet: Die alten Rittersleut gesungen)

I

Da herunt an diesem Ort
sicherlich mein Ehrenwort
da hab'n edle Ritter g'haust
denen hat von garnichts graust
Ja so war'ns u.s.w.

II

G'suffa hab'ns und das net wia
aus die Eimern Wein und Bier
hab'ns dann alls zammgsuffa g'habt
dann sind's untern Tisch drunt g'flackt.
Ja so war'ns u.s.w.

VALENTIN: Die ersten zwei Verse waren mau. Na für den Anfang gehns!

III

Jeder Ritter s'is bekannt
trug a ganz a blechers Gwand
Hat er sich a Loch neingrissen
hats der Spangler löten müaßn!

VALENTIN: Das war ein handwerklicher Vers, der war schon etwas besser.

IV.

D'Ritter die warn lust'ge Leut
in der guten alten Zeit
den das Leben war da schön
es hat noch kein Finanzamt ge'bn!

VALENTIN: Zerst sag'ns die Leut soll mitsingen, das's in
Stimmung kommen, und nacher singen sie vom Finanzamt.

V

Und der Ritter Unkenstein
hat gefreit ein Mägdelein
war sie auch nicht reich und schön
ist sie doch rein arisch g'wen'!

VALENTIN: Jetzt kommt er schon ins politische nei! I wissat
a a Verserl!
ZAGLER: Also singens sie's halt!
VALENTIN: Ja aber Text, den hab i vergessen!
Daheim hab ich ihn noch gewußt, aber i kann doch jetzt
net extra heim gehn desswegen. *(Besinnt sich eine Weile)*
jetzt weiß ich ihn! Aber er ist ziemlich erotisch. *Beginnt zu
singen*:

VI

So ein früh'res Ritter Wei'
war dem Manne niemals treu
dem Manne war das einerlei
er war auch nur halbedrei!

ZAGLER: Das soll erotisch sein?
VALENTIN: Der Vers war gut, der war prima! Über den Vers
könnt i mich selber z'schnulln so gut war der. *(Singt den
selben Vers nochmals)*
ZAGLER: Das ist doch der gleiche Vers!

VALENTIN: I weiß es, aber der is so gut, den können d'Leut öfter hörn. *(Will ihn noch ein drittesmal singen)*

ZAGLER: Jetzt ist es aber genug, das will doch kein Mensch hören!

VALENTIN: *(Zum Publikum)* Jetzt hat er an Neid, das vergönnt er mir net!

VII

ZAGLER: Hat ein Ritter den Karthar
                 damals warn die Mittel rar
                 er hat der Erkältung trotzt
                 er hat g'räuspert, g'schneuzt und g'rotzt!

VALENTIN: Das war ein medizinischer Vers, aber sehr schleimig!

VIII

Meckerer gabs in frührer Zeit
damals nicht soviel wie heut
den das Leben war da schön
es hat noch nichts zum meckern geb'n!

(Schluß des Liedes. Valentin geht an die Trommel und beginnt militärisch zu trommeln, hört aber plötzlich auf)

ZAGLER: *(Zu Valentin)* Weiter! weiter!

VALENTIN: Lieber nicht. Wenn i so gut trommel, hörts einer dann muß ich auch noch einrücken!

ZAGLER: Sie da fällt mir eben was ein!

VALENTIN: Sie wären ein schlechter Baumeister, wenn ihnen alles einfällt!

ZAGLER: Wenn Sie mich wieder mal wo zufällig treffen....

VALENTIN: *(Unterbricht)* Is schon recht!

ZAGLER: Nein, ich mein wenn Sie mich wieder mal zufällig wo treffen...

VALENTIN: *(Unterbricht)* Da könnens eahna drauf verlassen!

ZAGLER: Aber Sie wissen ja noch garnicht was ich meine!

VALENTIN: I hab keine Ahnung!

ZAGLER: Aber Sie müßen mich doch ausreden lassen!

VALENTIN: Also reden wir uns aus. Um was handelt es sich den?

ZAGLER: Ich meine so: Wenn Sie mich wieder mal wo treffen, da können Sie mich..

VALENTIN: *(Unterbricht entrüstet)* Sie mich vorher schon!!!

ZAGLER: Ja sowas! Ist das auch eine Antwort?

VALENTIN: Das ist auch kein Auftrag!

ZAGLER: Aber Sie verstehen mich nicht. Ich meine, wenn Sie mich wieder mal wo treffen, dann können Sie mich ungeniert grüßen!

VALENTIN: Ach so! Grüßen! Ja das ist was anders, das kann ich schon machen, da nehm ich eigens an Hut mit! Gestern hab ich eahna g'sehn auf der Post. Sie sind ganz hinten g'standen in der Reih und ich war ganz vorne an der Schenk…nein am Schalter! Ich hab eahna schon g'sehn, aber ich kann doch nicht so hintere grüßen, schließlich grüß ich einen den i garnet kenn!

ZAGLER: Wenn man jemanden grüßen will, spielt das keine Rolle ob der vorne oder rückwärts steht…wenn man will!

VALENTIN: Ja wenn man will! – Aber i hab ja net willn! Da warn viel Leut in der Post. Ganzer Haufen Volk, Publikum, Passanten, Menschen. Da hats doch einen Raudau geb'n wie Sie drinn warn.

ZAGLER: Ja so ein kleiner Wirbel war, das hab ich gehört!

VALENTIN: Ja dieser Frau die vor Ihnen g'standen ist, dera is s'Handtascherl g'stohlen worden. Ein schönes Handtäschchen mit Schildkrötenpelz!

ZAGLER: *(Entrüstet)* Ja Sie bringen das so raus wie wenn das ich gewesen wär!

VALENTIN: Ja g'wiß weiß ich's nicht!

ZAGLER: Was? G'wiß sollns das auch noch wissen!

VALENTIN: G'wiß weiß ich's leider nicht, hab i g'sagt!

ZAGLER: Das ist eine Unverschämtheit!

VALENTIN: Das war doch nur eine Vermutung!

ZAGLER: Das ist ja noch schöner! (*Zum Pianist*) Der schaut mich direkt für einen Handtaschlräuber an!

VALENTIN: Anschaun! Wenn i eahna was erzähl muß ich eahna doch anschaun, i kann doch net an die Wand hinreden.

ZAGLER: Nein! Rausbringen tun Sie das so als wenn ich das gewesen wäre. Was geht den das mich an! Ich kenn doch die Frau garnicht?

VALENTIN: I ja auch net! Was wollns den. I kenn doch das Wei' garnet!

ZAGLER: Die Frau soll aufpassen auf ihr Tascherl!

VALENTIN: Aufpassen, so ein Schmarrn! Wie die Frau aufpasst hat, wars Tascherl schon lang fort!

ZAGLER: Vorher hätt's solln aufpassen! Vorher!

VALENTIN: Vorher! Vorher! ...Vorher hat sie's ja net g'wußt dass ihr g'stohlen wird! Meinens das der Handtaschendieb ihr am Vormittag a Telegramm schickt, dass er ihr am Nachmittag s'Tascherl zwickt!

ZAGLER: Das ist doch lächerlich. Wenn die Frau weiß dass sie in ein Gedränge kommt, so hätt's ja garnicht reingehen brauchen ins Postamt!

VALENTIN: Nacher kriegts keine Briefmarken. (*Zu Schmied*) Mir is auch einmal so gangen am Oktoberfest, am Samstag vor zwei Jahr. Auch im Gedränge. Da hättens mir beinah meine goldene Uhr g'stohln. Beinah!

ZAGLER: Was die schöne Uhr mit den Familienwappen und den Doppeldeckel?

VALENTIN: Ja die. Auch im Gedränge!

SCHMIED: Deine schöne goldene Uhr? Na da wirst ja richtig erschrocken sein?

VALENTIN: Das kannst Dir denken! Gut dass ich's daheim lassen hab!

ZAGLER: Und nun kommt unsere kleine, entzückende Annemie Fischer heraus als Soubrette...aber....

VALENTIN: (*unterbricht*) Sie müßen sagen, dass das keine moderne Soubrette ist u.s.w.

ZAGLER: Ich weiß doch wass ich zu sagen habe.

VALENTIN: Eben net. Sie sagn nur sie kommt raus. Was sie macht müßen's sag.

ZAGLER: Das will ich, aber ich kann doch nicht alles auf einmal zu gleicher Zeit rausprudeln.

VALENTIN: Sprudeln's sie's nur raus! Die Leut suchen sich schon raus.

ZAGLER: Das ist doch Unsinn.

VALENTIN: Sie müßen die Leut aufklären! Das Volk lechtzt heute mehr den je nach Aufklärung!

ZAGLER: Ich kann ja nicht aufklären. Kaum das ich einen Satz beginne, meckern Sie mir schon wieder dazwischen.

VALENTIN: Blasens mich fein net so an da heroben, sonst sag i eahna was!

ZAGLER: Wissens wass ich Ihnen sag? Die Wahrheit!!

VALENTIN: Das ist ja noch trauriger!

ZAGLER: Es ist eine Unverschämtheit! Wenn jemand auf der Bühne steht....

VALENTIN: *(Unterbrechend)* Bühne! Die zehn z'ammgnagelten Schwartling nennt er Bühne!

ZAGLER: Das steht hier nicht zur Disskusion ob das Schwartling sind oder nicht. Auf jeden Fall ist es eine Ungezogenheit dieses Dazwischenmeckern. Man steht hier vorne wie ein Tepp!!!

VALENTIN: Das wiß'n ma schon!

ZAGLER: *(Zum Pianist)* Hast du das gehört. Ich werde mich beschweren. *(Zum Publikum)* Entschuldigen sie bitte!

VALENTIN: Bitte! Bitte!

ZAGLER: Und nun kommt unsere Annemie Fischer heraus...

VALENTIN: *(Unterbrechend)* Da! da! Jetzt kommt's schon zum drittenmal raus. Die wird ja müd von lauter kommen. Drückens doch net so lang rum. Die steht drausen im Gang. Die ist ja halb nackert die friert ja. Die zittert jetzt schon wie a Schweinssulz!

ZAGLER: Aber nun ist es genug! Solche Ausdrücke! Schweinssulz!

VALENTIN: Das war doch nur ein Vergleich!

ZAGLER: Ein schöner Vergleich. Wie kann man eine Soubrette, so etwas delikates in gleichem Atemzug mit einer Schweinssulz vergleichen?

VALENTIN: Oha! A Schweinssulz is zur Zeit aa was delikates! Mir wär heut a Schweinssulz schon lieber wie aa Soubrette!!!

ZAGLER: Sie sehen meine sehr Verehrten, da kann man sagen was man will, da ist Hopfen und Malz verloren.

VALENTIN: Drum hab'n ma wieder a Dünnbier. I nehms blos zum gurgeln!

ZAGLER: Darf ich nun endlich mal weitersprechen ohne Störung?

VALENTIN: Bitte!

ZAGLER: Es kommt unsere Annemie Fischer herein unsere Soubrette. Aber nicht als moderne Soubrette, sondern so um das Jahr 1895 bis.....

VALENTIN: sechsundneunzig.

ZAGLER: Achzehnhunderfünfundneunzig bis....

VALENTIN: *(Unterbricht immer)* sechsundneunzig, i weiß es doch...

ZAGLER: *(Wütend)* 1896 bis 1900!!!

VALENTIN: Ja das is was anders!

ZAGLER: Also um die Jahrhundertwende. Das Kostüm, die Frisur, der Hut, das stammt alles noch aus der damaliegen Zeit nur...

VALENTIN: *(Unterbricht)* Nur die Figur net! Die haben wir nimmer auftrieben. *(Zum Publikum)* Wissens früher da hat a Soubrette feist sein müßen. Da war was drann. *(Zeigt mit der Hand auf den Busen)* Die hat wacheln müßen, wacheln. A Soubrette hat schworbat sein müß'n!

ZAGLER: Das gehört doch nicht hieher!

VALENTIN: Nein da g'hörts hinein. In alle Theaterbüro sind wir rumbretscht um a feiste Soubrette. Mir habn aber keine g'funden. Lauter so magerne Hülsen habns jetzt. Eine hat sogar den Boanfraß ghabt und solcherne Haxn! *(Zeigt zum Vergleich die Trommelstöcke)*

ZAGLER: Das sagt man doch nicht! Man muß doch höflich sein zu die Leut!

VALENTIN: AH! woher!

ZAGLER: Wenn unsere Annemie kommt, sind Sie bitte recht lieb und nett zu ihr... *(Wird von Schmied angestoßen)* Was ist den jatzt schon wieder?

SCHMIED: *(Deutet auf Valentin)* A Fliagn hat er g'fressen!

VALENTIN: Nein a Schab wars!

ZAGLER: Hoffentlich hats g'schmeckt!

VALENTIN: Voriges Jahr warns besser! Das war noch Friedensfliegn, dee habn noch Woll zum fressen g'habt. Die heutigen fressen nur Holz!

ZAGLER: Wie kann man den nur sowas in den Mund nehmen! Sie sind doch kein Frosch!

VALENTIN: Doch! In einer Stund schon!

ZAGLER: *(Zum Publikum)* Ich wünsche Ihnen zu unserer Soubrette recht viel Vergnügen, ich bitt Sie, es kommt die fesche Mizzi! Geniesen Sie!!! *(Geht ab)*

Zu improvisierendes Singspiel

Auftritt der Soubrette.

Sie sehen, wie hier Figura zeigt
liebe ich das Gigerltum
und wenn ich auf der Strasse geh,
da dreht sich alles rum.
Für mich ist das ein Hochgenuss
es macht mir Spass fürwahr,
wenn hinter mir die Herren gehn
und laut bemerken gar:

REFR. Ach schaun Sie doch das nette kleine Gigerl
wie zierlich sie das kurze Röckchen heben kann
Drauf tu ich rasch noch mehr
zeig schnell mein Füsschen her
dabei wird jedem Manne ach das Herz so schwer.
Das Taschentuch fällt zufällig mir aus der Hand
man hebt es auf und bringt es mir zurück galant.
Drauf dank ich voller Schick mit einem heissen Blick
durch solche kleine Pikantrien erweckt man
Liebesglück.

2. Im Radfahrn bin ich sehr gewandt
so wills die feine Welt
drum hab ich einen Brennabor
aus Nickel mir bestellt.
Und radle ich die Strass entlang
im Flug ganz elegant,
so hör ich wie die Herren sag'n
die Kleine fährt charmant.

REFR. Ach schaun Sie doch das nette kleine Gigerl an,
wie sicher die am Stahlross sich bewegen kann
drauf mach ich plötzlich kehrt und lieg schon auf
der Erd
ein solcher Fall hat sich bei mir schon oft bewährt.
Ein jeder Mann will hilfreich da der Erste sein
drauf such ich mir den Schönsten raus
gar schlau und fein
und leg mich unbewusst gleich an des Mannes
Brust.

VAL.: Raffiniert.
durch solche kleinen Pikantrien erweckt man Liebeslust.

3. Sollt unter Ihnen meine Herrn vielleicht hier einer sein

Val.: Jetzt sucht's oan

der mit mir die Ehe eingehn will, ich willig gerne ein.
Sie sehn mein Wuchs ist tadellos – ich bin voll
    Temperament
ich wett' er wird zufrieden sein, wenn er mich näher kennt.
Ach schaun Sie doch das nette kleine Füsschen an.

Val.: Mi brauchens net anschaun – dera Ihre Füss soll'ns
anschauen, oder moanens, dass Sie sie Ihna nachher extra
zeigt nach 21 Uhr.

die Fortsetzung sich jeder denken kann
der Arm ist kugelrund – ein winzig kleiner Mund
und auf der Brust da bin ich Gott sei Dank gesund.
Man irrt sich, wenn man glaubt, dass ich ein
    Schwächling sei
ich bin zwar klein gebaut – doch riesig stark dabei.
Wer wills mit mir riskier'n???

Prosa. Na!
Val.: Na!
Soubr. Is keiner da. Ja so was! Ach Ihr g'fallts mir sowieso
alle nicht. Das sind ja lauter Musg'sichter. Ich möcht' ja
an richtigen Mann – an Charakterkopf. Wissen's einen
mit'm Schnurrbart an solchenem *(macht Bewegung)*. Die
da drunt sind alle nichts.
Val.: Da brauchen sich die Herrn net beleidigt fühlen,
wenn Sie sagt mit Eahnane Musg'sichter, denn Sie moant
ja net Sie, da moant ja sie die Leut' die vor 40 Jahren hier
waren, weil die Soubretten, die ham früher irgendeinen
Mann angsungen, der an Schnurrbart g'habt hat. Weil
früher ham's ja alle Schnurrbärt getragen die Herren und
da hat eine Soubrette von der Bühne aus den Herrn mit
dem schönsten Schnurrbart herausgesucht und den hat's
dann ang'sungen. Kommen's mit, was ich Ihnen erklär?
Also wenn jetzt diese Herrn, die wo heut hier sitzen, vor

40 oder 50 Jahren in einem Lokal gesessen wären, was wären das nachher gewesen? Entweder lauter Pfarrer oder lauter Schauspieler oder Hoflakaien oder lauter Zuchthäusler, die waren nämlich auch alle bartlos.

SOUBR. So was sagt man doch nicht.

Aber ich glaub, wenn's so weiter geht mit den Rasierklingen, dann krieg ich schon noch einen Mann mit am Vollbart – mit so einer Matratze.

VAL.: Da dürfen's schon lachen, der Witz ist nämlich polizeilich genehmigt. So was feig's.

SOUBR. *singt weiter.*
Mit mir die Eh' probiern,
ich wett' ich werd' ihm sicherlich auch imponiern.
Ab. Verbeugung.

SOUBR. Und jetzt kommt »die fesche Mizzie«. – Seid's so weit (*zu den Musikern gewendet*).

VAL.: Na. Wegen Dir könn' ma uns auch net darenna. I' muss erst das Wasser herauslassen (*lässt das Wasser aus der Posaune heraus*) (*versucht vergeblich die Posaune wieder in Stand zu bringen*)

SOUBR. Ja mein Gott, da kann ma ja gar nicht zuschau'n!

VAL. Du wirst's wohl noch dawarten könna, bis ich wieder drin bin.

––– *Posaunensolo* –––

SOUBR. Potz Blitz und Element, so tönt es durch den Saal
und lauter Jubel schallt durch's Haus.
Ein jeder ruft, die ist doch wirklich kolossal,
ja diese Kleine die hat's raus.
In meinen Adern rollt ganz heiss Theaterblut
und schnell und schneller schlägt das Herz
ich hab' ja immer frischen frohen Mut
und schwärme für Gesang und Scherz.

REFR. Ein jeder ruft hipp hipp hurrah, die fesche Mizzi
die ist da
und lauter Jubel schallt durch's Haus
ein jeder spendet mir Applaus.

Val. stösst an den Po der Soubrette.

SOUBR. No.

> Rudern und Schwimmen, das ist stets mein Ideal
> in jedem Sport, da bin ich gross.
> Wenn man im Schwimmbad nur die fesche Mizzi
> sieht,
> dann geht die Schwärmerei gleich los.
> Steh ich am Sprungbrett ganz hoch oben im Trikot
> gelten die Blicke mir allein.
> Mit einem Hechtsprung – plumps – bin ich im
> edlen Nass
> und alle Herren stimmen ein.

REFR.   Ein jeder ruft . . . .

Val. stösst Soubr. wieder am Po.

SOUBR. Jetzt stoss mich doch net immer an Arsch.

VAL. Oh, ham' ses g'hört, was sie g'sagt hat. Am Arsch. Des
kann ich doch net wissen, dass Du an Arsch hinten hast.

SOUBR. Ach geh!

> Rudern und auch der Tanz, der ist von jeher mein
> Pläsier
> Tanzen tu ich für's Leben gern.
> Und jeder der ein einzigmal mit mir getanzt
> der sagt, die Mizzi die tanzt zerm.
> Ob es ein Schottisch, ein Mazurka, ein Galopp
> das ist mir schliesslich ganz egal
> und jeder, der mit mir ein einzigmal getanzt
> der sagt, die Mizzi tanzt kolossal.

REFR. Ein jeder ruft . . . . . .

2x.

Schluss der ersten Programhälfte.
10 Minuten P a u s e
Hierauf »Ritter Unkenstein« *(Repertoire 185)*
(Erster Akt in zwei Aufzügen)
Dann: »Moritat von der Strassenbahn« (Frl. Fischer)

Otto Zagler singt Lieder.
Ahnfrau erscheint (spricht einen Dialog)
Lautsprecher verkündet die Mahnung an das Publikum,
bevor sie Valentin's »Lachgewölbe« besuchen.

Der Gugelmann erscheint und es folgt die Führung durch
das Lachgewölbe und die Katabomben.

Wie heisst der Notenwart?

Von Karl Valentin 1941.

Musiker stimmen ihre Instrumente (4 Mann Blechmusik). Ort:
ein Wirtschaftsgarten. – Bombardonist: Karl Valentin.
C-Trompeter: Herr Rot. Klarinettist: Frl. Karlstadt. Posaunist: Herr . . . .

VALENTIN: Also, spiel ma wieder oan, dass d'Zeit vergeht!
KARLST.: Habt Ihr die Noten schon ausgeteilt?
ROT: Freilich!
VALENTIN: Also los! Lasst die Klänge klingen!
*(Jeder von den 4 Musikanten bläst nun ein anderes Stück –
der eine einen Mazurka, der andere einen Walzer, der dritte
ein Lied und der vierte einen Galopp. – Nach einigen Takten
hören alle wieder auf und Valentin sagt:)*
VALENTIN: Ja, was is denn dös für ein Verhau! – Da spielt ja
jeder was anders, dös is ja 's reinste vielharmonische
Orchester! I sag's ja, seit wir keinen Notenwart mehr
hab'n, klappt's bei uns nimmer; schad, dass er nicht mehr
bei uns is, der . . . . no – wia hat denn unser Notenwart
g'hoassen . . . . no, der . . . . jetzt fallt mir sein
Name nicht mehr ein!
KARLST.: Der Gallinger Schorschl!

VALENTIN: Gallinger hat er nicht g'hoassen – der Gallinger war ja so ein Grosser – der Dings war ja nicht gross –

KARLST.: Wer?

VALENTIN: No ja, den wo ich meine ....

KARLST.: Ich *weiss* ja nicht, wen Du meinst ....

VALENTIN: Um das handelt es sich doch, weil wir nicht wissen, wie der heisst.

KARLST.: Ja, *ich* weiss doch nicht, wie der heisst!

VALENTIN: Ja, dös weiss ich schon, dass Du das nicht weisst; wir wissen's ja auch net.

KARLST.: Ja, wie könnt ma jetzt dös wissen, wie der heisst!

VALENTIN: Am sichersten wird's er selbst wissen, wie er heisst. – Wisst Ihr was? Wir schreiben ihm eine Postkarte!

ALLE: Ja, dös tun wir!

VALENTIN: Ja aber – wenn wir nicht wissen, wie er heisst, können wir ihm doch net schreiben!

ROT: *(besinnt sich – Pause)* Hat er net Ott g'heissen?

VALENTIN: Na na, Ott hat er nicht g'heissen; so viel ich mich erinnere, war es ein ganz kurzer Name!

KARLST.: Ott *ist* doch ein kurzer Name!

VALENTIN: Ott ist *zu* kurz; unser Notenwart hat so ähnlich g'heissen wie unser früherer Posaunist, der ...., jetzt weiss ich dem sein' Namen auch nicht mehr!

KARLST.: Eisele.

VALENTIN: Na na, so hat unser Posaunist nicht g'heissen; das war kein so metalliger Name wie Eisele, im Gegenteil, so ein hölzerner Name!

ALLE: *Holzinger!* – Gott sei Dank, dass wir wenigstens dem sein' Namen wissen! – Aber – wie der Notenwart g'heissen hat, ob uns dös noch einfallt!?

WIRT: *(schreit von hinten aufs Musikpodium hinauf:)* Macht doch eine Musik, ich zahl Euch doch net fürs saudumme Daherreden!

VALENTIN: *(schreit zum Wirt hin:)* Es handelt sich um den Namen von unserem früheren Notenwart! – Der Name fällt uns nicht mehr ein – net ums Verrecka!

WIRT: Das ist doch wurscht, wie der g'heissen hat!

VALENTIN: Ja *Ihnen* schon, aber *uns* ist's nicht wurscht! Ihnen is' schliesslich auch net wurscht, ob Sie Magdalena oder Blasius heissen!

WIRT: Das Publikum will nicht Euer Geschnatter hören, sondern ein Konzert.

VALENTIN: Also, fang ma an! *(Doppel-Adler-Marsch wird geblasen) – (Mitten unter dem Marsch hört Valentin plötzlich auf und schreit:)*

VALENTIN: Aufhören! – Jetzt is mir's eing'fallen, wie unser Notenwart g'heissen hat! *Pfaffinger* hat er g'heissen!!!

ALLE: *Stimmt!* – Ja, Pfaffinger hat er g'heissen! *(Alle blasen wieder weiter)*

WIRT: Weiter spielen!

VALENTIN: *(als der Marsch zu Ende ist, besinnt er sich einige Sekunden und sagt:)* Nein! – Nein! Da hab ich mich getäuscht! – Pfaffinger hat er *auch* net g'heissen!

ALLE: Jawohl, *Pfaffinger* hat er g'heissen, das wissen wir *ganz* bestimmt!

VALENTIN: – – – Sein *Bruder* hat Pfaffinger g'heissen!

KARLST.: *(alle lachen)* Rindviech, wenn sein Bruder Pfaffinger g'heissen hat, dann heisst doch er *auch* Pfaffinger!

VALENTIN: Na!!! – Dös war ja sein *Stief*bruder!!!

Valentin fährt Straßenbahn

SCHAFFNER I: Hat alles Fahrscheine?

VALENTIN: Nein, ich will mir erst einen kaufen.

SCHAFFNER I: Was heißt kaufen, ob S' einen Fahrschein wollen?

VALENTIN: Freilich will ich einen, sonst wär ich ja net in d' Trambahn eing'stieg'n, wenn ich keinen Fahrschein wollte; dann steig ich in ein Autotaxi, da braucht man Gott sei Dank noch keinen Fahrschein, das wird schon auch noch kommen!

SCHAFFNER I: Ja, wo wollen S' denn hinfahrn?

VALENTIN: Wo fahren Sie denn überall hin?

SCHAFFNER I: Wir fahren am Bahnhof.

VALENTIN: Am Bahnhof? Auf was für einen Bahnhof? Es gibt ja mehrere Bahnhöfe in unserer Stadt.

SCHAFFNER I: Ja, wir fahren mit unserer Linie am Bahnhof vorbei.

VALENTIN: Vorbei? Ja, ich will ja nicht vorbeifahren, ich will ja *zum* Bahnhof fahren.

SCHAFFNER I: Dann müssen S' halt am Bahnhof aussteigen!

VALENTIN: Wann?

SCHAFFNER I: Na ja, wann ma halt draußen sind.

VALENTIN: Wo?

SCHAFFNER I: Am Bahnhof. Und jetzt sag'n S' mir endlich, auf was für einen Bahnhof Sie eigentlich wollen?

VALENTIN: Ja, was für einen Bahnhof könnten Sie mir denn empfehlen?

SCHAFFNER I: Ich hab Ihnen doch g'sagt, mir fahr'n am Ostbahnhof.

VALENTIN: Dann geb'n Sie mir lieber ein Billett in Zirkus!

SCHAFFNER I: In Zirkus? – Da müssen S' ja entgegengesetzt fahren mit der 19er-Linie.

VALENTIN: Wann muß ich da aussteigen?

SCHAFFNER I: Sofort! – In die Linie 19.

VALENTIN: Danke! *(Steigt aus und in die Linie 19 um)*.

SCHAFFNER II: *(Läutet ab)*. Der Wagen ist besetzt; im hintern ist noch genügend Platz.

VALENTIN: Bitte drücken Sie sich nicht so zweideutig aus. Sie können genau so gut sagen: im hintern *Wagen* ist noch genügend Platz, dann gibt es kein Mißverständnis.

SCHAFFNER II: Wohin?

VALENTIN: Ein Billett in Zirkus!

SCHAFFNER II: Ich hab keine Zirkusbilletten – nur Straßenbahn-Billetten!

VALENTIN: Ein Billett *zum* Zirkus!

SCHAFFNER II: Das hätten S' doch gleich sagen können! – Im übrigen ist das Rauchen hier im vorderen Wagen verboten, deshalb habe ich ja zu Ihnen g'sagt, im hintern Wagen ist noch Platz, da können S' auch rauchen!

VALENTIN: Nein! Sie haben im Hintern allein g'sagt!

SCHAFFNER II: Mit 'm Hintern hab ich doch den Wagen g'meint!

VALENTIN: Ob ich in den hintern hineinsteige oder in den vorderen, das kann Ihnen gleich bleiben!

SCHAFFNER II: Wenn S' nicht rauchen, können S' von mir aus im vordern Wagen sein oder im hintern, und jetzt lassen S' mir amal mei' Ruah mit Ihrem Hintern!

DAME: Der Herr hat ganz recht, wenn er sich über Ihre kurze Zurechtweisung aufregt, denn es ist doch keine große Zeitvergeudung, wenn Sie sagen: im hintern Wagen!

SCHAFFNER II: Jessas Maria, jetzt fangt sie aa no o mit 'm Hintern! Mei' Ruah möcht i jetzt bald! – Hat alles Fahrscheine?

2. DAME: Bahnhof!

SCHAFFNER II: Der Schein is ja schon abg'rissen!

2. FRAU: Ja, i bin zuerst im hintern g'sessen!

SCHAFFNER II: Wo san S' g'sessen? Am Hintern?

2. FRAU: Nein! Im Hintern!

SCHAFFNER II: Im hintern *Wagen* meinen Sie, sonst könnt i ja meinen, am Hintern sind S' g'sessen!

2. FRAU: Na, i bin im hintern g'sessen und mei' Tochter im vordern, drum bin i vom hintern raus und in vordern nei.

VALENTIN: Sehn S', Herr Schaffner, jetzt sehn S' doch selber ein, daß man *nie* vom Hintern allein reden soll!

Raubritter vor München

Einleitung:

Bühne finster, Vorhang hebt sich ganz langsam während des Gebetläutens

BENE: *(schläft im Schilderhaus)*
(Gebetläuten, hierauf Petersturmmusik)
CHORAL: »Früh morgens, wenn die Hähne krähn«
(dann Glockenschlag 6 Uhr) (Vogelgezwitscher)

I. Scene.

Von ferne hört man Nachtwächter blasen und singen:

»Hört ihr Herrn und lasst euch sagen
die Glocke am Turm hat 6 Uhr geschlagen
steht auf, geht an die Arbeit, es ist sechs vorbei
denn Morgenstund hat Gold im Mai
           hat Gold im Mai«

(bläst die brennende Laterne aus, singt und tutet wieder und geht ab).

II. Scene.

(Wache, bestehend aus 2 Mann, und Trommelbub voran treten auf)

1. SOLDAT: Wache halt, Ablösung vor.
2. SOLDAT: *(Geht zum Schildwachhaus)*
MICHL: *(trommelt dazu)*
2. SOLDAT: Ja, ich glaube gleich gar, der Bene schläft.
1. SOLDAT: Ja, wieviel Uhr ist es denn?

MICHL: Jetzt ist es 6 Uhr.

1. SOLDAT: Der Bene wird aber doch erst um 7 Uhr abgelöst.

MICHL: Ja, freilich wird er erst um 7 Uhr abgelöst, das hab' ich schon gewusst.

2. SOLDAT: Warum hast Du denn dann nichts gesagt?

MICHL: Ich hab' geglaubt, ihr werdet dann schon selber daraufkommen.

1. SOLDAT: Ah, dummer Bub, dann gehen wir halt wieder hinein: *(beide ab)*

III. Scene.
(Michl und Bene)

MICHL: *(sieht ins Schilderhaus hinein)* Ja, der schläft wirklich, der Bene. Du, Bene – Bene – ja, gibt es denn das auch – *(klopft ans Haus an)*

BENE: Herein.

MICHL: Was herein, was willst du denn, du hast ja allein keinen Platz in der Hundehütte. Mach, geh' heraus. *(zieht ihn heraus)*

BENE: *(im Stehen weiterschlafend)* Wer da?

MICHL: Ja, ich bin da, du kannst ja gar nicht mehr wach werden – 6 Uhr ist es .

BENE: Was, 6 Uhr ist's – ich werd' ja erst um 7 Uhr abgelöst *(will wieder hinein)*

MICHL: Ja, bleib' nur da, sei froh, dass ich dich aufgeweckt hab', wenn dich jemand gesehen hätte.

BENE: Wenn ich die Augen zu hab', seh' ich doch nichts.

MICHL: Hast du denn nicht den Nachtwächter gehört, oder hast du's Gebetläuten nicht gehört?

BENE: War das auch da?

MICHL: Hast du denn so fest geschlafen?

BENE: Ah, ich hab jetzt einen Traum gehabt, einen ganz exotischen Traum. Mir hat nämlich geträumt, ich bin eine Ente gewesen, und ich bin in einer Mistlache herumgeschwommen, eine ganz schwarze Lache war's, wie das schwarze Meer, nur nicht so gross. Und wie ich da so herumschwimme, seh' ich schon am Rand draussen einen ganz langen Wurm, einen gelben, so gelb war er, ich bin gleich auf ihn zugeschwommen, ich hab' mich schon gefreut drauf, aber gerad' wie ich den Schnabel aufreiss und den Wurm schnappen will, im selben Moment musst du an's Schilderhaus hingeklopft haben.

MICHL: Ja, war das gerade in dem Moment, wie dir das geträumt hat?

BENE: Ja, gerad' im selben Moment, wie ich meinen Schnabel aufreiss und den Wurm so anpacken will, hast du mich aufgeweckt.

MICHL: Das ist aber schade. Wenn ich da eine Ahnung gehabt hätte, dann hätte ich dich den Wurm zuerst fressen lassen; aber das kann doch ich nicht wissen, dass du um 6 Uhr früh schon träumst.

BENE: Ja, und ich kann doch nicht zu dir sagen, lass mich schlafen, weil ich gerade träume.

MICHL: Nun ja, es ist ja gleich, ein schöner Traum war es ja nicht.

BENE: Ja, für eine Ente schon. – Für eine Ente war das sogar ein wunderbarer Traum. Für eine Ente ist das genau so, als was für dich ein Schweinebraten ist.

MICHL: Ja, ja, für eine Ente, aber du bist ja keine Ente.

BENE: Ja, ja, aber im Traum war ich eine Ente.

MICHL: Aber jetzt bist du doch keine Ente mehr.

BENE: Ja, jetzt bin ich freilich keine Ente mehr, aber im Traum war ich ein Mensch, der eine Ente war, die einen Wurm hätte fressen wollen.

MICHL: Ja, ja, das weiss ich schon, aber jetzt bist doch keine Ente mehr, das gibst doch zu.

BENE: Hör' auf mit deinem Unsinn, für solch Träume bist du doch noch zu jung, das verstehst du überhaupt nicht.

MICHL: Da brauchen wir doch nicht streiten. Du darfst mir ja dankbar sein, dass ich dich aufgeweckt hab', denn wenn du den Wurm gefressen hättest, dann wäre dir jetzt höchstens recht schlecht.

BENE: Einer Ente wird doch nicht schlecht von einem Wurm, verstehst denn du das nicht? Das weiss überhaupt kein Mensch, ob es einer Ente träumen kann und wenn es einer Ente wirklich träumt, das kann kein Mensch erforschen, das weiss niemand, das wäre eine zoologische Berechnung, und wenn es einer Ente wirklich träumen würde, dann könnte sie es nicht sagen. Bei einem Papagei wäre es was anderes, weil ein Papagei reden kann.

MICHL: Da sieht man's deutlich, dass das auch ein Unsinn ist, was du sagst, weil du vorher gesagt hast, für eine Ente wäre das ein wunderbarer Traum, und einer Ente träumt nicht. Du musst dir doch denken, dass dir das alles nur geträumt hat und da darf man doch nichts darauf geben, denn Träume sind Schäume.

BENE: Das war eben kein Schaum, das war ein Wurm.

MICHL: Nun ja, es ist ja schon vorbei. Die Hauptsache ist, dass du jetzt keine Ente mehr bist. Jetzt bist wieder das gleiche Rindvieh, wie du es immer warst.

BENE: So, Michl, jetzt holst einen Kaffe, da hast 15 Kreuzer.

MICHL: Wenn ich einen Kaffee hol', dann nehm ich aber meine Trommel nicht mit. Die lass' ich da.

BENE: Ja, ist schon gut.

MICHL: Oder soll ich sie mitnehmen?

BENE: Ja, entweder nimmst sie mit oder du lässt sie da. Da gibt es keinen goldenen Mittelweg.

MICHL: Wo soll ich sie denn hinstellen?

BENE: Auf den Boden.

MICHL: Meinst, sie kommt weg?

BENE: Frag' sie.

MICHL: Du musst schon obacht geben darauf, dass sie ja niemand nimmt.

BENE: Jetzt holst mal einen Kaffee, da hast 15 Kreuzer.

Holst für mich einen Kaffee und für dich und für uns einen, also im ganzen 4 Kaffee.

MICHL: Ja, du meinst 2 Kaffee, einen für mich und einen für dich.

BENE: Ja, und einen für uns, das sind doch 4 Kaffee.

MICHL: Da kenn ich mich nicht aus.

BENE: Jetzt holst mal 2 Kaffee und 4 Brot und 8 Kaffee – oder nein, holst 4 Kaffee und 4 halbe Bier.

MICHL: Ja, jetzt musst du dich schon einmal entschliessen dazu.

BENE: Ach, weisst was, du holst, holst lieber – Bananen –

MICHL: Ja, ist schon gut. Ich gehe einfach zur Wirtin hinüber und sag' einen schönen Gruss von dir und du möchtest heute ausgerechnet Bananen. *(läuft ab).*

IV. Scene.
(Bene dann Girgl).

GIRGL: *(kommt pfeifend und trägt auf der Schulter eine Fleischmulde mit Würsten; einige Würste hängen von der Mulde sichtbar herunter. Sieht Bene nicht, sondern geht direkt zum Fliederstrauch und riecht daran) spricht:* Ach, der schöne Holler, da werde ich mir einen herunterreissen.

BENE: Ja, dir reiss ich gleich deine Ohren ab, du Metzgerbub, da sollst schon wissen, dass man in der Früh nicht stehlen darf. Den musst schon hängen lassen. – Weisst du nicht, wie das schöne Lied heisst:
»Ueb' immer Treu und Redlichkeit bis an dein kühles Grab und reiss von den Hollerstauden kein einziges Büscherl ab.«
(Während Bene das gesungen hat reisst er an den Würsten, die von der Fleischmulde herunterhängen, sich eine ganze Reihe von Würsten herunter, ohne dass Girgl es merkt und versteckt sie hinten am Rücken).

GIRGL: So, dann pfeif ich dir drauf, wenn du mir keinen schenkst, dann reiss ich mir halt von drüben einen herunter. Unser Herrgott hat ja Gott sei Dank noch mehr Hollerbäume wachsen lassen.

BENE: Gut, dann reiss du ihn vom Herrgott seine Hollerbäum runter und den meinen lässt du stehen.

GIRGL: Jetzt kannst du mich gern haben. *(Streckt ihm die Zunge heraus)* *(geht schnell ab, stösst aber mit Michl zusammen, der eben mit 2 Milchtöpfen und einigen Broten kommt)*

V. Scene.
(Bene und Michl)

MICHL: Nun, Aff, kannst nicht aufpassen?

GIRGL: Sieh halt auf, du dummer Bub.

MICHL: Sei, bitte, ja nicht so frech, sonst lauf ich dir nach und hau' dir ein paar runter.

BENE: Geh, lass ihn doch stehen, reg dich nicht auf.

MICHL: So, jetzt bin ich wieder da. Kaffee gibt es heute leider keinen und das Bier wird erst angezapft; jetzt hab ich für uns zwei einfach Milch mitgenommen, das macht doch nichts, das ist doch wurscht.

BENE: *(erschrickt)* Wieso wurscht.

MICHL: Nun, ich sag nur, statt dem Kaffee hab ich Milch genommen, aber das ist doch gleich, das ist doch ganz wurscht.

BENE: *(Erschrickt wieder über das Wort – wurscht –.)* Ja, hast du was gesehen?

MICHL: Wieso?

BENE: Hast du das gesehen, dass ich Würste gestohlen hab!

MICHL: Ja, hast du Würste gestohlen?

BENE: Hast du gar nichts gesehen?

MICHL: Nein, ich weiss überhaupt gar nicht von was du redest.

BENE: Dann hast du nichts gesehen?

MICHL: Nein.

BENE: So. *(schweigt)*

MICHL: Warum, was war denn?

BENE: Der Metzgerbub war doch gerade da und hätte mir Flieder stehlen wollen und aus Dankbarkeit dafür hab ich ihm Würste gestohlen.

MICHL: Du hast dem Metzgerbuben Würste gestohlen? Hat er es nicht bemerkt?

BENE: Ich glaube nicht.

MICHL: Das ist aber fein. Wieviel hast du ihm denn gestohlen?

BENE: Ja eine – hatte ich ihm stehlen wollen, aber wie ich angezogen hab, sind die anderen so fest darangehangen, jetzt hab ich gleich alle genommen.

MICHL: Wo hast du sie denn hingetan, hast du sie schon gegessen – nein.

BENE: Ja, so was hebt man doch nicht auf.

MICHL: Das ist gemein, hast mir nicht einmal eine Wurst verwahrt.

BENE: Nein.

MICHL: Ich glaub', du lügst mich an. Nimm einmal die eine Hand vor, jetzt die andere auch, jetzt alle 2, jetzt tust einmal alle 2 Füsse auf die Höhe.

BENE: *(lacht)* Das ist ja kindisch. Ja, freilich, dass ich auf'n Arsch hinfalle. *(Hat die Reihe von Würsten hinten zwischen den Beinen eingeklemmt).*

MICHL: So dumm bin ich nicht, jetzt dreh' dich einmal um, dann werden wir gleich sehen. *(Packt den Bene und dreht ihn um und sieht hinten die Würste herunterhängen. Schreit)* Ah, die vielen Würste *(nimmt sie gleich zu sich)* die essen wir jetzt.

BENE: *(Will ihm die Würste wieder nehmen)*

MICHL: Wenn du mir die Hälfte der Würste schenkst, dann sag' ich keinem Menschen etwas.

BENE: Ja, die Hälfte kannst haben. *(Nimmt den Säbel und will von einer Wurst die Hälfte wegschneiden)*

MICHL: Nein, nein, nicht die Hälfte von einer Wurst, sondern die Hälfte von allen Würsten möcht ich haben.

BENE: Also gut, teilen wir.
(Von ferne Pferdegetrampel und Peitschenknallen.)
BENE: Ah, jetzt kommt wer.
MICHL: Versteck schnell die Würste. *(will die Würste an allen möglichen Plätzen verstecken und schiebt zum Schluss die Würste in das Kanonenloch hinein. – und macht wieder den Schieber zu. – Nehmen schnell ihre Milchtöpfe und die Brote und fangen zu essen an.)*

VI. Scene.
(Vorige – Milchmann)

MILCHMANN: Ich kann euch gar nicht verstehen, ihr trinkt da in aller Ruhe euren Kaffee und eine Stunde ausserhalb Münchens ist alles in höchster Aufregung. – Die Raubritter stehen vor der Stadt in Berg am Laim.
BENE: Und?
MILCHMANN: Was – und?
BENE: Ja – und?
MILCHMANN: Und wollen heute die Stadt noch überfallen.
BENE: Heute noch, ja, was denn für eine Stadt?
MICHL: Ja, unsere Stadt halt.
BENE: Die gehört doch nicht uns.
MICHL: Dir allein freilich nicht.
MILCHMANN: Ja, red' doch nicht so saudumm daher. – Ich meine, du als Posten hast sofort die nötigen Massregeln zu ergreifen. Ihr habt ja gar keine Ahnung, wie es in Berg am Laim ausschaut.
BENE: Ja, wir waren auch nicht draussen.
MILCHMANN: Also, Kinder, ich sage euch, zugehen tut es, das ist nicht zu beschreiben. Wie ich heute in der Frühe um $^1/_2$ 4 Uhr in Ramersdorf meine Pferde einspann, denk ich mir, ja, dass der Himmel heute so blutrot ist, das kann doch kein Morgenrot sein, weil es noch ganz Nacht war; nun, ich hab mir weiter nichts gedacht, spann meine Pferde ein und fahr gegen Berg am Laim zu, und wie ich

so in die Nähe komme, sehe ich, dass alle Häuser brennen, Felder, Wälder, und Menschen sind herumgelaufen und schreien mir zu – in Berg am Laim sind Raubritter, die stehlen, plündern, morden, bringen alle Leute um, und wie ich in Berg am Laim einfahre, habe ich die Raubritter selber gesehen. Das sind ganz abscheuliche Gesellen, die haben alle so ein blechernes Gewand und einen blechernen Hut auf und so grosse Bärte und die Augen stehen ihnen so weit heraus, also direkt zum fürchten. Ja, und das Vieh läuft frei auf der Landstrasse herum, das kennt sich auch nicht mehr aus, ja, und den Bürgermeister von Berg am Laim sollen sie schon aufgehängt haben.

BENE: Ja, der hat es schon lang gebraucht.

MILCHMANN: Also, ich sage euch, ihr dürft es mir glauben, ich bin grad noch mit dem nackten Leben davon gekommen.

BENE: Ja, warst du nackend in Berg am Laim?

MILCHMANN: Nein, aber erwischt hätten sie mich bald. Wie mich die Raubritter gesehen haben, da wären sie auf meinen Milchwagen zu; ich hab aber sofort meine Zügel angefasst, hab die Peitsche raus, hab ausgezogen, hab reingehauen .... *(Lässt die Peitsche knallen, trifft den Michl, Michl stösst dabei den Bene heftig an, sodass derselbe seine Milch verschüttet).*

MICHL: Au, du siehst mich ja für deine Pferde an.

MILCHMANN: Musst schon entschuldigen, aber in der Aufregung kommt so etwas vor. – Also, Posten, jetzt lass gleich Alarm blasen, trommle die ganzen Soldaten heraus, sperrt die Stadttore zu, kümmere dich um alles, gesagt hab ich es dir.

BENE: Ja, das ist alles recht gut, aber ich darf in dieser Angelegenheit gar nichts unternehmen.

MILCHMANN: Wieso?

MICHL: Der Bene meint, ohne dass der Hauptmann etwas befiehlt, darf er gar nichts unternehmen.

BENE: Ja, das Tor darf ich erst abends um 9 Uhr zusperren, früher nicht.

MILCHMANN: Das ist ein Unsinn, wer soll es denn sonst zusperren, du hast doch einen Schlüssel als Posten.

MICHL: Ja, zusperren tut schon der Bene, aber erst um 9 Uhr abends.

MILCHMANN: Ja, da ist es aber schon zu spät, bis dahin sind die Raubritter schon da.

BENE: Ja, das ist dann ihre Sache.

MILCHMANN: Ja, seid denn ihr zwei verrückt?

BENE: Das wissen wir nicht.

MILCHMANN: Ja, wofür stehst du denn auf Wachtposten?

BENE: Ja, ich geh eben mit meinem Gewehr auf und ab und sollt' es regnen, dann stelle ich mich in das Schilderhaus hinein; wird es aber wieder schön, dann gehe ich wieder draussen auf und ab.

MILCHMANN: Ja – und!

BENE: Ja, das ist nun eben so eine Sache.

MILCHMANN: Ja, und was tust denn du?

MICHL: Ja, und ich muss dem Bene Sachen holen.

MILCHMANN: Was für Sachen?

BENE: Ja, was ich nun eben so brauche, Kaffee, Bier, Schmalzler.

MICHL: Und manchmal muss ich trommeln.

MILCHMANN: Ja, könnt ihr denn *den* schweren Dienst machen?

BENE: Ja, nun, es muss jeder sein Opfer bringen für das Vaterland.

MILCHMANN: So, du hast also sonst nichts zu tun als wie auf und abgehen und wenn es regnet, gehst du in das Schilderhaus und der dort muss dir deine Sachen holen, sonst habt ihr nichts zu tun, auch nicht, wenn unserm Vaterland die grösste Gefahr droht, und die Raubritter nur mehr eine Stunde vor München sind und in Berg am Laim ihr Unwesen treiben. – Ihr seid nette Kameraden.

BENE: Tut mir leid, ohne weiteren Befehl darf ich nicht weg von meinem Posten.

MICHL: Ja, und ich muss immer sehen, wenn eine Hofequipage oder ein General vorbeigeht, dann muss ich es dem Bene sagen, damit der Bene die Wache herausläutet.

BENE: Ja, das ist das einzige, was in meiner Macht steht, dass, wenn ein General vorbeigeht oder eine Hofequipage vorüberfährt, dann ziehe ich an der Wachglocke, dann kommt die Wache heraus, das kann ich dir zeigen. *(Geht zur Glocke und läutet. – à tempo kommt Wache heraus).*

WACHE: *(Korporal kommandiert):* stillgestanden, präsentiert das Gewehr! *(Wache spielt den Präsentiermarsch, hernach kommandiert Korporal):* Gewehr bei Fuss. – *(Abtritt. – Gehen wieder zurück in die Wache.)*

MILCHMANN: Ja, das ist alles recht schön, aber ich meine, du müsstest doch jetzt eine militärische Aktion treffen. Das hat doch keinen Wert, wenn du an der Glocke anziehst, die Wache kommt heraus und spielt tä-terätä.

BENE: Ja, ich meine eben, weil du gesagt hast, ich habe keine Macht, die Wache kann ich jederzeit alarmieren.

MICHL: Ja, das hat er getan, weil du gemeint hast, dass der Bene gar nichts zu tun hat. An der Glocke darf nämlich nur der Bene anziehen.

BENE: Natürlich, da kann ich läuten, so oft ich will, die Wache muss jedesmal heraus und wenn ich hundertmal im Tag läute. *(Läutet wieder) (Wache kommt heraus) (Bei der Wache wiederholt sich das Gleiche) (Wache ab)*

MILCHMANN: Ihr seid die zwei grössten Rindviehcher, die ich je in meinem Leben gesehen hab. Von mir aus fressen euch die Raubritter samt Haut und Haar. Ich hab meine Pflicht getan, jetzt geht's mich nichts mehr an.

BENE: Ja, und ich hab auch mein Möglichstes getan und mehr als wie anziehen *(läutet)* kann ich nicht.

*(Wache kommt heraus – der grosse Trommler stösst den Milch-
mann mit der grossen Trommel beiseite)*

MILCHMANN: *(schimpfend ab)* *(Hinter der Scene Pferdegetrampel, Peitschenknallen, Milchmann abfahrend)*
(Wache geht ab, nur Korporal bleibt da)

KORPORAL: War jemand da?

BENE: Ja, der Milchmann war da.

KORPORAL: So, und wegen dem läutest du da die Wache
heraus, dass mir das nicht mehr vorkommt.

BENE: Wieso, anziehen kann ich, sooft ich will.

KORPORAL: Ja, aber nur wenn eine Obrigkeit da ist, sonst
meld' ich es dem Hauptmann. *(geht ab)*

VII. Scene.
(Bene und Michl)

MICHL: Du, Bene, glaubst du das, was der Milchmann
gesagt hat?

BENE: Ach, der möcht' uns nur Angst machen. Meinst', dass
ich noch an Raubritter glaub'. Es gibt keine Raubritter,
keinen Osterhas, kein Christkind und durch langjähriges
Studium bin ich sogar darauf gekommen, dass auch der
Storch die Kinder nicht bringt.

MICHL: Ach, das vom Storch hätt' ich dir schon längst
sagen können.

BENE: Das darfst du mir glauben, es gibt keine Raubritter,
es gibt auf der Welt nur böse Menschen, und diese Raubritter, das sind eben böse Menschen.

MICHL: Ja, das gibt es ja doch, Raubritter.

BENE: Ja, so schon, aber ich meine, keine solchen, wie der
Milchmann gesagt hat.

MICHL: Nun ja, gewiss weiss man es eben nicht, aber sagen
wir zum Beispiel, es täte doch Raubritter geben, würdest
du dich fürchten davor?

BENE: Ausgeschlossen – ausser sie würden kommen, dann
schon.

273

MICHL: Ja, dann würde ich mich auch fürchten, wenn sie kommen würden, da würde ich einfach davonlaufen. – Aber das hat mich gefreut, dass sich der Korporal so geärgert hat, weil wir ihn heute schon viermal herausgeläutet haben. Da hat er immer eine Wut. Jetzt ziehst gerade noch einmal an, dass er sich recht ärgert.

BENE: *(läutet) Wache kommt. Wache ab.*

KORPORAL: *(bleibt da und sagt):* Warum habt ihr mich schon wieder herausgeläutet? War jemand da?

MICHL: Ja, der Milchmann.

KORPORAL: Der war doch schon vorher da.

MICHL: Das ist uns aber jetzt wieder eingefallen.

KORPORAL: *(schimpft für sich und geht ab)*

MICHL U. BENE: *lachen.*

BENE: Jetzt ärgert er sich, aber er kann ja nichts machen. So oft ich läute, muss er einfach raus. Der hat sonst auch nichts zu tun.

VIII. Scene.
(Vorige – Aktuar)

AKTUAR: Schönen guten Morgen, meine Lieben.

BEIDE: Guten Morgen Herr Aktuar.

AKTUAR: Ei der Teufel, was ist denn heute in aller Frühe schon los? Trommelmusik, Radau, was hat denn das zu bedeuten?

BEIDE: Ja, wissen Sie das noch gar nicht, Herr Aktuar?

BENE: Der Milchmann war gerade da und hat uns erzählt – München steht vor einer grossen Gefahr, Raubritter stehen vor München und wollen die Stadt überfallen und seit heute Morgen ist Berg am Laim nur mehr eine Stunde von München entfernt.

AKTUAR: Aber Berg am Laim ist doch seit seinem Bestehen eine Stunde von München entfernt.

BENE: Nein, erst seit heute in der Frühe.

AKTUAR: Aber das ist doch ein Unsinn.

BENE: Aber der Milchmann hat es doch selber gesehen. Er war eigens draussen. Die Raubritter sind draussen und bringen alles um.

AKTUAR: Das ist ja furchtbar, da muss ich mich niedersetzen. Erzählt mir nur gleich.

MICHL: Ja, der Milchmann bringt doch jeden Tag die Milch in die Stadt. Und wie er heut mit seinem Milchwagen durchs Dorf gefahren ist, haben ihn die Räuber gesehen, sind ihm nachgeritten u. hätten ihn ausrauben wollen, aber der Milchmann ist im Galopp davon u. die Räuber haben ihn nicht mehr erreicht.

AKTUAR: Erzählt weiter.

MICHL: Ja also wie der Milchmann umgeschaut hat, hat er gesehen, dass schon fast alle Häuser brennen in Kirchberg und dass die Raubritter alle Leute umgebracht haben und niemand wagt sich mehr auf die Strasse hinauszugehen, weil schon alle tot waren.

AKTUAR: Genug, genug, das ist ja furchtbar. Sperrt nur gleich alle Tore zu, alarmiert die Bürgerwehr und geht sofort an eure Arbeit.

BENE: Ja, Herr Aktuar, in diesem Falle kann ich eigentlich gar nichts unternehmen, das habe ich dem Milchmann schon gesagt.

AKTUAR: Aber er kann doch zum Hauptmann gehen und kann ihm die ganze Sache unterbreiten.

BENE: Ja, ich darf doch nicht weggehen von meinem Posten, da kann um mich rum vorkommen, was will, ich darf meinen Posten hier nicht verlassen.

AKTUAR: Dann schick er doch den Kleinen zum Hauptmann.

BENE: Der kann nicht weg, der muss mir meine Sachen holen.

AKTUAR: Ja, wann kommt denn der Hauptmann?

BENE: Der kommt heute später, der muss beim Faberbräu drüben den Hausgang ausweissen, da wird es wahrscheinlich heute $^1/_2$ 10–10 Uhr werden bis er kommt.

AKTUAR: Bis dahin wird es aber zu spät werden.

BENE: Es kommt eben darauf an, ob die Raubritter eher kommen oder der Hauptmann. Wer zuerst kommt, der mahlt zuerst.

AKTUAR: Aber das hat doch gar keinen Wert, es muss doch etwas unternommen werden, die Raubritter können ja in einer Stunde vielleicht schon da sein.

MICHL: Ja, die kommen sicher, da können wir uns darauf verlassen, hat der Milchmann gesagt.

AKTUAR: Ja, aber wenn unserer Vaterstadt eine solche Gefahr droht, dann kann er doch seine Befugnisse überschreiten.

BENE: Ja, also das Einzige, was ich tun kann, das ist, die Wache herausläuten, das kann ich Ihnen ja einmal zeigen. – *(läutet) (Wache kommt heraus) (Wache ab)*

AKTUAR: Ihr seid zwei richtige Idioten, dass ihr es wisst.

BENE: Das hat der Milchmann auch gesagt.

AKTUAR: Stellt euch doch einmal vor, wenn die Raubritter kommen, die rauben, morden, plündern, stehlen.

MICHL: Ja, das ist uns selbst so unangenehm, dass die Raubritter kommen.

AKTUAR: Folglich muss etwas unternommen werden, denn die Raubritter nehmen keine Rücksicht, die schrecken vor nichts zurück, die nehmen sogar Weib und Kind mit.

BENE: Ja, die meine dürfen sie schon mitnehmen, da bin ich ihnen sogar dankbar.

AKTUAR: Sagt mir, wo ist denn der Hauptmann zurzeit?

MICHL: Der ist jetzt in seiner Schusterwerkstätte.

AKTUAR: Wisst ihr was, dann gehe ich jetzt persönlich zum Hauptmann und melde ihm die Sache. *(geht zum Hauptmann – Schusterwerkstätte)*

Nachdem der Herr Aktuar vom Wachtposten Bene und dem Trommelbuben Michel alles über den geplanten Raubüberfall erfahren hat, verlässt der Aktuar den Platz vor der Wache und geht zum Herrn Hauptmann, der im Schmidgässchen, in der Nähe des Isartores wohnt. Man sieht, wie er von verschiedenen Leuten angesprochen wird, auch geht er in einen Laden um seine Schnupftabakdose frisch füllen zu lassen, wo auch eine längere privatime Unterhaltung stattfindet. Der Aktuar ist ein alter Herr und da Alter bekanntlich nicht vor Torheit schützt, kneift er manches hübsche Kind über 16 Jahre in die Backe. Kurzum sein Nachrichtendienst ist nicht so, wie er sein soll. Inzwischen haben Bene und Michel auf der Wache doch Gewissensbisse bekommen, ob das den Herrn Aktuar nicht beleidigt hat, dass sie ihn ohne Begleitung gehen liessen, deshalb sagt BENE: »Geh Michel, lauf schnell dem Herrn Aktuar nach und führ ihn zu Dei'm Moaster, lass Dei Trommel da, wenns was is, trommelt i halt selber. Geh zua, dass 's noch vor'm Herrn Aktuar nüber kimmst.«

MICHEL: *(läuft ohne Trommel davon, man sieht ihn durch mehrere kleine Gässchen laufen, durch welche später auch der Herr Aktuar geht, er kommt zum Schusterladen, öffnet die Türe, MEISTER sitzt gerade bei der Arbeit, schaut über die Brille den Buben an)*
MICHEL: Is er no net da?
MEISTER: Wer?
MICHEL: Der Herr Aktuar.
MEISTER: I hab'n net g'sehn.
MICHEL: Der muss ja da sein.
MEISTER: Der is net da, jetzt haltst Dei Maul und schaugst dass de Stiefel fertig werd'n.
MICHEL: War er wirklich net da, der Herr Aktuar, i und der Bene mir hab'n ihn zu Ihna rüberg'schickt, weil er Ihna dös von die Raubritter –
MEISTER: Haltst jetzt augenblicklich Dei Papp'n!
MICHEL: Raubritt – *(wird immer wenn er Raubritter sagen will unterbrochen)*
MEISTER: *(nimmt Papiermass und haut ihm eine auf den Kopf)*

277

Michel: *(weint, unverständliches Gemurmel)*

Meister: *(haut ihn nochmal auf den Kopf)* Du woasst doch, dass die Stiefel für'n Bäckermoaster fertig werd'n müss'n, i muass doch jetzt zum Bader zum rasiern, weil um 10 Uhr mei Braut kommt.

Michel: Wissen's Moaster, dös kann i net versteh'n, dass Sie jetzt wirklich nochmal heiraten woll'n, meinen Sie denn, dass auf die Heiratsannonce wirklich eine kommt?

Meister: O mei, Michel, red doch net, wenn'st nix verstehst. Gestern hab i doch schon a Brieferl kriegt, da schau her *(zieht Brief aus der Tasche und liest)* Sehr geehrter Herr Meister! Ich werde Sie morgen vormittag gegen 9 Uhr besuchen. Hochachtungsvoll Natalie Butzig Beamtenstochter.

Michel: Was, eine Beamtenstochter will eahna heirat'n, ja hat eahna denn dö schon g'sehn?

Meister: Na, dös net –

Michel: Ja nacha!

Aktuar: *(kommt herein in den Laden)* Guten Morgen, Herr Hauptmann!

Meister: Guten Morgen, Herr Aktuar, was gibt's Neues?

Aktuar: Ich habe wohl etwas Neues für Sie, es wundert mich aber kolossal, dass ich als Privatmann dem Hauptmann erst mitteilen muss, dass unserer Stadt eine grosse Gefahr droht wie ich eben von der Wache erfahren habe und zwar von dem Posten. Es treibt sich in der Nähe Münchens eine Raubritterbande herum und das wundert mich eben, dass Sie noch gar nichts davon wissen.

Meister: Ja wer hat denn das g'sagt?

Aktuar: Der Posten am Isartor.

Hauptm.: Ah der dumme Teufe, das hat ihm höchstens geträumt.

Aktuar: Nein, das stimmt alles, ein Milchmann ist von Berg am Laim gekommen und der hat die Raubritter entdeckt, 200 Raubritter sollen es sein.

Hauptm.: Ja was ist denn dös? Was tun wir denn da?

AKTUAR: Das müssen doch Sie wissen was da zu tun ist, da heisst es nicht lange überlegen, sondern zugreifen.

HAUPTM.: Da kann ich gar nichts machen, denn ich kann ohne höheren Befehl nichts anfangen, ich kann nur das tun, was mir der Herr Major befiehlt und der hat mir von der Geschichte noch gar nichts erzählt, das ist komisch – weiss es der Polizeidiener schon?

AKTUAR: Ja da fragen Sie mich zuviel, das ist doch schliesslich auch ganz gleich. Der Milchmann weiss es, der Posten weiss, Sie wissen es jetzt, Ihr Lehrbub weiss es . . . .

MICHEL: Ja ich sag nichts.

HAUPTM.: Rindviech, das darfst Du ja wissen.

AKTUAR: Ich denke eben, Sie müssen sofort den Herrn Major davon in Kenntnis setzen.

HAUPTM.: Ich? ... Das geht doch mich nichts an, das ist doch Sache des Majors. Da geh ich zum Major hinüber und sag's ihm.

AKTUAR: Das ist aber höchste Zeit dass Sie das tun, das ist ihre Pflicht. Adieu! *(geht aus dem Laden)*

HAUPTM.: So Michel i geh jetzt zum Herrn Major nüber, soll inzwischen meine zukünftige Braut kommen, so sagst ihr ich bin nicht da.

MICHEL: Dös is ja a Schmarrn Moaster, dös brauch i ihr doch net sag'n, dös sieht's ja selber.

MEISTER: Dummer Bua dummer, Du woasst doch net, ob meine zukünftige Braut net kurzsichtig is.

MICHEL: Wenns net da san, dann siechts eahna net, obs jetzt kurzsichtig is oder net.

MEISTER: Also, wenns kommt, dann sagst einfach, sie soll warten.

MICHEL: Auf wen?

MEISTER: Auf mi, Rindviech! *(will abgehen)*

MICHEL: San Sie a Rindviech? Also Pfüat God, alter Prior.

MEISTER: Das dürft ich noch g'hört ham – wer is a alter Prior?

MICHEL: Wer hat'n dös gsagt?

MEISTER: Du – ich habs deutlich ghört.

MICHEL: Uh das is gar nicht wahr, ich hab gsagt alter Tenor!

MEISTER: Ich hab Prior verstanden.

MICHEL: Na, sie sind doch schon 25 Jahre im Gsangverein und weils so schön singen können, hab i gsagt Tenor, dös werd i wohl no sagn derfa.

MEISTER: No freilich, na hab ichs falsch verstanden. Also pfüt di Gott mach mir keine Dummheiten.

MICHEL: *(bohrt in der Nase)*

MEISTER: Hörst glei auf!

MICHEL: *(Wirft ihm aus der Hand was ins Auge davon)* Habn scho troffa!

MEISTER: Lausbua, warum schneuzst dich denn net?

MICHEL: Weil ma koa Sacktüchl mehr ham.

MEISTER: Wo san dann unsere Sacktüchl alle?

MICHEL: Mir ham blos mehr 2 ghabt – und da hab i eahna a Hemd machen müssen davon.

MEISTER: Dös derfst doch net alle Leut erzähln – also jetzt geh i *(ab)*

MICHEL: Ja schleich dich – schiarlicher Ratze.

MEISTER: Jetzt kommst mir aber nimmer aus – jetzt hab ichs deutlich ghört, du hast gsagt zu mir Ratze.

MICHEL: Nein i hab gsagt, ja wo is denn wieder unsere Katze – dö siech i scho 14 Tag nimmer.

MEISTER: Dummer Kerl, woasst nimmer, dass ma vor 14 Tag a Gansjung ghabt ham, da ham mas neighaut.

MICHEL: Ah dös hab i vergessen.

MEISTER: Jetzt hab i aber höchste Zeit – führ dich anständig auf, pfüat di Gott derweil *(ab)*

MICHEL: Ja schleich di amal alter Aff.

MEISTER: Aber jetzt gibts keine Ausred mehr – jetzt werd i dein Lebenslauf kürzen – wer is a alter Aff?

MICHEL: Dös hab i gar net gsagt.

MEISTER: Ruhe, halts Maul! Du hast gsagt alter Aff.

MICHEL: Nein, auf Ehr und Seligkeit! Der Teufel soll eahna

holn – a mi! Sie hörn so schlecht und drum hab i gsagt, da bin i ganz baff.

MEISTER: Wo nur der Kerl dö Ausreden her hat, baff hast gsagt, net Aff?

MICHEL: Dös trauert i mir gar net sagn zu eahna, aber sie hörn so schlecht Moaster, gengas doch amal zu an Doktor – oder gengas am Feuerhaus vorbei und lassens eahna mit'n Hydranten d' Ohrwascheln ausspritzen.

MEISTER: Jetzt wer i Dir glei oane wischen dir –

MICHEL: Ich hab blos an komischen Gschpass machen wolln.

MEISTER: Unterlass deine Gschpass – arbeit lieber is gscheiter – aber i derf eahm ja nichts toa, sonst verpatzt er mir alles – also mach dei Sach guat *(ab)*

MICHEL: So jetzt is er endlich amal drauss – o mei, der Mo is ja so dumm, dem kann ma erzähln was ma mag – und jetzt is er ganz damisch worn jetzt bildet er sich ein, dass ihm eine Beamtentochter was will – das kann scho möglich sein, dass dös oane is, dös im Spital scho nausgschmissn ham, wegen Altersschwäche.

NATALIE BUTZIG: Grüss Gott.

MICHEL: Grüss Gott Fräulein, was möchtens denn?

NATALIE: Ich werde wahrscheinlich schon erwartet – denn ich habe eine Karte geschrieben, mein Name ist Natalie Butzig.

MICHEL: Jessmarandjosef – gibts dös a? Sind Sie dö Beamtenstochter?

NATALIE: Natürlich.

MICHEL: Ja – i bin ganz sprachlos – dö will unseren Moaster heiraten? Dös is ja net zum glaubn.

NATALIE: Sind Sie vielleicht der Meister?

MICHEL: Na i bin blos der Vorarbeiter – sie sind aber zu früh gekommen, der Meister ist leider nicht zuheim, der is wegen ihna zum Baden gangen. – *Film zeigt, wie Hauptmann beim Major eintritt.*

NATALIE: Wieso meinetwegen?

MICHEL: Weil er scho so lang nimmer war.

NATALIE: Das ist ein gelungener Mensch.

MICHEL: Ja weil sie die Karte geschrieben ham und da hat er sich geniert, jetzt ist er fortgegangen.

NATALIE: Ja das war ja der Zweck meiner Karte, dass ich ihren Meister hier vorfinde, meine Zeit ist beschränkt, denn in 14 Tagen ist meine Hochzeit und ich brauche doch auch dazu meine Brautschuhe.

MICHEL: Was in 14 Tagen wollen sie schon heiraten, da werd aber der Moaster schaun.

NATALIE: Da gibts gar nichts zu schauen, wenn er keine Lust hat, gehe ich einfach zu einem anderen Schuster.

MICHEL: Jetzt kenn i mi gar nimmer aus – ah, de fliagt blos auf d'Schuster, da muass i mi a bisserl einschmeicheln. Also Fräulein da Moasta hat gsagt an schöna Gruass und sie solln eahna a bisserl niedersetzen – ja sagns amal Fräulein, sie san so a saubers Madel – ham denn sie gar koan andern gfunden zum heiraten – graust's eahna denn net vor dem alten Uhu?

NATALIE: Erlauben Sie – bis jetzt hat mir noch jeder Mensch gratuliert zu meinem Eduard – und ausgerechnet Sie wollen mich bedauern.

MICHEL: Wieso Eduard – da sieht ma wie der lüagt der hoasst ja Florian.

NATALIE: Sie werden mir kaum zu sagen brauchen wie mein Bräutigam heisst.

MICHEL: Den kenn i aber a bisserl besser wie Sie – den Zigeuner – aber i kann mir schon denken, warum sie so verliabt san, sie moana wahrscheinlich dass der recht viel Geld hat, da werns aber ausrutschen wissens was der hat – einen Dreck hat er – Schulden hat der in der ganzen Nachbarschaft, daß der Welt ungleich ist.

NATALIE: Mein Bräutigam braucht kein Geld – denn ich bekomme 40.000 RM.

MICHEL: Was 40.000 Mark, was tean sie mit dem Haufa Geld?

NATALIE: Wir haben uns das so gedacht, wir kaufen uns in Garmisch oder Oberstdorf ein kleines Gut, betreiben etwas Ackerbau und Viehzucht –

MICHEL: Viehzucht – ja da passt er dazu.

NATALIE: Oh er ist ja so tierliebend – und mein Mann braucht etwas Unterhaltung, wir werden glücklich sein wie 2 Turteltauben.

MICHEL: So ist's recht, mit dem alten Tauberer.

NATALIE: *(lacht)*

MICHEL: Wissens mi gehts ja nichts an, aber weils ma direkt leid tun, aber wenn sie so viel Geld ham – dann schenkens'n doch her, packas mich z'samm, dann fahr'n ma nach Garmisch und i führ ihna auf d'Zugspitz nauf *(wird zärtlich)*

NATALIE: Was erlauben Sie sich.

MEISTER: *(tritt ein)*

NATALIE: Gott sei Dank dass jemand kommt.

MEISTER: Was is'n da los?

MICHEL: Meister gehns her, dös is dö Natalie Butzig, de is ganz verliabt in eahna – in 14 Tag wills scho heiraten und 40.000 Mark hats, dös ghört uns 3 – und in Garmisch kaufts eine Sommerfrische mit Ochsen und Rindviecher und sie komma auch drunter nei.

MEISTER: Dös is recht – Grüss Gott.

NATALIE: Sie sind sicher der Meister Kneip selbst.

MEISTER: Jawohl Frl. Naphtaline – ich hab ihre Karte erhalten.

NATALIE: Dann wollen wir gleich zur Hauptsache überge-hen – wollen Sie mir bitte Mass nehmen.

MEISTER: Ja – a Mass.

MICHEL: Nein, das Mass für den Brautschuh.

NATALIE: Nehmen Sie bitte das beste Glacé *(zieht einen Schuh aus)*

MEISTER: Michel, dös Fuasserl schau o, ahhh.

MICHEL: Dö san schön – aber unser Moasterin hat glei sol-che Trittling ghabt – dö wenn in der Früh barfuss durchs

Zimmer ganga is, dann hats to, als wenn ma an Pfannku-
chen auf'n Boden hinhaut.

MEISTER: Halts Maul – *(misst bis zum Knie)*

NATALIE: Erlauben Sie, ich will doch keine Wasserschuhe.

MICHEL: Dös kann der net, dös mach eahna ich – ich war in
der Fachschule *(schaut untern Rock)* Ah, dö hat a blaus
Hemd an.

NATALIE: *(steht auf)*

MEISTER: Jetzt kommt die Hauptsache – jetzt geb ich ihr
den Verlobungskuss. Innigstgeliebte Natalie – komm her
und gib mir einen herzhaften Verlobungskuss.

NATALIE: Was wollen Sie – hier haben sie einen Verlobungskuss *(Ohrfeige)* das muss mir passieren, mir einer
Beamtenstochter. Ich bin sprachlos, so eine Unverschämtheit.

MEISTER: *(geht weg)*

MICHEL: Hat ihna dö jetzt eine neighaut? Wie kommt denn
dö dazua? Ja wia ham mas denn da? Sie schaug o – dö
ganz ander. Dem Mo tean sie nix – der hat Schläg gnua
kriagt von seiner ersten Frau –

MEISTER: Reg di net auf Bua, du bist in koaner Kranken-
kasse – wenns dir oane neihaut muass i di ham.

MICHEL: Dös is mir wursch, teans fei ja net koppen da
herin.

NATALIE: Mit ihnen hab ich gar nichts zu tun.

MEISTER: Ruhe sie haben uns beleidigt.

MICHEL: Jawohl lassens ihna nichts gfalln Meister – sonst
gehts ihna wie bei der andern Frau – dö kratzt eahna
d' Augn aus – das ist eine Xanthippe und wenns ihnen
wieder ins Gsicht neilangen will, dann hau ichs mit
Papier so auf d'Hand nauf, dass ihna nichts mehr toa
kann.

MEISTER: *(schimpft Natalie – diese streitet mit ihm und langt
ihm dabei immer mit den Händen ins Gesicht, wobei Michel
jedesmal den Meister mit Papierstreifen auf Kopf, Gesicht und
Hand schlägt)* Schauns dass naus kommen!

MICHEL: Schluss is – mir wolln von ihnen nichts mehr wissen –

MEISTER: Hinaus sag ich!

NATALIE: Sie brauchen mich nicht hinauszuwerfen, ich geh schon von selbst. Ich komme da ahnungslos herein, um mir meine Brautschuhe anmessen zu lassen, weil ich in 14 Tagen mit dem Regierungsassesor Meier Hochzeit habe und muss eine solche Scene hier erleben, werde von Ihnen beleidigt – na warten sie nur, mein Bräutigam wird das Weitere veranlassen – das haben sie zum letzten mal so gemacht, sie werden an mich denken – so ein Affentheater – das ist ja ein Narrenhaus hier *(geht schimpfend ab)*

BEIDE: *(sehen sich an)*

MEISTER: Ja dös is ja gar net mei Braut, na wart nur du Hundskrüppe – bleib stehn dass i dich triff –

MICHEL: Da konn i a nix dafür, sie ham gsagt dass dös eahna Braut is –

MEISTER: Stad sei sag i – du bist Schuld an allem, jetzt is Braut hi und 's Geld hi und 's ganze Gschäft is a hi und di muss i morgen freisprechen.

MICHEL: Dös werd scho wieder Moaster, von morgen ab übernimm i 's Gschäft na kommt a anderer Schwung nei – und sie wenn wollen, könnas allweil no mein Lehrbubn machen. *(haut ihn vom Stuhl hinunter)*

Bild Nr. 26 Hauptmann beim Herrn Major.
Biedermeierzimmer.

MAJOR: *(sitzt mit seinen Freunden beim Tarock)*

HAUPTMANN: *(kommt herein)* Grüss Gott, meine Herren, grüss Gott, Major, lass dich nicht stören, ich habe dir nur eine grosse Neuigkeit zu berichten.

MAJOR: *(ist aber mit seinen Freunden so in den Tarock vertieft, dass er auf das Gespräch des Hauptmanns kaum hört, nur hie und da, wenn ihn der Hauptmann etwas fragt gibt er ihm eine flüchtige interesselose Antwort.)*

HAUPTMANN: *(z.B.)* Du Major, pass doch auf, was ich dir sag. Ein Milchmann ist in Berg am Laim draussen gewesen und hat eine Räuberbande gesehen, nachher ist er in die Stadt hereingefahren und hat es gleich dem Posten erzählt und der hat gesagt, das geht ihn nichts an, dann ist der Aktuar dahergekommen und der hat's auch erfahren und ist gleich zu mir gekommen und hat gemeint, ich soll da gleich die nötigen Massnahmen treffen. Ja, sag' ich, zum Aktuar, da kann ich leider nichts machen, da muss ich schon zuerst dich fragen, was du zu der ganzen Geschichte sagst.

MAJOR: Ich pass!

HAUPTMANN: Was sagst du?

MAJOR: Ich pass! Ich hab ja nichts wie lauter Spatzen, mit den Karten kann man doch nicht spielen. *(Major hat nämlich vor lauter Kartenspielbegeisterung die Erzählung des Hauptmanns gar nicht gehört)*

HAUPTMANN: *(erzählt immer wieder und bringt es zum Schluss doch soweit, dass der Major zum General geht).*

MAJOR: Was ist eigentlich los? Raubritter sind da.

HAUPTMANN: Nun ja, kommen erst.

MAJOR: Um wieviel Uhr?

HAUPTMANN: Du sollst gleich das ganze Militär mobil machen, dass sie gleich die Stadttore besetzen.

MAJOR: Ich???? Das geht doch mich nichts an, das ist doch Sache des Generals. Da geh ich sofort zum General herüber und sag's ihm.

HAUPTMANN: Höchste Zeit, das ist deine Pflicht. – Adieu!

Bild Nr. 27 Major beim General.

MAJOR: Guten Tag, Herr General!

GENERAL: *(hat gerade mit seiner Gattin einen furchtbaren Streit wegen der Köchin.)*

FRAU GENERAL: Schäm dich Eugen, du als General der Infanterie küsst in der Küche die Köchin, das ist beschämend, pfui, dreimal pfui!!!

GENERAL: Gut, ich gesteh's, ich habe sie geküsst – aber was hat das mit der Infanterie zu tun, wäre ich General der Artillerie, hätte ich es vielleicht auch getan.

MAJOR: Herr General, mir ist es furchtbar peinlich, dass ich gerade zu einer Familienzwistigkeit gekommen bin, aber ich muss Ihnen trotzdem pflichtgemäss Mitteilung machen, Raubritter wollen unsere Stadt überfallen.

GENERAL: Was hat das mit meiner Köchin zu tun?

MAJOR: Gar nichts, Herr General, ich kam nur zu Ihnen um die Sache zu melden und Ihren Rat zu hören, was da zu tun ist.

FRAU GENERAL: Was hast du zu deiner Verteidigung zu sagen?

GENERAL: Das ist ja skandalös!

FRAU GENERAL: Ja, wenn du es nur selbst einsiehst.

GENERAL: Was sehe ich selbst ein?

FRAU GENERAL: Dass sich das für einen General nicht schickt, dass er eine Köchin küsst.

GENERAL: Unsinn, ich meine doch nicht die Köchin, ich meine es ist skandalös, dass die Raubritter unsere Stadt überfallen wollen *(zum Major)* nun ja, gar so schrecklich ist das nicht.

MAJOR: Herr General, ich finde das ist das Furchtbarste.....

GENERAL: Was? Das ist das Furchtbarste, wenn man eine Köchin küsst.

MAJOR: Nein! Herr General, ich meine, wenn Raubritter die Stadt überfallen würden.

GENERAL: Ach so, Sie meinen die Raubritter?

FRAU GENERAL: Siehst du Eugen, der Herr Major findet es auch furchtbar.

GENERAL: *(ganz in der Verwirrung)* Nein! Der Major meint ja, es ist furchtbar, wenn die Köchin die Raubritter küsst – ach – wenn die Raubritter die Köchin überfallen – ich bin schon ganz verrückt, wenn die Köchin die Stadt überfällt.

MAJOR: Beruhigen Sie sich doch, Herr General, Sie sind zu

erregt, trinken Sie eine Tasse Baldriantee und alles wird wieder gut.

GENERAL: Glauben Sie, wenn ich Baldriantee trinke, dass dann die Raubritter nicht kommen?

MAJOR: Nein, ich meine, Ihre Nerven werden wieder gut, Herr General.

GENERAL: Meine Nerven – an meinen Nerven fehlt mir doch nichts, mir fehlt nur die Köchin – ach – mir fehlt nur der häusliche Friede, da fehlt's mir, ich muss an die frische Luft, ich muss mir Luft machen, ah!

MAJOR: Sie brauchen sich keine Luft machen, Herr General, kommen Sie mit heraus, die ist schon draussen *(zieht seinen Mantel an)*

GENERAL: Ich gehe gleich hinüber zum Minister und spreche mit dem, was in diesem Fall zu tun ist.

MAJOR: Herr General, das würde ich ihm gar nicht erst sagen, der wird lachen, wenn sie ihm sagen, dass sie die Köchin geküsst haben.

GENERAL: *(brüllt):* Sie Ochse, dass die Raubritter kommen, will ich ihm sagen. Im übrigen geht mich ja die Sache gar nichts an, das ist doch Sache des Kriegsministers, zu dem gehe ich sofort hinüber, und werde ihm Bericht erstatten von diesen Mitteilungen.

MAJOR: Tun Sie das, Herr General, höchste Zeit!

Bild Nr. 28 General beim Kriegsminister.

Kriegsminister ein sehr schwerhöriger Mann mit Hörrohr.

GENERAL: *(tritt ein)* Guten Tag, Herr von Opelheim.

KRIEGSM.: Guten Tag, Herr General, was verschafft mir das Vergnügen?

GENERAL: Vergnügen keineswegs, traurige Sache.

MINISTER: So, so *(lacht)* hehehe.

GENERAL: Ein Raubritterkonzern hat sich vor der Stadt etabliert ...

MINISTER: Wie?

GENERAL: e – ta – bliert.

MINISTER: Sie haben sich geirrt?

GENERAL: Raubritter stehen vor der Stadt.

MINISTER: So, stehen vor der Stadt, die sollen sich setzen, sonst werden sie ja so müde.

GENERAL: Herr Minister, machen Spass, es ist aber eine ernste Sache.

MINISTER: Ja, ja, das kann schon sein, aber was habe ich damit zu tun, das ist doch Sache seiner Majestät des Herzogs.

GENERAL: Der Herzog ist da machtlos, es sind über 2000 Personen bis an die Zähne bewaffnet.

MINISTER: Weiss seine herzogliche Hoheit schon von der Sache?

GENERAL: Nein, ich denke der Herr Minister müssten es Seiner Hoheit dem Herzog vortragen und zwar ist es sehr eilig, das ganze Heer steht schon in Kirchberg und plant heute Nacht den Ueberfall.

MINISTER: Heute Nacht schon, da ist es ja höchste Zeit. Schnell meinen Mantel und Zylinder und meinen Wagen, damit ich so schnell wie möglich zum Herzog komme.

Bild Nr. 29 Kriegsminister bei Herzog Philipp dem Blassen.

MINISTER: Herzogliche Hoheit, meine Wenigkeit erlaubt sich untertänigst, ergebenst die schreckliche Kunde zu unterbreiten, dass unserer Stadt gegenwärtig grosse Gefahr droht.

HERZOG: Sa, so! Was ist das für eine Gefahr, wenn ich so fragen darf, eine gefährliche Gefahr oder eine ungefährliche Gefahr?

FRAU HERZOGIN: Köstlich!

MINISTER: Eine nicht ungefährliche Gefahr.

HERZOG: Eine nicht ungefährliche Gefahr *(studiert)* eine –

nicht ungefährliche Gefahr – das ist also dann doch eine Gefahr.

HERZOGIN: Köstlich!

HERZOG: In was besteht diese Gefahr?

MINISTER: Ein Raubritterheer steht in der Nähe und gedenkt unsere Stadt zu überfallen, zu plündern und zu morden.

HERZOGIN: Köstlich!

HERZOG: *(zur Herzogin)* Waaaas? Du sagst köstlich, wenn sie uns morden wollen?

HERZOGIN: *Dann eben Unköst*lich!

MINISTER: Was gedenken Herzogliche Hoheit zu tun?

HERZOG: Jaa, das ist ja schauderhaft, ttttt, so eine freche Gesellschaft, ja, was werden denn da meine Minister zu der Sache sagen?

MINISTER: Ja, die werden, wenn es Hoheit für gut befindet, sofort eine Sitzung einberufen.

HERZOGIN: Köstlich!

HERZOG: Was meinst Du?

HERZOGIN: Ich sage köstlich!

HERZOG: Ja, ja, ich gedenke diese Angelegenheit sofort in die Hand zu nehmen, bevor es zu spät ist – wie spät ist es denn eigentlich schon?

MINISTER: $^1/_2$ 11 Uhr Hoheit!

HERZOG: Ist das möglich?

HERZOGIN: Köstlich.

HERZOG: Also, Herr Baron von Opelheim gehen Sie jetzt und rufen Sie den Kriegsrat zusammen, so schnell als möglich, dieser Bande werden wir schon einheizen.

HERZOGIN: Köstlich!

Bild Nr. 30 Der Kriegsrat tritt zusammen.

In einem grossen Sitzungssaale sitzen alle Minister beisammen, der Kriegsminister eröffnet die Sitzung.

KRIEGSMINISTER: Meine Herren Minister – Eine schaurige Kunde durchzieht seit einigen Tagen unsere geliebte Vaterstadt, das Gerücht, Raubritter stehen vor München, hat sich leider bestätigt. Ein Milchmann, der von Berg am Laim kam, hat uns die Schreckensnachricht überbracht. Minister Opelheim war gestern schon zur Audienz bei seiner herzoglichen Hoheit geladen. Bei der Audienz waren auch Ihre herzogliche Hoheit anwesend. – Seine herzogliche Hoheit meinte, es müssten sofort alle Minister zusammentreten, um ein Kriegskomite zu bilden. An diese Meinung Seiner herzoglichen Hoheit schloss sich auch die Meinung Ihrer herzoglichen Hoheit. Wenn Seine Herzogliche Hoheit und Ihre herzogliche Hoheit davon überzeugt sind, dass ein Ministerrat in dieser Angelegenheit seiner Meinung Ausdruck verleiht, so stimmt unsere Meinung mit der Meinung Seiner herzoglichen Hoheit und Ihrer herzoglichen Hoheit vollständig überein. –
Seinerzeit, als die Raubritter das letzte Mal hier hausten, war seine Herzogliche Hoheit sehr erzürnt, denn in ihrer Höhle wurden sogar Gegenstände aus der herzoglichen Residenz gefunden. Seine Herzogliche Hoheit und Ihre herzogliche Hoheit verlangen, dass die ganze Bürgerwehr mobil gemacht wird und in kürzester Bälde gegen den Feind ausrückt. Das Kriegsprotokoll ist von Seiner herzoglichen Hoheit bereits unterzeichnet. Die Sitzung ist beendet. *(ab)*

Bild Nr. 31 Zwei Klatschweiber klatschen über die
Kriegsereignisse.

FRAU RADLMEIER: Was sagen Sie, Frau Gmeinwieser, hab'n Sie's schon gehört?
FRAU GMEINWIESER: Was denn?
FR. RADLMEIER: Sie wissen noch gar nichts?
FR. GMEINWIESER: Kein Sterbenswort!

Fr. Radlmeier: Mein, Gott, die ganze Stadt ist schon in heller Aufregung, Raubritter stehen vor München und wollen die Stadt überfallen.

Fr. Gmeinwieser: O du heilige Dreifaltigkeit, wann kommen sie denn schon?

Fr. Radlmeier: Ja, mobil ist ja schon gemacht.

Fr. Gmeinwieser: Wer?

Fr. Radlmeier: Mobil, grad komm ich vom Marienplatz her, da geht's zu, sag ich Ihnen, Frau Gmeinwieser, der ganze Marienplatz ist voller Menschen und voller Militär. Am Petersturm haben die Sturmglocken schon geläutet. Ein paar Raubritter sollen schon als Frauenzimmer verkleidet in der Stadt herumlaufen, und das Brunnenwasser sollen sie schon vergiftet haben, ja, ja .....

Fr. Gmeinwieser: Was Sie nicht sagen!

Fr. Radlmeier: Und seine herzogliche Hoheit der Herzog und die Frau Herzogin sollen ganz aufgeregt sein – ja, gewiss ist es wahr ...

Fr. Gmeinwieser: Das lässt sich denken, o mein, o mein, was soll das noch werden usw.

IX. Scene.
(Vorige und Polizeidiener)

Polizeidiener: Trommlerbub, schlag Alarm!

Michl: Was ist denn?

Polizeid.: Das werdet ihr gleich hören.

Michl: Das ist wegen der Würste *(trommelt)*

Polizeid.: Der Kriegsrat gibt hiermit kund und zu wissen, dass eine Raubritterbande von Ramersdorf her im Anzuge ist. Dessethalben gibt der Kriegsrat, der, wie immer, um das leibliche Wohl seiner Bürger besorgt ist, folgende Massregeln kund.

(läutet) 1. Gemäss § $333^{1}/_{3}$ des herzoglichen Bürgerschutzgesetzes sind von heute ab die Stadttore um den Glockenschlag 9 Uhr auf der Nacht zu schliessen, fest zu

verrammeln und bleiben also bis in der Früh um 7 Uhr geschlossen, allwo sie wieder aufgetan werden. *(läuten)* 2. Ein jeder Bürger soll, was er an Wehr und Waffen hat, fein säuberlich putzen, scharf schleifen, Kugeln nicht vergessen und für alle Fälle bereit halten.

(Läuten) 3. Bürger, die Posten stehen, dürfen nicht schafkopfen oder sonstiges treiben, sondern sollen fest nach dem Feind auslugen. Eigenhändig vorgelesen und publiziert.

> Josef Winterhuber
> Polizeidiener, im Namen des
> herzoglichen Kriegsrats München.

(nachdem Extrablatt gelesen)
Geh' weiter Bub, du gehst jetzt mit mir und trommelst Alarm.
(Alle ab, bis auf Bene und Korporal)

X. Scene.
(Bene und Korporal)

BENE: Glaubst du jetzt, dass das wahr ist, wegen der Raubritter. Was der Polizeidiener einmal ausläutet, das ist kein Spass mehr, sondern Ernst.
(von ferne ein Schuss)
KORPORAL: Jess, Maria und Josef, hast du es gehört, das sind sie schon, die sind gar nicht mehr weit weg.
BENE: Morgen stehen wir vielleicht schon im Kampfe. Seit dem 30jährigen Krieg war jetzt Ruh, und jetzt geht es wieder an. Ich sage dir, dass wir vielleicht morgen um diese Zeit mit den Raubrittern im bitteren Kampfe stehen.
KORPORAL: Meinst du, Bene?
BENE: Gehst du auch heim?
KORPORAL: Ja, ich muss noch ein paar Stiefel doppeln.
BENE: Ja, ja, lasst nur mich ganz allein da, ist ja gleich, jetzt weil ich ein Geschäft gegründet hab und jetzt weil ich jung verheiratet bin darf ich in den Krieg ziehen.

(Schuss von der Ferne)

KORPORAL: Bene, jetzt wird mir selber schon Angst, ich glaube, ich geh jetzt. Da sieh herüber, der Himmel wird schon ganz rot.

BENE: *(sieht nach hinten)* Um Gottes Willen, weisst du, was das ist, das ist das Morgenrot und was das Morgenrot für einen Krieger bedeutet, das wirst du schon wissen.

KORPORAL: Was bedeutet das?

BENE: Heute tot, morgen rot.

KORPORAL: Du machst mir das Herz schwer. Ich gehe jetzt. Behüte dich Gott, ich muss dich jetzt allein lassen. Also nochmals, behüt' dich Gott, wenn wir uns nicht mehr sehen sollten *(geht ab)*

XI. Scene.

BENE: *allein (Nimmt seine Ziehharmonika und singt:)*

Morgenrot, Morgenrot, leuchtest mir zum frühen Tod,
Bald wird die Trompete blasen, dann muss ich mein
    Leben lassen,
Ich und mancher Kamerad.
Ach wie bald, ach wie bald, schwindet Schönheit und
    Gestalt,
Heute noch auf stolzen Rossen,
Morgen durch die Brust geschossen – und morgen in das
    kühle – Grab.

(Vorhang fällt)

BENE *sitzt auf der Bank* und MICHL *daneben, eine Ente oder Gans hat mit zugehört, Kleinstadtstimmung, das Bild blendet ab. Neues Bild: Man hört und sieht vom Marktplatz her die ganze Bürgergarde unter den Klängen des Hohenfriedberger Marsches zur Wache ziehen.*

BENE: *stellt sich vors Schilderhaus*

(Von hinten hört man den Hohenfriedberger Marsch oder bayr. Defiliermarsch von der ganzen Kapelle blasen. Alle ziehen auf.)

BENE: *präsentiert mit dem Säbel (Der Aufzug der Soldaten) Hauptmann als 1. Trommelbub als 2. Fahnenträger als 3. Korporal als 4. Musik alle paarweise, Soldaten alle paarweise marschieren zweimal über die Bühne und stellen sich seitlich auf. Musik vorne, Soldaten hinten.*

KORPORAL: *Kommandiert –* Halt! *– und winkt Musik ab.* *(Zum Hauptmann)* Guten Morgen, Hauptmann, wie gehts dir denn immer?

HAUPTMANN: *(gibt ihm die Hand)* Guten Morgen Korporal, nun ja, es muss schon gehen. Viel Arbeit hab ich jetzt immer. Weisst schon, alle Leute kommen zu mir, grad derrennen könnt ich mich. Meine Alte hat sich gestern einen Zahn ziehen lassen, jetzt ist sie heute saugrantig und der Kleine hat vorige Woche die Masern gehabt. Wie es halt so geht, das weisst du ja selber.

KORPORAL: Ja freilich, freilich, bei mir dürfte das Geschäft etwas besser gehen, lauter Kleinarbeit bringen einem die Leut daher, kein Mensch hat mehr a Geld. – Aber was sagst du denn zu meinen Soldaten?

HAUPTMANN: Ich hab sie noch gar nicht angeschaut *(Besichtigt sie)* Bravo, bravo, stramm sind sie beisammen; das lässt sich hören, es ist eine wahre Freude wenn man sie so anschaut. Leut, wie gehts euch denn?

SOLDATEN: Dank schön, Hauptmann, gut.

HAUPTMANN: *(zu einem Soldaten)* Nun Meier, meine Gratulation zum freudigen Familienereignis, hab schon gehört davon, was ist es denn? Ein Bub oder ein Mädel?

SOLDAT: Ein Bub, Herr Hauptmann.

HAUPTMANN: So, das lässt sich hören. Der 6. Bub also. Ich sag ja, der Meier lasst nicht aus. – Was ich sagen will, wer steht denn heute auf Posten?

KORPORAL: Der Bene.

(Bene und Michl haben sich während der ganzen Zeit miteinander unterhalten und in dem Moment wo Bene hört, dass von ihm gesprochen wird, geht er auffallend schnell am Schilderhaus auf und ab. Er geht ganz grotesk hin und her, stösst mit dem Säbel an das Schilderhaus und hört gar nicht mehr auf zu gehen.)

HAUPTMANN: No hör nur wieder auf auch. Ja was hat denn der? Rennst du den ganzen Tag so auf und ab?

BENE: Nein, nur wenn du mir zuschaust.

HAUPTMANN: No ja, so bleib nur wieder stehn. Grüss dich Gott *(gibt ihm die Hand)*

BENE: Grüss Gott, Hauptmann *(streckt ihm statt der Hand den Säbel hin)*

HAUPTMANN: Au, da schneid ich mich ja, pass doch auf. Nun wie geht es dir immer, musst heute Posten stehn, ist ein fades Geschäft, was?

BENE: Ja, tuts schon. Mein Gott, das muss auch sein, da kann man nichts machen.

HAUPTMANN: Da hast recht, da kann man freilich nichts machen *(Beide wissen sich nichts zu sagen)* Nun was ists, hast mir was zu sagen?

BENE: Nein, das heisst ja, ein kleines Oeferl wennst amal rein machen lassen tätst in das Schildwachhaus, weisst ein ganz kleines.

HAUPTMANN: So, frierts dich denn.

BENE: Nein, jetzt nicht, nur im Winter, aber ich mein nur, weisst, so ein ganz kleines Oeferl, mit einem Kamin einem kleinen, den könnte man oben so heraussstehen lassen.

HAUPTMANN: Ja, ja, ich versteh dich schon. So ein kleines Oeferl meinst halt. Muss man halt amal schauen, dass man eines bekommt.

BENE: Ja so ein eisernes Kachelöferl wenn es wär.

KORPORAL: Du Hauptmann, ich glaub, ich hab sogar eines

am Speicher oben, so ein altes Oeferl. Soll ich einmal nachschauen?

HAUPTMANN: Ja Korporal schau einmal nach, ausserdem treiben wir vielleicht einmal eines auf der Dult auf, so ein Oeferl, dann lassen wir ihm halt eins hineinmachen, Du Korporal, was ich noch sagen will, wie macht sich eigentlich der Kleine, der Trommelbub?

KORPORAL: Bin ganz zufrieden damit, alle Hochachtung aus dem wird einmal was.

MICHL: *(zum Hauptmann)* Ja heut in der Früh um 6 Uhr hab ich den Bene aufgeweckt, da hat er wieder geschlafen.

BENE: *(stösst den Michl hinein, sodass Michl auf den Hauptmann fällt)*

HAUPTMANN: Ja, was habt ihr denn närrisches? Was ist denn eigentlich?

MICHL: Ich sag, an Bene hab ich aufgeweckt, heut in der Früh um 6 Uhr weil er g'schlaf'n hat.

KORPORAL: *(lacht recht laut)*

HAUPTMANN: Was ist denn los?

BENE: Nun ich mein, ein ganz kleines Oeferl halt, wenn es ist, neu braucht es ja nicht mehr sein.

HAUPTMANN: Jetzt hör nur wieder einmal auf mit deinem Oeferl, du bekommst schon eins. Das wird einem ja ganz fad. Aber jessas, ich vergesse ja ganz auf die Hauptsache. Also Leute, passt's auf. Das erste ist, dass mir jetzt gleich einer auf den Turm naufsteigt und nach dem Feinde ausschaut.

KORPORAL: Ja Bene, geh gleich nauf in Turm.

BENE: Ich mein es wär besser wenn der Vinzenz nauf ging, der ist ein Spängler, der ist kein Schwindler, der fällt nicht runter.

HAUPTMANN: Also Vinzenz, du bist schwindelfrei, du steigst jetzt sofort auf den Turm und schaust in der Richtung Kirchberg zu und solltest du etwas Verdächtiges sehen, dann gibst du sofort ein Signal und sagst es uns gleich.

VINZENZ: Ist recht Hauptmann und was ists, wenn ich nichts seh, brauch ich dann kein Signal geben?

BENE: Jessas ist der dumm, das siehst dann schon, wennst was siehst.

KORPORAL: Das Gewehr brauchst du droben nicht, das kannst du dalassen.

(Nimmt es ihm und gibt es Bene in die Hand)

(VINZENZ geht ab)

BENE: Wem ghört denn das Gewehr?

KORPORAL: Dem Vinzenz ghört es, frag nicht lang, das braucht er droben nicht.

BENE: *(Lehnt das Gewehr an den Hauptmann)*

HAUPTMANN: Ja was soll denn ich mit dem Gewehr tun, da Korporal, nimm's.

KORPORAL: Ja ich kanns nicht brauchen *(gibt es Bene)*

BENE: Was tu denn ich damit? *(Lehnt es wieder an den Hauptmann)*

HAUPTMANN: Ja da ist ja schon wieder ein Gewehr, wem ghört denn jetzt das?

BENE: Das gehört auch dem Vinzenz. Wieviel G'wehr hat denn der?

HAUPTMANN: Was lehnst du es denn immer zu mir her?

BENE: Ja in der Luft kann ich es nicht anlehnen *(Stellt das Gewehr frei hin, es fällt um)*

HAUPTMANN: Tragt einmal einer das Gewehr hinaus, dass ichs nicht mehr seh. *(Stellt es an die Wache hin. Ein Soldat trägt das Gewehr ab)* So und jetzt stellt euch nicht so rum, kümmert euch um eure Kanonen, nicht dass wieder alle eingerostet sind und schaut einmal nach, ob alles ordentlich im Stand ist.

VINZENZ: *(Ist währenddessen am Turm sichtbar geworden hat ausgesehen und gibt Signal auf der Trompete)* (ALLE hinaufschauend) Was ist denn los?

VINZENZ: Ganz draussen am Kirchberg seh ich schon etwas umeinandersausen, ich glaub, das sind die Raubritter, es ist ein ganz grosser schwarzer Haufen und Häuser seh ich auch brennen, ganz in der Ferne.

MICHL: Gell, dann gibts doch Raubritter, weil der Bene gsagt hat, es gibt gar keine Raubritter mehr, dann gibts doch noch welche, dann gibt es auch einen Osterhasen und alles.

HAUPTMANN: Jetzt fangt der dumme Bub mit dem Osterhasen an, wenn die Raubritter kommen. Also alle Männer an die Schussscharten und Kanonen ausputzen.

BENE: Ja die können wir nicht ausputzen, weil wir keinen Wischer haben.

HAUPTMANN: Es sind doch, soviel ich weiss, 2 Wischer da.

MICHL: Ja, einen haben wir dem Kaminkehrer geliehen.

HAUPTMANN: Das ist eine Schlamperei, wo ist denn der zweite?

BENE: Der steckt in der Kanone drin, den kann man aber nicht haben, weil er drausserhalb der Stadtmauer raussteht und da kann man nicht hinüber weil die Räuber gleich kommen.

HAUPTMANN: Jetzt steigt einer nüber und zieht den Wischer heraus.

KORPORAL: Ja Bene, steig nüber, marsch.

BENE: Ja, das kannst du dir denken, wegen dem Wischer werde ich mein junges Leben opfern – da geht dir keiner nüber.

HAUPTMANN: Vorwärts, da wird sich doch einer finden der da nüber geht?

MICHL: Ja ich könnte schon nüber steigen, aber ich trau mir eben auch nicht.

HAUPTMANN: Pass auf Korporal, jetzt zeig einmal den andern, dass du Schneid hast, jetzt steigst du über die Mauer nüber und ziehst den Wischer raus.

KORPORAL: Ja ich hab schon a Schneid, ich steig schon nüber, ich fürcht mich nicht, wär schon recht, das wär traurig *(will hinübersteigen, kehrt aber wieder um und sagt zum Hauptmann)*: Du Hauptmann, wär es nicht besser, wenn ihn doch ein anderer holen täte, vielleicht ein junger, der wieder schneller herüben wär?

MICHL: Aha, jetzt traut er sich schon nicht nüber, jetzt hat er schon Angst, der Hosenscheisser.

HAUPTMANN: Ich geb dir jetzt den dienstlichen Befehl, du steigst jetzt nüber.

MICHL: Ja wir heben ihn einfach nüber.

KORPORAL: *(steigt hinauf, schaut über die Mauer, im selben Moment ein Schuss) Korporal schreit:* Au – au, *(lässt eine schwere Kanonenkugel, die ihm auf den Kopf gefallen ist, herunterfallen.)*

HAUPTMANN: Mein Gott, gleich so etwas muss passieren.

MICHL: Ah, direkt aufs Hirn nauf, da musst jetzt ganz damisch sein.

KORPORAL: Das war ich vorher schon.

MICHL: Ah, die Kugel ist sicher von den Räubern.

BENE: Das siehst ja schon, weil sie ganz rund ist.

MICHL: Die geben wir aber jetzt nicht mehr her, die behalten wir uns.

BENE: Damit gründen wir jetzt einen Kriegerverein oder einen Kegelklub. *(Schiebt die Kugel hinaus)*

MICHL: *(schreit)* Juhu, alle Neune.

HAUPTMANN: Dir gib ich dann gleich alle Neune, jetzt wird es mir zu dumm, was ist's denn jetzt mit dem Kanonenwischer?

BENE: Ich hab jetzt eine neue Idee. Wir ziehen die Kanone aus der Mauer heraus und drehen sie herinnen um, da können wir unseren Wischer herausziehen und niemand braucht hinübersteigen.

MICHL: Ja, das machen wir.

(Alle helfen die schwere Kanone herausziehen. BENE wird am Fuss überfahren und schreit laut. Die Kanone wird umgedreht und der Wischer wird herausgezogen).

HAUPTMANN: Du Korporal stellst dich einstweilen vor das Loch hin wo die Kanone drinnen war, damit bei dem Mauerloch kein Wind herein kann.

KORPORAL: *(Stellt sich hin, sagt):* Jetzt kann kein Wind mehr hinein.

BENE: Aber naus kann er *(Von hinten ein Schuss).*

KORPORAL: Au – Au *(weint und schreit jämmerlich – er lässt wieder aus seinen beiden Händen die er hinten hält eine schwere Kanonenkugel fallen).*

HAUPTMANN: Ja was ist denn das, jetzt haben sie ihn schon zweimal getroffen.

KORPORAL: *(setzt sich hin und schreit)* Mir ist ganz schlecht, mein Gott, mein Gott ist das ein Schmerz, jetzt kann ich nicht mehr sitzen auch, o weh, o weh usw. *(alle schauen ihn mitleidig an)*

BENE: Du bist schon recht empfindlich auch.

MICHL: Aber da sieht man wie die Räuber gut zielen können.

HAUPTMANN: Vorwärts, Kanonenloch auswischen. Michl stell dich nicht so lang rum, beeile dich etwas.

MICHL: *(wischt umständlich und langsam das Kanonenloch aus)*

HAUPTMANN UND BENE: Vorwärts, beeil dich doch besser, stell dich nicht gar so saudumm.

Vorige, Polizeidiener und Metzger.

GIRGL: Da is er ja, der Bene.

POLIZEIDIENER: Du Bene, geh einmal her zu mir.

BENE: Ich hab keine Zeit.

POLIZEID.: Der Girgl behauptet, du hättest ihm 25 Knackwürste gestohlen, beruht das auf Wahrheit oder beruht das auf keiner Wahrheit?

BENE: Ja.

POLIZEID.: Was ja?

BENE: Das beruht auf keiner Wahrheit.

POLIZEID.: Wenn aber der Bub sagt, du hast sie gestohlen, dann hast du sie entweder gestohlen oder der Bub lügt.

BENE: Nein, der Bub hat sie nicht gestohlen.

POLIZEID.: Das glaub ich schon, dass der Bub sie nicht

gestohlen hat, aber du hast sie gestohlen, ausser der Bub lügt.

BENE: Ja der lügt auch und wer lügt, der stiehlt. Jetzt lassts mir überhaupt meine Ruhe, ich muss mich um meine Kanonen kümmern. *(Denkt nicht mehr daran und stösst mit dem Wischer die Würste vorne aus dem Rohr heraus).*

GIRGL: Siehst du, das sind ja meine Würst.

POLIZEID.: Bene, erkläre mir einmal, wie kommen die Würste da vorne heraus?

BENE: Ganz einfach, weil ich mit dem Wischer hinten hineingefahren bin.

POLIZEID.: Ich möchte wissen wie die Würste da *hinein*gekommen sind.

GIRGL: Das war so, wir sind beim Hollerbaum gestanden und ich hätte den Holler grad anschaun wollen –

BENE: Ja stehlen hättst ihn wollen.

GIRGL: Ich hätte nichts stehlen wollen, aber du hast die Würste gestohlen.

BENE: Das ist nicht wahr, lass dir die Geschichte genau erklären. Wie sozusagen einmal der Girgl beim Hollerbaum gestanden ist, kommt auf einmal ein Westwind daher, weht die Knackwürst von seim Tragl runter und direkt in das Kanonenloch hinein. Der Michl hat es selbst gesehn, gell, so war es doch.

MICHL: Ja, das ist auch wahr, genau so, wie es der Bene erzählt hat, so war es auch, weil ich es selber g'sehn hab und weil er noch zu mir g'sagt hat, wenn ich nichts sag, dann krieg ich auch die Hälfte.

(Alle Soldaten lachen laut).

POLIZEID.: Von was kriegst du die Hälfte?

BENE: Vom Wind.

POLIZEID.: Dann muss ich eben den Wind verhaften.

MICHL: Ja das kannst du schon tun, den wirst du aber nicht erwischen.

VINZENZ: *(Bläst Signal – alle schauen)* – was ist denn los?

Die Raubritter kommen immer näher und näher und eine
Menge Kanonen haben sie auch dabei.

POLIZEID.: Was, die Raubritter kommen schon, da mach
ich aber gleich dass ich weiter komm, da schau ich gleich
dass ich zu mir heimkomm.

GIRGL: Und ich geh auch, sonst fressen mir die Räuber
meine Würst z'samm.

(Girgl und Polizeidiener ab)

HAUPTMANN: Also jetzt hört auf mit den saudummen Würsten, jetzt wird es Ernst, sonst wenn wir nicht dazutun
kommen die Raubritter herein und dann haben wir es.
Also Kinder, seid tapfer, der Feind naht.

*(Starker Kanonenschuss) (Alle laufen aufgeregt durcheinan-
der)* Gell, jetzt kommen sie.

MICHL: *(Packt einige unwichtige herumliegende Gegenstände
zusammen und schreit):* Ich hab schon alles.

HAUPTMANN: Seid doch nicht gar so aufgeregt, Leute,
nur den Kopf nicht verlieren, immer die Ruhe bewah-
ren. Ihr Mannen geht jetzt gleich an das Sendlingertor
nauf und besetzt das Tor. Ein paar andere bleiben beim
Isartor da, du Korporal übernimmst die 1. Batterie, der
Michl die 2. du Bene, bist ein Bader und übernimmst
gleich den Sanitätsdienst im Fall, dass einem grad
schlecht wird, ihr tuts bei der Schiessscharte nausfeuern
was nur grad s' Zeug hält und ich mach einstweilen Brotzeit.

MICHL & KORPORAL *(messen Kanonenkugeln mit dem Meterstab ab)*

MICHL: Meine Kanonenkugeln sind zu klein, die sind nur
3 Zoll.

KORPORAL: Die mit 4 Zoll die liegen bei mir herüben, dann
wirf mir deine rüber. *(Beide werfen Kugeln hin und her)*

HAUPTMANN: Ich glaub gleich gar die zwei Hanswursten
tun mit den Kanonenkugeln Gummiball spielen. Ihr seid
doch rechte Kindsköpfe.

BENE: *(Hat während der Zeit einen Sanitätskasten umgehängt).*

FRAU HAUPTMANN: Ja was ist denn das, ich hab geglaubt du bist in der Werkstatt und tust dem Bäcker Rammel seine Bettstatt lackieren, statt dessen treibst du dich da drunten wieder umeinander. Ich meine, zuerst kommt doch die Arbeit und dann erst das Vergnügen.

HAUPTMANN: Aber Annastasia, ein Vergnügen nennst du das, wenn die Raubritter vor der Türe stehen und alle Augenblicke können sie unsere Stadt schon überfallen.

FR. HAUPTMANN: Saudummes Geschwätz, an die Arbeit gehst du mir jetzt augenblicklich. Der Faberbräu hat auch rübergeschickt, du sollst augenblicklich die Küche ausweissen und beim Lebzelter muss im Laden etwas gemacht werden, da fällt der Plafond runter. Arbeit gibt's grad genug und du spazierst da herunten in der Uniform umeinander. Lass die Raubritter Raubritter sein, du verstehst ja doch nichts von einer Schlacht. Jetzt gehst augenblicklich heim und ziehst dich um und Holz und Kohlen musst vom Keller rauftragen. In einer Stunde musst du zuhause sein, sonst wachsen wir zwei zusammen *(wütend ab)*

HAUPTMANN: Die Raubritter wenn eine blasse Ahnung hätten dass in dieser Stadt so ein bitterböses Weib haust, die würden nicht kommen.

Ein Soldat wird verwundet und fängt zu jammern an.

KORPORAL: *(Gibt abwechslungsweise von jetzt ab alle Augenblicke Kommando)*

MICHL: *(Bedient die Geschütze)*

KORPORAL: 1. Batterie Feuer tschin bum oder 2. Batterie Feuer tschin bum!

(Das wiederholt sich jetzt bis zum Schluss).

BENE: *(Sieht den verwundeten Soldaten und fängt ihn an zu verbinden. Nimmt eine überaus breite und lange Binde und verbindet ihm Gesicht, Arme und Körper, bringt auch das*

Gewehr des Soldaten unter den Verband. Soldat sitzt neben der Laterne. Bene schaut der Schlacht zu und bindet den Soldaten mit der Binde sogar noch an den Laternenpfahl an. Die Binde ist lang. Er wickelt immer weiter, kommt sogar zur Waschleine hinauf damit).

HAUPTMANN: Ja Bene, was machst denn du da? *(Schiesst abwechslungsweise aus seiner Pistole auch über die Mauer, gibt ebenfalls Kommando)* Kanonenloch auswischen, laden, 1. Batterie Feuer Tschin bum oder 2. Batterie Feuer tschin bum.

HAUPTMANN: *(wird an der Nase verwundet)*

BENE: *(verbindet ihm die Nase)*

(Es fängt an zu regnen. Donnerwetter mit Blitz und Donner)

HAUPTMANN: So jetzt fangts zu regnen auch noch an. Geh Bene, geh g'schwind nauf zu meiner Alten und lass dir ein paar Regenschirme leihen.

BENE: *(Geht ab und holt dieselben)*

MICHL: *(Hat Bauchweh, gibt dem Hauptmann den Kanonen-wischer in die Hand und sagt)* .... ich muss hinaus.

BENE: *(Kommt mit aufgespannten Regenschirmen, verteilt sie)* Hier habt ihr auch welche, dass ihr nicht nass werdet.

(Ein 2. Soldat fällt um ist getroffen worden. Hat im Uniform-rock eine ganze Kanonenkugel stecken).

MICHL: *(Kommt herein und bringt einen ganz grossen Mass-krug voll Bier mit und sagt)* – – – wer hat Durst?

HAUPTMANN UND ALLE SCHREIEN: ich, ich – *(alle trinken)*

KORPORAL: *(sieht den Soldaten am Boden liegen)* Da schau her, da liegt einer.

BENE *und ein Soldat bringen eine Bahre; legen den Soldaten auf dieselbe hinauf, tun ihm die Kanonenkugel mit grossen Umstän-den heraus. Es will immer eins vorne oder der andere hinten tragen, sie werden sich nicht einig. Einmal heben die Beiden zu gleicher Zeit in die Höhe, dann rutscht der Soldat von der Bahre herunter. Sie bringen ihn überhaupt nicht hinaus, bis* BENE *schreit zum Soldaten* .... Stell dich nicht gar so saudumm.

KORPORAL: *trägt an der Bahre vorne, Bene hinten und zwischen Bene und Tragbahre geht der verwundete Soldat selbst mit hinaus. Schiessend – Bene am Arsch getroffen – Au! Au!* *(ab)*

HAUPTMANN: Hat der Mensch schon so etwas gesehn, da ist einer blöder wie der andere. – *Hierauf zu* MICHL: Michl stell dich nicht so rum, schau nicht immer, vorwärts Kanonenloch auswischen.

MICHL: Ach ja, mit dem ewigen auswischen, jetzt wird's mir zu dumm, jetzt schmeiss ich die Kanonenkugeln gleich so nüber zum Feind *(wirft einige Kugeln zum Feind hinüber)*

VINZENZ *(hat während dieser Vorgänge wieder ab und zu ein Signal vom Turm gegeben)*

(Laterne wird eingeschossen)

KORPORAL: *(kommandiert mit* HAUPTMANN*)*

(Auf einmal kommen zwei grosse Hände über die Mauer)

BENE: Da schau nauf .. uh .. uh .. *(haut mit Säbel auf die Hand)* Kanonenkugeln *(Gummikugeln fliegen hinüber, grosser Alarm von hinten, heftiger Lärm und Schlachtalarm. Kanonenkugeln werden immer mehr, fliegen alle direkt in den Zuschauerraum hinein, Soldaten bekommen grosse Angst, man hört wilde Rufe, schreckliche Räuberköpfe schauen über die Mauer bewaffnet mit allen möglichen Mordwerkzeugen, Lanzen, Säbel usw. und schreien mordlustig: hu hu hu. Alle Soldaten knien nieder, heben die Hände hoch als Zeichen dass sie sich sofort ergeben.)*

(Wenn die Raubritter die Stadtmauer überklettern und der Nahkampf beginnt schreit der HAUPTMANN *seiner Frau)*

HAUPTMANN: Cäcilia, komm doch runter, sonst sind wir alle verloren.

FRAU HAUPTMANN: *(die beim Fenster herunterschaut:)* Gleich komm ich!

Als die Raubritter die böse Frau Hauptmann sehen, die mit einem Ausklopfer oder einem Schürhaken den Kriegsschauplatz betritt, nehmen die Raubritter sofort Reissaus, flüchten durch das

Stadttor, die Frau Hauptmann hinter denselben her und haut die ganzen Raubritter in die Flucht (Trickaufnahme) Wie eine Kriegsgöttin steht die Frau Hauptmann als Siegerin da.

Als Schlussbild sieht man ein Monument und zwar: Frau Hauptmann: »Die Befreierin aus schwerer Zeit«.

PIPER

Karl Valentin
Sämtliche Werke, Band 1
Monologe und Soloszenen

Herausgegeben von Helmut Bachmaier
und Dieter Wöhrle. 309 Seiten. Leinen

Band 1 der kritischen Gesamtausgabe der Werke
Karl Valentins enthält mit den Monologen und Soloszenen
ein Herzstück seines Schaffens – als Solokomiker hat er
begonnen, und dieser Bühnenpart war seiner monadischen
Existenz, dem solitären Kosmos seines Irrwitzes immer
der angemessenste.

In den Band wurden neben den reinen Monologen, zu
denen die bekanntesten Lesetexte Valentins gehören, alle
die Soloszenen aufgenommen, in denen er monologisches
Sprechen und szenische Gestaltung miteinander verbindet.
Der Band bringt neben den klassischen Monologen als
Erstveröffentlichungen vor allem die frühen »Vorträge«,
die kurz nach 1900 geschrieben wurden und die für die
Beurteilung von Valentins künstlerischen Anfängen sehr
aufschlußreich und von großer Bedeutung sind.

PIPER

Karl Valentin
Sämtliche Werke, Band 2
Couplets

Herausgegeben von Helmut Bachmaier und Stefan Henze.
424 Seiten. Leinen

In seinen Couplets, wie den berühmten »Alten Rittersleut«, geht Karl Valentin unerbittlich allen möglichen
Volks-, Geschichts- und anderen -tümlich- oder -trächtig-
keiten auf den Grund. Auf der Bühne schont er weder die
Regeln der Sprache noch die eigene Anatomie: Bei seinen
Satz- und Körperverrenkungen bleibt nichts an seinem
angestammten Platz.
Viele der Texte, die hier textkritisch bearbeitet und sorg-
fältig kommentiert sind, werden in diesem Band erstmals
publiziert.

PIPER

Karl Valentin
Sämtliche Werke, Band 3
Szenen

Herausgegeben von Helmut Bachmaier und Stefan Henze.
387 Seiten. Leinen

Mit dem dritten Band der Gesamtausgabe von Karl
Valentins Werken wird wieder ein Schritt tiefer in den
aberwitzigen Kosmos des großen Komikers möglich:
In seinen szenischen Auftritten, meist mit seiner kon-
genialen Partnerin Liesl Karlstadt, prägt sich im
besonderen der Anteil seines Humors aus, der aus den
Schrecken des alltäglichen Lebens gespeist ist. Hier wird
vor allem deutlich, was Georg Seeßlen in der »Bühne«
als die wahre Radikalität Valentins hervorhob: »Die
Absurdität kommt aus dem Faktischen. Seine negative
Metaphysik läuft eben nicht auf die Auflösung des
Tatsächlichen in irgendeinem Jenseitigen, sondern
umgekehrt, auf das Ende von allem Menschenleben in
der Hölle des Tatsächlichen.«

Karl Valentin
Sämtliche Werke, Band 6
Briefe

Herausgegeben von Gerhard Gönner. 379 Seiten. Leinen

Die hier erstmals vollständig publizierten Briefe zeigen
ein aufschlußreiches Bild des Künstlers wie des Menschen
Valentin. Sie decken neue Seiten – ebenso harsche wie
zärtliche – im Verhältnis zu seiner Partnerin Liesl
Karlstadt auf, belegen den oft verzweifelten Kampf des
Künstlers um Auftritts- und andere Wirkungsmöglich-
keiten, speziell nach der Machtergreifung der National-
sozialisten – und sie sind in ihrer Mehrzahl natürlich auch
wieder Zeugnisse des komischen Genies, das auch in
seiner täglichen Korrespondenz die Lust am Drehen und
Wenden der Dinge und Worte nicht preisgibt.

PIPER

Karl Valentin
Sämtliche Werke, Band 7
Autobiographisches und
Vermischtes

Herausgegeben von Stefan Henze und Andrea Heizmann
in Zusammenarbeit mit Max Auer. 465 Seiten. Leinen

Karl Valentins Karriere begann auf der Straße, die ihm oft
genug zum Fluchtweg wurde. Sein damaliges Publikum,
besser gesagt, seine Opfer, waren Nachbarn und Passanten
in der Münchner Vorstadt Au, wo der ehrgeizige Jung-
Anarchist 1882 geboren wurde und als Schrecken seiner
Umgebung aufwuchs. Seine »Jugendstreiche« – fast alle
sind mit Lärm, Gestank, Geschrei verbunden – erscheinen
im Rückblick als vorsprachlicher Ausdruck seiner erst auf
der Bühne zum Sprengstoff der Wörter greifenden Komik.

Unter der Überschrift »Vermischtes« sind Zeitschriften-
Artikel, dazu bislang unveröffentlichte Satiren, Beiträge,
Entdeckungen und Anregungen des »Theoretikers«
Karl Valentin versammelt. Am Ende stehen – natürlich –
Valentins Vorworte.